W0405902

Tadeusz Borowski
Bei uns in Auschwitz

Erzählungen

Aus dem Polnischen
von Friedrich Griese

Büchergilde Gutenberg

Die Übersetzung dieser Ausgabe wurde durch die großzügige Förderung des Deutschen Literaturfonds e.V. in Darmstadt ermöglicht.

Die Edition dieser Ausgabe wurde durch das Übersetzungsprogramm © POLAND des Buchinstituts in Krakau gefördert.

INSTYTUT KSIĄŻKI

©POLAND

Lizenzausgabe für die Büchergilde Gutenberg,
Frankfurt am Main, Wien und Zürich
Mit freundlicher Genehmigung der
Schöffling & Co. Verlagsbuchhandlung GmbH,
Frankfurt am Main
© Alle Rechte der deutschen Ausgabe:
Schöffling & Co. Verlagsbuchhandlung GmbH,
Frankfurt am Main 2006
Originaltitel: *Utwory Wybrane*
Opracował: Andrzej Werner
Zakład Narodowy im. Ossolińskich –
Wydawnictwo, Wrocław 1991
© Malgorzata Borowska, Warschau
Satz: Reinhard Amann, Aichstetten
Druck & Bindung: Pustet, Regensburg
Printed in Germany 2007
ISBN: 978-3-7632-5789-8

www.buechergilde.de

Inhalt

I.

WIR WAREN IN AUSCHWITZ

Byliśmy w Oświęcimiu

Bei uns in Auschwitz …

I

…ich bin jetzt also in der Schulung für Sanitäter. Ein gutes Dutzend aus ganz Birkenau hat man ausgewählt und wird uns beinahe zu Doktoren ausbilden. Wir sollen wissen, wie viele Knochen der Mensch hat, wie das Blut kreist, was ein Bauchfell ist, wie man Staphylokokken und Streptokokken bekämpft, wie man steril eine Blinddarmoperation durchführt und wozu eine Blähung gut ist.

Wir haben eine sehr hehre Mission: Wir werden die Kollegen heilen, die das »böse Schicksal« mit Krankheit, Apathie oder Lebensunlust plagt. Wir, ausgerechnet wir, ein gutes Dutzend Leute von den zwanzigtausend Männern in Birkenau, sollen die Sterblichkeit im Lager senken und den Lebensmut der Häftlinge stärken. Das sagte, als er schon im Wegfahren war, der *Lagerarzt*, und dann fragte er noch jeden nach Alter und Beruf, und als ich ihm antwortete:

»Student«, hob er erstaunt die Brauen: »Was haben Sie studiert?«

»Literaturgeschichte«, erwiderte ich schlicht.

Mit einem abfälligen Kopfschütteln stieg er in den Wagen und fuhr davon.

Wir gingen dann auf einem sehr schönen Weg nach Auschwitz, sahen eine Menge Landschaft, dann teilte uns jemand irgendwo ein, als Gastpfleger in einem Krankenblock, mich hat das nicht sonderlich interessiert, weil ich mit Staszek (Du weißt, der, der mir die braune Hose gab) ins Lager ging, um jemanden zu finden, der Dir diesen Brief bringen würde, während Staszek zur Küche und zum Magazin ging, um fürs Abendessen ein Stück Weißbrot, einen Würfel Margarine und wenigstens eine Wurst zu organisieren, denn wir sind fünf.

Natürlich fand ich niemanden, weil ich Millionär bin, und hier sind lauter alte Nummern und schauen mich sehr von oben herab an. Aber Staszek versprach mir, den Brief über seine Beziehungen zu befördern, nur solle er nicht lang sein, »denn es muß ja langweilig sein, jeden Tag seinem Mädchen zu schreiben«.

Während ich also lerne, wie viele Knochen ein Mensch hat und was ein Bauchfell ist, werde ich vielleicht herauskriegen, was Du gegen Deine Pyodermie tun kannst und gegen das Fieber Deiner Bettnachbarin. Ich fürchte nur, daß ich es selbst dann, wenn ich weiß, wie man einen *Ulcus duodeni* behandelt, nicht schaffen werde, die blöde Krätzesalbe von Wilkinson für Dich abzustauben, denn zur Zeit ist sie in ganz Birkenau nicht aufzutreiben. Bei uns pflegte man die Kranken mit Pfefferminztee zu begießen und dabei überaus wirksame Zauberformeln herzusagen, die ich hier leider nicht wiedergeben kann.

Was die Begrenzung der Todeszahlen angeht: In meinem Block erkrankte ein Prominenter, es ging ihm schlecht, er fieberte und sprach immer häufiger vom Sterben. Irgendwann rief er mich zu sich. Ich setzte mich zu ihm auf die Bettkante.

»Man kennt mich doch im Lager, nicht wahr?« fragte er und schaute mir besorgt in die Augen.

»Wer würde dich nicht kennen – und wer könnte dich vergessen?« erwiderte ich arglos.

»Schau«, sagte er, zum Fenster deutend, wo roter Feuerschein zu sehen war.

Es brannte dort, hinter dem Wald.

»Weißt du, ich möchte gern allein liegen. Nicht mit anderen zusammen. Nicht im Massengrab. Verstehst du?«

»Keine Angst«, sagte ich freundlich. »Ich werde dir sogar ein Bettlaken spenden. Und ich rede auch mit den Leichenträgern.«

Stumm drückte er mir die Hand. Aber es half nichts. Er wurde wieder gesund und schickte mir aus dem Lager einen Würfel Margarine. Ich benutze sie als Schuhwichse, denn das ist so eine aus Fischen gemachte Sorte. Das war mein Beitrag zur Senkung der Sterblichkeit im Lager. Aber lassen wir's dabei, weil es allzusehr nach Lager klingt.

Seit fast einem Monat habe ich keinen Brief mehr von zu Hause bekommen …

II

Herrliche Tage – keine Appelle, keine Pflichten. Das ganze Lager ist zum Appell angetreten, und wir stehen am Fenster, halb hinausgelehnt, Zuschauer aus einer anderen Welt. Die Leute lächeln uns zu, wir lächeln zurück, sie nennen uns »Kollegen aus Birkenau«, ein wenig mitfühlend, weil wir ein so elendes Schicksal haben, und ein wenig beschämt, weil das Schicksal es gut mit ihnen meint. Vom Fenster aus wirkt die Landschaft harmlos, das *Kremo* ist nicht zu sehen. Die Leute sind in Auschwitz verliebt, stolz sagen sie: »Bei uns in Auschwitz ...«

Anlaß zum Stolzsein haben sie. Um Dir eine Vorstellung von Auschwitz zu machen, nimm den Pawiak, diese schreckliche Bude, dazu Serbien, nimm das Ganze mal achtundzwanzig und stelle es so eng zusammen, daß zwischen den Pawiaks nur wenig Platz bleibt, ziehe um das Ganze einen doppelten Stacheldrahtzaun und umgebe es von drei Seiten mit einer Betonmauer, pflastere den Schlamm, setze hier und da anämische Bäumchen und pferche einige zigtausend Leute hinein, die seit mehreren Jahren im Lager sitzen, phantastisch gelitten und die schlimmste Zeit überlebt haben – und jetzt tragen sie Hosen mit messerscharfen Bügelfalten und gehen mit wiegenden Schritten. Dann wirst Du verstehen, warum sie uns mit Verachtung und Mitleid begegnen, uns aus Birkenau, wo es nur hölzerne Pferdebaracken gibt, keine gepflasterten Wege und statt Bädern mit heißem Wasser vier Krematorien.

Der Sanitätsraum hat sehr weiße, ein wenig deutsch wirkende Wände, einen Betonboden wie im Gefängnis und viele, viele dreistöckige Pritschen, und man hat von dort aus einen ausgezeichneten Blick auf die Straße draußen, in der Freiheit. Hin und wieder geht ein Mensch vorbei, manchmal fährt ein Auto vorüber, gelegentlich ein Leiterwagen und manchmal ein Radfahrer, sicher ein Arbeiter, der von der Arbeit heimfährt. Weiter weg, sehr weit weg (Du hast keine Ahnung, wieviel Raum in ein so kleines Fenster paßt, nach dem Krieg, wenn ich ihn überlebe, möchte ich in einem hohen Haus mit Fenstern aufs Feld wohnen) sieht man ein paar Häuser und dahinter den dunklen Wald. Die Erde ist schwarz und muß feucht sein. Wie in Staffs Sonett »Wiosenny spacer«, erinnerst Du Dich?

Es gibt in unserem Sanitätsraum aber auch zivilere Dinge: einen Kachelofen mit bunten Majolika-Kacheln, wie es sie bei uns im Depot gab. Die Bratroste sind in diesem Ofen so sinnreich angeordnet, daß man ohne weiteres ein Ferkel darin braten kann. Auf den Pritschen liegen »kanadische« Decken, weich wie ein Katzenfell. Weiße, geplättete Bettlaken. Auf dem Tisch liegt manchmal eine Tischdecke, aber nur an Feiertagen und zum Essen.

Das Fenster geht auf einen Weg hinaus, den Birkenweg. Leider ist jetzt Winter, die kahlen Zweige der »Trauerbirken« hängen herab wie ausgefranste Besen, und statt Rasen breitet sich zäher Schlamm unter ihnen aus, genau wie in der »anderen« Welt jenseits des Weges, nur muß man hier darin herumwaten.

Nach dem Appell gehen wir abends auf dem Birkenweg spazieren, gemessen, würdevoll, und grüßen Bekannte mit einem Kopfnicken. An einer Kreuzung steht ein Wegweiser mit einer Schnitzerei; sie zeigt zwei Männer auf einer Bank, die sich etwas zuflüstern, und ein dritter beugt sich zu ihnen herab und lauscht. Das soll zur Warnung dienen: Jedes deiner Gespräche wird belauscht, kommentiert und bei der entsprechenden Stelle gemeldet. Hier weiß jeder alles über jeden: wann er ein Muselmann war, was er organisiert hat und von wem, wen er erwürgt und wen er verpfiffen hat, und jeder lächelt spöttisch, sobald du ein gutes Wort über jemanden verlierst.

Stell Dir also den Pawiak vor, multipliziert mit soundso viel, umgeben mit einem doppelten Stacheldrahtzaun. Nicht wie in Birkenau, wo auch die Wachttürme auf langen, hohen Stelzen stehen, wie die Störche, wo nur an jedem dritten Pfahl eine Lampe brennt und der Stacheldraht nur einfach ist, dafür aber so viele Abschnitte hat, daß du sie nicht abzählen kannst.

So ist es hier nicht: an jedem zweiten Pfahl hängt eine Lampe, die Wachttürme haben einen soliden Unterbau, es gibt zwei Zäune und dann noch die Mauer.

Wir gehen also auf dem Birkenweg entlang, in unseren Zivilsachen, direkt aus der Sauna, die einzigen fünf Leute, die hier keine gestreifte Häftlingskleidung tragen.

Wir gehen den Birkenweg entlang, glattrasiert, frisch

und unbekümmert. Die Menge schlendert in Grüppchen umher, bleibt vor Block 10 stehen, wo hinter Gittern und schalldicht verrammelten Fenstern Mädchen sitzen – Versuchskaninchen; die meisten versammeln sich jedoch vor dem Block, in dem sich die Schreibstube befindet, nicht weil dort der Konzertsaal, die Bibliothek und das Museum ist, sondern weil im ersten Stock der Puff ist. Was ein Puff ist, schreib ich Dir ein andermal, bis dahin darfst Du ein bißchen neugierig sein …

Weißt Du, es ist merkwürdig, Dir zu schreiben, denn so lange schon habe ich Dein Gesicht nicht mehr gesehen. Dein Bild zerstiebt in meiner Erinnerung und läßt sich selbst mit großer Willensanstrengung nicht heraufbeschwören. Dabei sehe ich Dich im Traum unheimlich klar und deutlich vor mir. Weißt Du, der Traum ist etwas anderes als ein Bild, er ist ein Erlebnis, bei dem ich den Raum spüre und die Schwere der Dinge und die Wärme Deines Körpers empfinde …

Ich kann mir Dich kaum auf einer Lagerpritsche vorstellen, mit abgeschnittenen Haaren nach dem Typhus … Ich habe Dich in Erinnerung, wie du im Pawiak warst: ein hochgewachsenes, schlankes Mädchen mit einem angedeuteten Lächeln und traurigen Augen. In der Aleja Szucha saßest Du mit gesenktem Kopf, und ich sah nur Deine schwarzen Haare, die jetzt abgeschnitten sind.

Und das ist das Stärkste, was mir von dort, aus der anderen Welt, geblieben ist: Dein Bild, auch wenn es mir schwerfällt, mich daran zu erinnern. Und deshalb schreibe ich Dir so lange Briefe: Es sind meine abendlichen Gespräche mit Dir, wie damals, in der Skaryszewska-Straße. Und deshalb sind diese Briefe heiter. Ich habe mir viel Heiterkeit bewahrt, und ich weiß, daß auch Du sie nicht verloren hast. Trotz allem. Trotz gesenktem Kopf bei der Gestapo, trotz Typhus, Lungenentzündung und – kurzgeschorenen Haaren.

Aber diese Menschen … Schau, sie haben eine schreckliche Schule durchgemacht, die Schule des Lagers, wie es anfangs war, des Lagers, über das man sich heute Legenden erzählt. Sie wogen dreißig Kilo, waren geschlagen worden, für das Gas bestimmt – verstehst Du jetzt, warum sie heute lächerliche, taillierte Sakkos tragen, warum sie diesen eigentümlichen, wiegenden Gang haben und Auschwitz über alles loben?

Ja, so ist das … Wir spazieren den Birkenweg entlang, elegant in unseren zivilen Anzügen. Doch leider sind wir »Millionäre«! Hundertdreitausend, hundertneunzehntausend, der reinste Jammer, daß wir nicht eine ältere Nummer erreicht haben. Einer im gestreiften Häftlingsanzug trat zu uns, siebenundzwanzigtausend, eine alte Nummer, da kann einem schwindelig werden. Ein junger Bursche mit dem getrübten Blick des Onanisten und dem Gang eines Tieres, das Gefahr wittert.

»Woher seid ihr, Kollegen?«

»Aus Birkenau, Kollege.« Er musterte uns mißtrauisch. »Und dann seht ihr so gut aus? Dort ist es doch schrecklich … Wie konntet ihr es dort aushalten?«

Mein hochgewachsener Freund Witek, ein ausgezeichneter Musiker, zupfte sich die Manschetten zurecht und entgegnete:

»Ein Klavier hatten wir leider nicht, aber es ließ sich aushalten.«

Die alte Nummer sah uns wie durch einen Nebel an:

»Wir haben nämlich Angst vor Birkenau ...«

III

Die Schulung verzögert sich noch, weil wir auf die Pfleger aus den benachbarten Lagern Janina, Jaworzno und Buna warten. Außerdem sollen Pfleger aus Gleiwitz und Myslowitz kommen, Lagern, die etwas weiter entfernt sind, aber noch zu Auschwitz gehören. Unterdessen vernahmen wir die hochtönenden Reden des schwarzhaarigen Schulungsleiters, des kleinen, hageren Adolf, der erst kürzlich aus Dachau gekommen und ganz mit *Kameradschaft* erfüllt ist. Er wird die Gesundheit im Lager durch die Ausbildung von Pflegern heben und die Sterblichkeit dadurch senken, daß er uns erklärt, wie das menschliche Nervensystem funktioniert. Adolf ist ungemein sympathisch und nicht von dieser Welt, aber als Deutscher versteht er nicht, wie sich die Dinge zu den Erscheinungen verhalten, er klammert sich an die Wortbedeutungen, so als seien sie die Wirklichkeit. Er sagt *»Kameraden«* und glaubt, wir seien wirklich *»Kameraden«*, er spricht von der »Verminderung des Leidens« und glaubt, das sei hier möglich. Auf dem Lagertor steht aus verflochtenen Eisenlettern »Arbeit macht frei«. Anscheinend glauben sie wirklich daran, diese deutschen SS-Männer und Häftlinge. Sie, die mit Luther, Fichte, Hegel und Nietzsche groß geworden sind. Einstweilen findet also keine Schulung statt, und so treibe ich mich im Lager herum, mache landes- und seelenkundliche Exkursionen. Eigentlich sind wir dabei zu dritt: Staszek, Witek und ich. Staszek zieht es für gewöhnlich zum Küchenblock und zum Magazin, wo er nach Leuten Ausschau hält, denen er mal etwas gegeben hat und die ihm jetzt etwas schuldig sind. Gegen Abend setzt dann die Prozession ein. Da kommen irgendwelche Typen zu uns, denen die Bosheit ins Gesicht geschrieben steht, aber dann setzen sie mit ihren glattrasierten Visagen ein freundliches Grinsen auf und holen allerlei unter ihren engsitzenden Jacken hervor, einen Würfel Margarine, Weißbrot aus dem Krankenbau, eine Wurst oder Zigaretten. Das werfen sie auf die untere Pritsche und verschwinden wie in einem Film. Wir teilen die Beute auf, ergänzen sie aus unseren Vorräten und kochen uns etwas in dem Kachelofen mit den bunten Majolika-Kacheln.

Witek zieht es zu dem Klavier. Der schwarze Kasten steht in dem Block, in dem auch der Puff ist, aber während der *Arbeitszeit* ist Spielen nicht erlaubt, und nach dem Appell spielen die Musiker, die jeden Sonntag Symphoniekonzerte geben. Das werde ich mir unbedingt mal anhören.

Gegenüber dem Konzertsaal fanden wir auf einer

Tür die Aufschrift »Bibliothek«, doch nach Auskunft von Eingeweihten ist sie nur für Reichsdeutsche und enthält ohnehin nur ein paar Kriminalromane. Ich konnte das nicht nachprüfen, weil die Tür ständig verschlossen ist.

In diesem Kulturblock befindet sich neben der Bibliothek die Politische Abteilung und daran angrenzend das Museum. Dort werden Fotos aufbewahrt, die man aus Briefen herausgefischt und beschlagnahmt hat, sonst angeblich nichts. Schade, es wäre der ideale Ort für die halbgebratene menschliche Leber, von der mein griechischer Freund probiert hat, wofür er fünfundzwanzig auf den nackten Arsch bekam.

Aber das Wichtigste befindet sich im ersten Stock. Es ist der Puff. Seine Fenster stehen selbst im Winter halboffen. Nach dem Appell beugen sich Frauenköpfe in den verschiedensten Schattierungen aus den Fenstern, und aus den blauen, rosafarbenen und hellgrünen (diese Farbe mag ich sehr) Morgenmänteln ragen Arme hervor, schneeweiß wie Meerschaum. Es sind, glaube ich, fünfzehn Köpfe und dreißig Arme, nicht mitgerechnet die alte Madame mit dem mächtigen, epischen, legendären Busen, die über die Köpfe, Hälse, Arme und so weiter wacht. Madame zeigt sich nicht am Fenster, sondern amtiert als Zerberus am Eingang zum Puff.

Um den Puff steht die Lagerprominenz Schlange. Auf zehn Julias kommen tausend Romeos, und was für welche. Daher das Gedränge und die Konkurrenz um jede einzelne Julia. Die Romeos stehen in den gegenüberliegenden Blocks am Fenster, schreien, geben Handzeichen und locken. Unter ihnen sind der Lagerälteste und der Lagerkapo, die Ärzte vom Krankenbau und die Kapos der einzelnen Kommandos. Manche Julia hat einen festen Verehrer, und neben Beteuerungen ewiger Liebe, neben Versprechungen eines glücklichen gemeinsamen Lebens nach dem Lager, neben Vorwürfen und Neckereien sind auch konkretere Gespräche zu vernehmen, in denen es um Seife, Parfüm, Seidenhöschen und Zigaretten geht.

Unter den Männern herrscht große Kameradschaft; sie versuchen sich nicht mit unlauteren Methoden zu übervorteilen. Die Frauen an den Fenstern sind sehr zärtlich und verlockend, aber unerreichbar wie Goldfische im Aquarium.

So sieht der Puff von außen aus. Hinein kommt man nur über die Schreibstube, mit einer Karte, die man als Lohn für gute und fleißige Arbeit bekommt. Als Gäste aus Birkenau haben wir auch hier den Vortritt, aber wir haben verzichtet; wir tragen den roten Winkel und überlassen den Kriminellen, was ihnen zusteht. Diese Beschreibung wird daher, so leid es mir tut, nur aus zweiter Hand sein, aber sie stützt sich auf so gute Zeugen und alte Nummern wie den Pfleger M. (inzwischen allerdings Pfleger ehrenhalber) aus unserem Block, dessen Nummer dreimal kleiner ist als die beiden letzten Zahlen meiner Nummer. Er ist sozusagen Gründungsmitglied! Deshalb watschelt er auch wie eine Ente und trägt eine weite Hose mit Zwickeln, vorn zusammengehalten von Agraffen. Abends kommt er aufgekratzt und fröhlich in den Block zurück. Danach geht er zur Schreibstube, und wenn die »zugelassenen« Nummern aufgerufen werden und der Betreffende nicht da ist, schreit er »*Hier*«, schnappt sich den Passierschein und rennt zu Madame. Er drückt ihr ein paar Päckchen Zigaretten in die Hand, sie unterzieht ihn etlichen hygienischen Maßnahmen, und der frisch desinfizierte Pfleger eilt mit großen Sätzen nach oben. Auf dem Flur wandeln die vom Fenster bekannten Julias, nachlässig in ihre Morgenmäntel gehüllt. Eine von ihnen tritt dann an den Pfleger heran und fragt leichthin:

»Welche Nummer haben Sie?«

»Acht«, antwortet er und schaut sicherheitshalber auf seine Karte.

»Ach, das ist nicht für mich, das ist für Irma, die kleine Blonde«, murmelt sie enttäuscht und schlurft zum Fenster.

Darauf geht der Pfleger zur Nummer acht. An der Tür liest er noch, daß diese und jene Laster nicht praktiziert werden dürfen, sonst gibt es Bunker, daß nur das und das (im einzelnen aufgezählt) erlaubt ist, und zwar nur für soundso viel Minuten. Er schickt einen Stoßseufzer zu jenem Guckloch, durch das hin und wieder eine Kollegin hereinschaut, manchmal auch Madame oder der Kommandoführer des Puffs oder gar der Lagerkommandant persönlich. Er legt ein Päckchen Zigaretten auf den Tisch und ... ach ja, er bemerkt noch, daß zwei Päckchen englische Zigaretten auf dem Nachttischchen liegen. Dann kommt es zu dem Geschäft, und hinterher geht der Pfleger hinaus und steckt zerstreut die beiden Päckchen englische Zigaretten ein. Anschließend wird er nochmals desinfiziert, und uns berichtet er dann froh und glücklich von allen Einzelheiten.

Hin und wieder versagt die Desinfektion, und infolgedessen brach neulich eine Epidemie im Puff aus. Der Puff wurde geschlossen, anhand der Nummern wurde festgestellt, wer dagewesen war, und die Betreffenden wurden von Amts wegen herbestellt und behandelt. Weil aber ein reger Handel mit den Passierscheinen betrieben wird, wurden nicht diejenigen behandelt, die es nötig gehabt hätten. Wie das Leben so spielt. Die Frauen vom Puff haben außerdem Ausflüge ins Lager unternommen. Nachts sind sie über Leitern aus dem Fenster geklettert und haben sich in Männerkleidern zu Saufgelagen und Orgien begeben. Damit war aber bald Schluß, weil die Sache dem Posten auf dem nächstgelegenen Wachtturm nicht gefiel.

Frauen gibt es auch anderswo – in Block 10, wo man Versuche mit ihnen macht. Sie werden (wie man hört) künstlich befruchtet, man impft sie mit Typhus und Malaria, nimmt chirurgische Eingriffe an ihnen vor. Den Mann, der das leitet, habe ich flüchtig gesehen: grüne Jägertracht, Tirolerhut mit Sportabzeichen, das Gesicht eines gutmütigen Satyrs. Dem Vernehmen nach ein Universitätsprofessor.

Gitter und Bretter schirmen diese Frauen von der Außenwelt ab. Immer wieder wird dort jedoch eingebrochen, und die Frauen werden befruchtet, auf ganz und gar unkünstliche Weise. Das wird den alten Professor fuchsen.

Die Männer, die das machen, sind vollkommen normal. Das ganze Lager spricht, sobald es satt und ausgeschlafen ist, nur von Frauen, das ganze Lager träumt von Frauen, das ganze Lager ist scharf auf sie. Der Lagerälteste kam auf Straftransport, weil er immer wieder durchs Fenster in den Puff gekrochen war. Ein neunzehnjähriger SS-Mann ertappte den Kapellmeister, einen dicken, würdigen Herrn, und einige Ärzte in unzweideutigen Stellungen mit Frauen, die in die Ambulanz gekommen waren, um sich Zähne ziehen zu lassen, und verpaßte ihnen mit dem Knüppel, den er bei sich hatte, unverzüglich eine entsprechende Tracht auf die entsprechenden Körperteile. Für die Herren war das keine Blamage – sie hatten einfach Pech gehabt.

Die Frauenpsychose im Lager nimmt zu. Deshalb behandelt man die Frauen im Puff wie normale Frauen, spricht mit ihnen von Liebe und häuslichem Leben. Von diesen Frauen gibt es zehn, aber das Lager zählt einige zigtausend Männer.

Darum wollen sie unbedingt ins FKL, nach Birkenau. Diese Männer sind krank. Und dabei gibt es ja nicht nur das eine Auschwitz. Es gibt Hunderte »großer Lager«, es gibt Oflags, es gibt Stalags, es gibt …

Weißt Du, woran ich denke, während ich Dir das alles schreibe?

Es ist später Abend; ein Schrank trennt mich von

dem großen Saal voller Kranker, die im Schlaf schwer atmen, ich sitze in dem kleinen Kabuff unter dem dunklen Fenster, in dem sich mein Gesicht spiegelt, der lichtgrüne Lampenschirm und das weiße Blatt Papier, das auf dem Tisch liegt. Mit Franz, einem jungen Burschen aus Wien, habe ich mich vom ersten Abend an gut verstanden – und jetzt sitze ich an seinem Tisch, habe seine Lampe angemacht und schreibe Dir auf seinem Papier. Aber ich schreibe Dir nicht von dem, worüber wir heute gesprochen haben: die deutsche Literatur, die Schuld der romantischen Philosophie, die Probleme des Materialismus.

Weißt Du, woran ich denke, wenn ich Dir schreibe?

Ich denke an die Skaryszewska-Straße. Ich blicke aus dem Fenster, sehe mein Gesicht, das sich in der Scheibe spiegelt, sehe die Nacht draußen und die plötzlich aufleuchtenden Scheinwerfer auf den Wachttürmen, die Teile von Gegenständen dem Dunkel entreißen. Ich schaue und denke an die Skaryszewska-Straße. Ich erinnere mich an den Himmel, blaß und sternenhell, an das ausgebrannte Haus gegenüber und an das Fenstergitter, das wie ein Glasgemälde dieses Bild zerteilte.

Ich denke daran, wie sehr ich mich nach Deinem Körper sehnte in jenen Tagen, und manchmal schmunzle ich bei der Vorstellung, was für eine Riesenenttäuschung es gewesen sein muß, als sie nach unserer Verhaftung in unserer Wohnung außer meinen Büchern und Gedichten Deine Parfüms und den Morgenmantel fanden, rot wie der Brokat auf den Bildern von Velazquez, schwer und lang (ich mochte ihn sehr, wunderbar hast Du in ihm ausgesehen, auch wenn ich es Dir nie gesagt habe).

Ich denke daran, wie reif Du warst, wieviel guten Willen und – verzeih, daß ich es Dir jetzt erst schreibe – Hingabe Du in unsere Beziehung eingebracht hast, wie gutwillig Du in mein Leben getreten bist, in das kleine Zimmer ohne Wasser, die Abende bei kaltem Tee, mit den halbverwelkten Blumen, mit dem Hund, der jeden biß, mit der Petroleumlampe bei meinen Eltern.

Daran denke ich, und ich lächele nachsichtig, wenn man mir von Moral, Recht, Tradition und Pflicht spricht… Oder wenn man jeglicher Weichheit und Sentimentalität eine Absage erteilt und mit geballter Faust vom Zeitalter der Härte spricht. Ich lache und denke, daß der Mensch immer wieder einen anderen finden wird – durch die Liebe. Und daß das Wichtigste und Beständigste ist, was es im menschlichen Leben gibt.

Daran denke ich und erinnere mich an die Zelle im Pawiak. In der ersten Woche konnte ich es nicht fassen, daß es einen Tag ohne Buch geben sollte, ohne den abendlichen Lichtkreis der Lampe, ohne ein Blatt Papier, ohne Dich…

Doch schau, wie stark die Gewohnheit ist: Ich ging in der Zelle auf und ab und formte im Rhythmus meiner Schritte Gedichte. Eines davon schrieb ich in die Bibel meines Zellengenossen, aber von den anderen – es waren horazianische Lieder – weiß ich nur noch einzelne

Strophen, wie diese aus einem Gedicht an die Freunde in der Freiheit:

Freunde in der Freiheit! Mit diesem Gefangenenlied
nehme ich Abschied
von euch, damit ihr wißt, daß ich nicht in Verzweiflung
gehe.
Denn ich weiß, daß von mir bleibt die Liebe und meine
Gedichte
und, solange ihr lebt, die Erinnerung der Freunde.

IV

Heute ist Sonntag. Vor dem Mittagessen waren wir spazieren, haben uns von oben den Block angesehen, wo die Versuche an den Frauen gemacht werden (sie stecken den Kopf durch die Gitter, genau wie die Kaninchen meines Vaters, Du weißt noch, die grauen, sie hatten ein Ohr heruntergeklappt), dann haben wir uns genau den SK-Block angesehen (im Hof befindet sich die schwarze Wand, an der früher Exekutionen stattfanden, jetzt machen sie das leiser und diskreter – im Krematorium). Wir sahen ein paar Zivilisten: zwei verängstigte Frauen im Pelzmantel und ein Mann mit zerknittertem, übernächtigtem Gesicht. Ein SS-Mann – erschrick nicht – führte sie zum hiesigen vorläufigen Arrest, der sich im SK-Block befindet. Die Frauen betrachteten mit Bestürzung die Männer in der gestreiften Häftlingskleidung und die beeindruckenden Lagereinrichtungen: die mehrstöckigen Häuser, den doppelten Stacheldraht, die Mauer dahinter, die soliden Wachttürme. Wenn sie wüßten, daß die Mauer – angeblich – zwei Meter in die Tiefe reicht, damit sie nicht untergraben wird! Wir lächelten ihnen zu, denn was sie erwartet, ist eine Bagatelle: sie sitzen ein paar Wochen ab und sind wieder frei. Außer man weist ihnen tatsächlich Schwarzhandel nach. Dann wandern sie ins Krematorium. Diese Zivilisten sind zum Lachen. Sie reagieren auf das Lager wie ein Wildschwein auf den Anblick eines Gewehrs. Sie begreifen nicht den Mechanismus unseres Lebens und wittern hinter dem allem etwas Unheimliches, Rätselhaftes, etwas, das die Kräfte des Menschen übersteigt. Weißt Du noch, wie Du Dich erstaunt hingesetzt hast, als Du verhaftet wurdest? Du hast mir davon geschrieben. Ich war bei Maria und las den *Steppenwolf* (sie war in ihrer Lektüre sehr wählerisch), aber an Einzelheiten erinnere ich mich nicht.

Das Unheimliche und Rätselhafte ist uns heute vertraut. Wir haben alltäglich das Krematorium, Tausende Fälle von Phlegmonen und Tuberkulose, wir haben gelernt, was das ist: Regen und Wind, Sonne und Brot und Rübensuppe und Arbeit, um nicht zu verfallen, wir kennen die Unfreiheit und die Macht, denn wir gehen, wenn ich so sagen darf, mit der Bestie Arm in Arm, und so betrachte ich diese Zivilisten mit einer gewissen Nachsicht, wie ein Gelehrter den Laien, wie ein Eingeweihter den Unkundigen.

Entkleide die alltäglichen Ereignisse ihrer Alltäglichkeit, wirf das Entsetzen und den Ekel und die Verachtung von dir und finde für das alles eine philosophische Formel. Für das Gas und das Gold, für die Appelle und den Puff, für den Zivilisten und die alte Nummer.

Wenn ich Dir damals, als wir bei orangefarbenem Licht in dem kleinen Zimmer miteinander tanzten, gesagt hätte: Hör mal, nimm eine Million Menschen oder auch zwei, drei Millionen, töte sie so, daß niemand davon erfährt, nicht einmal sie selbst, nimm einige hunderttausend Menschen gefangen, zerbrich ihre Solidarität, hetze einen Menschen auf den anderen und ... Du hättest mich für verrückt gehalten und womöglich nicht weiter mit mir getanzt. Aber das hätte ich natürlich nicht gesagt, selbst wenn ich schon das Lager gekannt hätte, denn es hätte die Stimmung verdorben.

Aber jetzt schau Dir das hier an: Zuerst war nur eine weißgetünchte Scheune da, und darin – werden Menschen vergast. Dann vier größere Bauten – zwanzigtausend weg wie nichts. Ohne Zauberei, ohne Gift, ohne Hypnose. Ein paar Leute regeln den Verkehr, damit es keinen Stau gibt, und die Menschen fließen wie Wasser, wenn der Hahn aufgedreht ist. Das geschieht zwischen den anämischen Bäumen eines verräucherten Wäldchens. Gewöhnliche Lastwagen karren die Leute herbei, machen kehrt wie am Fließband und schaffen neue herbei. Ohne Zauberei, ohne Gift, ohne Hypnose.

Wie ist es möglich, daß keiner aufschreit, ihnen ins Gesicht spuckt, sich auf sie stürzt? Daß wir vor den vom Wald zurückkommenden ss-Männern die Mütze ziehen, wenn sie uns aufrufen, daß wir ihnen folgen in den Tod, und nichts passiert? Wir hungern, werden vom Regen durchnäßt, sie nehmen uns unsere Liebsten. Siehst Du, das ist das Mystische. Das ist die seltsame Macht des Menschen durch den Menschen. Das ist die grausame Trägheit, gegen die nichts ankommt. Und die einzige Waffe ist unsere große Zahl, der die Kammern nicht gewachsen sind.

Oder noch anders: den Spatenstiel an die Kehle, und hundert Leute täglich. Oder Brennesselsuppe und Brot mit Margarine, dann ein junger, ausgewachsener ss-Mann mit einem zerknüllten Zettel in der Hand, eine in den Arm tätowierte Nummer, danach ein Lastwagen, einer von denen – weißt Du, wann zum letzten Mal »Arier« fürs Gas selektiert wurden? Am vierten April; und weißt Du noch, wann wir ins Lager gekommen sind? Am neunundzwanzigsten April. Was wäre wohl mit Deiner Lungenentzündung geworden, wenn wir drei Monate früher gekommen wären?

... ich weiß, daß Du mit Freundinnen eine Pritsche teilst, und sicher wundern sie sich sehr über meine Worte. »Du hast gesagt, der Tadeusz sei ein fröhlicher Kerl, aber er schreibt nur von bedrückenden Dingen.« Und bestimmt sind sie ganz empört über mich. Aber wir dürfen doch auch über die Dinge sprechen, die sich rings um uns ereignen. Nicht grundlos und leichtfertig beschwören wir das Böse herauf, sondern es ist da, und wir stecken mittendrin –

Du siehst, es ist wieder später Abend nach einem Tag voller merkwürdiger Vorkommnisse.

Am Nachmittag ging ich zum Boxkampf in die große Baracke mit dem *Waschraum*, dort, von wo anfangs die Transporte zum Gas abgingen. Man ließ uns nach allerhand Umständen ein, obwohl der Saal schon proppenvoll war. Im großen Warteraum war ein Ring aufgebaut. Beleuchtung von oben, ein Schiedsrichter (es war übrigens der polnische Olympia-Schiedsrichter), international bekannte Boxer, aber nur Arier, denn Juden dürfen nicht auftreten. Und dieselben Leute, die anderen Tag für Tag die Zähne ausschlagen, Leute, von denen mancher selbst zahnlos ist, begeisterten sich für Czortek, für Walter aus Hamburg und für einen jungen Kerl, der im Lager zum erstklassigen Boxer trainiert wurde. Man erinnert sich hier noch an die Nummer 77, der die Deutschen im Ring vor sich her trieb und Rache für all das nahm, was die anderen draußen zu erleiden hatten. Der Saal war verqualmt von den Zigaretten, und die Boxer schlugen aufeinander ein, was das Zeug hielt. Nicht ganz nach den Regeln, aber mit großer Entschlossenheit.

»Dieser Walter«, sagte Staszek, »sieh einer an! Auf dem Kommando legt er, wenn ihn danach gelüstet, einen Muselmann mit einem Hieb um, aber hier hat er nach drei Runden noch nichts gezeigt, sondern auch noch die Fresse vollgekriegt. Sind wohl zu viele Zuschauer, oder?«

Was die Zuschauer angeht, so waren sie selig, und wir waren als Gäste in der ersten Reihe.

Nach dem Boxkampf ging ich gleich zur Konkurrenz, ins Konzert. Ihr in eurem Birkenau habt keine Ahnung, was sich hier für Wunder an Kultur ereignen, ein paar Kilometer von den Kaminen entfernt. Stell Dir vor, sie spielen die Ouvertüre zu *Tancred* und etwas von Berlioz und dann noch finnische Tänze eines Komponisten, der zu viele aaa's in seinem Namen hat. So ein Orchester, das ihnen das Wasser reichen könnte, findest Du in ganz Warschau nicht! Aber alles der Reihe nach, und hör gut zu, denn es lohnt sich. Ich kam also vom Boxkampf, freudig erregt, und ging unmittelbar zu dem Block, in dem sich auch der Puff befindet. Unter dem Puff liegt der Konzertsaal. Es war überfüllt und laut, die Zuhörer standen an den Wänden, die Musiker, über den ganzen Saal verteilt, stimmten ihre Instrumente. Auf einem Podium gegenüber dem Fenster stand der Küchenkapo (der zugleich Kapellmeister ist), die Kartoffelschäler und der Rollwagen (ich vergaß Dir zu schreiben, daß die Musiker während der Arbeitszeit Kartoffeln schälen und Wagen schieben) fingen an zu spielen. Ich erwischte gerade noch einen Platz zwischen der zweiten Klarinette und dem Fagott. Ich hockte mich auf das unbesetzte Stühlchen der ersten Klarinette und gab mich dem Lauschen hin. Du machst Dir keine Vorstellung, wie gewaltig ein Symphonieorchester von dreißig Mann in einem großen Zimmer klingt! Der Kapellmeister dirigierte mit maßvollen Bewegungen, um nicht mit dem Arm an die Wand zu stoßen, und erteilte denen, die falsch spielten, eine deutliche Warnung. Bei den Kartoffeln wird er ihnen Bescheid stoßen. Die am Ende des Saales (am einen Ende die Trommel, am anderen der Kontrabaß) versuchten, das Tempo zu halten, so gut sie konnten. Das Fagott übertönte alles, vielleicht weil ich unmittelbar daneben saß. Aber der Kontrabaß! Fünfzehn Zuhörer (mehr gingen nicht hinein) versenkten sich kennerisch in die Musik und belohnten das Orchester mit spärlichem Beifall.

– – – Jemand hat unser Lager *Betrugslager* genannt. Eine schüttere Hecke neben dem weißen Haus, ein Hof, der einem Dorfplatz ähnelt, Schilder mit der Aufschrift »Bad« – das reicht schon, um Millionen Menschen zu täuschen, bis in den Tod zu betrügen. Ein bißchen Boxen, kleine Rasenflächen bei den Blocks, zwei Mark im Monat für die fleißigsten Häftlinge, Senf in der Kantine, wöchentliche Entlausung und die Ouvertüre zu *Tancred* genügen, um die Welt zu täuschen – und uns. Draußen denkt man, das sei entsetzlich, aber doch nicht so schlimm, denn es gibt ja ein Orchester und Boxkämpfe und Rasenflächen und Decken auf den Pritschen … Betrug ist die Brotration, denn um zu überleben, muß man sich noch was dazustehlen.

Betrug ist die Arbeitszeit, denn man darf weder reden noch sich hinsetzen oder ausruhen. Betrug ist jede Schaufel Erde, die wir nicht ganz voll aus dem Graben auf den Wall werfen.

Schau Dir das alles genau an und verlier nicht den Mut, wenn es Dir schlechtgeht.

Denn von diesem Lager, dieser Zeit des Betruges

werden wir vielleicht einmal den Lebenden Bericht erstatten und die Toten verteidigen müssen.

Einmal kehrten wir mit den Kommandos ins Lager zurück. Ein Orchester spielte im Takt der marschierenden Trupps. Dann kamen die Leute von den DAW und Dutzende anderer Kommandos und warteten vor dem Tor: zehntausend Mann. In dem Moment kamen Lastwagen vom FKL herangerollt, vollgeladen mit nackten Frauen. Sie streckten die Arme aus und riefen:

»Rettet uns! Wir fahren ins Gas! Rettet uns!«

Und sie fuhren an uns vorbei, an zehntausend schweigenden Männern. Nicht einer rührte sich, nicht eine Hand hob sich.

Denn die Lebenden haben stets recht gegen die Toten.

V

Zuerst waren wir im Kurs. Eigentlich sind wir schon lange im Kurs, aber ich habe Dir nichts davon geschrieben, weil er im Dachgeschoß stattfindet und es dort sehr kalt ist. Wir sitzen auf Hockern, die wir uns besorgt haben, und amüsieren uns großartig, speziell mit den großen Modellen des menschlichen Körpers. Die Wißbegierigen schauen hin, aber Witek und ich bewerfen uns mit dem Schwamm und fechten mit den Linealen, was den schwarzen Adolf zur Verzweiflung treibt. Er fuchtelt in unsere Richtung und redet von Kameradschaft und Lager. Wir setzen uns still in eine Ecke, Witek holt ein Foto seiner Frau hervor und fragt leise:

»Ich möchte wissen, wie viele er in Dachau umgebracht hat. Auf andere Weise hätte er sich ja nicht empfehlen können. Würdest du ihn erwürgen?«

»Hm – das ist aber eine hübsche Frau. Wie bist du an sie gekommen?«

»Wir waren einmal in Pruszków spazieren. Du weißt, alles grün, Nebenwege, ringsum Wald. Wir gehen eng aneinandergeschmiegt, als plötzlich ein ss-Hund aus dem Wald stürzt …«

»Erzähl keinen Quatsch! Das war doch in Pruszków, nicht in Auschwitz.«

»Es war wirklich ein ss-Hund, denn nebenan war eine von der ss beschlagnahmte Villa. Und das Biest stürzte auf das Mädchen zu. Was hättest du getan? Ich feuerte den Revolver auf die Bestie ab, packte die Frau an der Hand und sagte: ›Irka, nichts wie weg!‹ Aber sie steht wie angewachsen und starrt auf die Knarre. ›Woher hast du das?‹ Ich konnte sie gerade noch loseisen, denn von der Villa her hörte man schon Stimmen. Wir rannten querfeldein wie zwei Hasen. Langwierig mußte ich ihr erklären, daß man in meinem Beruf so ein Eisen benötigt.«

Derweil erzählt einer der Ärzte etwas über die Speiseröhre und dergleichen Dinge, die sich im menschlichen Körper befinden, aber Witek schert sich nicht darum und berichtet weiter:

»Ich hatte mal Streit mit meinem Freund. Entweder

er oder ich, dachte ich. Er dachte übrigens genauso, ich kannte ihn gut. Ich bin ihm also drei Tage lang nach und habe bloß geschaut, ob mir nicht einer auf den Fersen ist. Als ich ihn abends auf der Chmielna-Straße zu fassen bekam, habe ich geschossen, aber nicht richtig getroffen. Am nächsten Tag gehe ich zu ihm, er hat den Arm verbunden und schaut mich mißtrauisch an. ›Ich bin hingefallen‹, sagt er.«

»Und du?« frage ich, denn die Geschichte ist sehr frisch.

»Nichts, denn gleich darauf wurde ich eingelocht.«

Ob dieser Kollege dafür mitverantwortlich war, ist schwer zu sagen, jedenfalls ergab Witek sich nicht in sein Schicksal. Im Pawiak war er Abteilungsaufseher oder Bademeister, so eine Art *pipel* bei Kronschmidt, der während jeder Wache zusammen mit einem Ukrainer Juden peinigte. Kennst Du die Keller des Pawiak? Die eisernen Böden? Darauf mußten die Juden nach dem Bad, wenn die Haut erhitzt war, nackt hin und her kriechen, immer wieder. Hast Du schon mal Soldatenstiefel von unten gesehen, die genagelten Sohlen? Weißt Du, wie viele Nägel das sind? Damit stellte Kronschmidt sich auf den nackten Körper der kriechenden Juden und ließ sich umherfahren. Arier hatten es leichter. Ich mußte zwar auch kriechen, aber in einer anderen Abteilung, und keiner hat sich auf mich gestellt. Und sie ließen mich nicht aus Prinzip kriechen, sondern wegen einer verkehrten Meldung. Für uns gab es Gymnastik, eine Stunde alle zwei Tage. In der Stunde laufen wir um den Hof herum, dann heißt es »Nieder!«, und wir machen Liegestütze, eine gute Übung aus der Schule.

Mein Rekord: 76mal an einem Stück, danach taten mir die Arme bis zum nächsten Mal weh. Die beste Übung, die ich kenne, ist die Gruppenübung »Luftangriff, in Deckung!«. Die Leute stellen sich in Zweierreihen auf, so eng, so daß man mit der Brust den Rücken des Vordermannes berührt, und halten eine über die Schultern gelegte Leiter mit einer Hand fest. Auf das Kommando »Luftangriff, in Deckung!« lassen sich die Leute fallen, ohne die Leiter loszulassen. Wer losläßt, wird mit dem Knüppel erschlagen oder vom Hund zu Tode gehetzt. Dann tritt ein SS-Mann auf die Leiter, die über den Leuten liegt, und geht auf den Sprossen auf und ab, immer wieder. Danach müssen die Leute aufstehen, ohne die Reihenfolge durcheinanderzubringen, und sich erneut fallen lassen.

Du siehst, das alles ist unwahrscheinlich: kilometerweit Purzelbäume schlagen wie in Sachsenhausen, sich stundenlang am Boden wälzen, Hunderte von Kniebeugen machen, tage- und nächtelang unbeweglich auf der Stelle stehen, monatelang im Bunker in einem Betonsarg sitzen, mit zusammengebundenen Händen an einem Pfosten hängen oder an einer Stange, die über zwei Stühle gelegt ist, wie ein Frosch hüpfen oder wie eine Schlange kriechen, eimerweise Wasser trinken, bis man erstickt, von Tausenden unterschiedlichster Menschen mit Tausenden unterschiedlichster Peitschen und

Knüppel geschlagen werden – begierig höre ich Geschichten über Provinzgefängnisse, die keiner kennt, Malkinia, Suwalki, Radom, Pulawy, Lublin –, eine entsetzlich entwickelte Foltertechnik, und ich vermag nicht zu glauben, daß sie plötzlich dem Kopf des Menschen entsprungen ist wie einst Minerva dem Kopf des Jupiter. Ich kann diesen plötzlichen Mordrausch, diesen Ausbruch eines offenbar vergessenen Atavismus nicht verstehen.

Und noch etwas: der Tod. Ich hörte von einem Lager, in dem täglich Transporte neuer Häftlinge ankamen, jeweils mehrere Dutzend. Die Zahl der Rationen für dieses Lager stand jedoch fest, wie viele, weiß ich nicht mehr, vielleicht zwei- oder dreitausend, und der Kommandant wollte nicht, daß die Häftlinge hungerten. Jeder Häftling sollte seine Ration kriegen. Folglich waren jeden Tag mehrere Dutzend Menschen zuviel im Lager. Allabendlich wurde in jedem Block mit Karten oder mit Brotkugeln gelost, und die Ausgelosten gingen am nächsten Tag nicht zur Arbeit. Sie wurden mittags aus dem Lager geführt und erschossen.

Und in diesem Ausbruch von Atavismus steht ein Mensch aus einer anderen Welt, einer, der konspiriert, damit es keine Ränke mehr zwischen den Menschen gebe, einer, der stiehlt, damit es keinen Raub mehr auf Erden gebe, einer, der tötet, damit Menschen nicht mehr ermordet werden.

Witek war einer von diesen Menschen aus einer anderen Welt, und er war Hilfskapo bei Kronschmidt, dem schlimmsten Henker des Pawiak. Und jetzt sitzt er neben mir und hört, was es alles gibt im Menschen und wie man, wenn dies oder das kaputtgeht, mit Hausmitteln dagegen angeht. Dann kam es im Kurs zu einem Zwischenfall. Der Doktor forderte Staszek auf, das, was er gerade über die Leber gesagt hatte, zu wiederholen. Was Staszek sagte, entsprach nicht dem, was der Doktor gesagt hatte. Der Doktor sprach:

»Ihre Antwort ist sehr dumm, und außerdem könnten Sie aufstehen.«

»Ich sitze im Lager, also kann ich auch bei den Kursen sitzen«, erwiderte Staszek und errötete. »Außerdem sollten Sie mich nicht beleidigen.«

»Schweigen Sie, Sie sind im Kurs.«

»Das hätten Sie wohl gern, daß ich schweige, ich könnte nämlich etwas darüber ausplaudern, was Sie im Lager gemacht haben.«

Daraufhin schlugen wir mit den Hockern auf den Boden und riefen: Ja! Ja!, und der Doktor rannte aus der Tür. Es erschien Adolf, beschimpfte uns und redete von Kameradschaft, aber wir gingen in unseren Block zurück, ausgerechnet mitten im Verdauungssystem. Staszek eilte sofort zu seinen Freunden, um Vorkehrungen dagegen zu treffen, daß der Doktor ihm ein Bein stellte. Das wird dem Doktor bestimmt nicht gelingen, denn Staszek hat mächtige Gönner im Lager, die ihm den Rücken stärken. Das eine haben wir aus der Lageranatomie gelernt: Wer eine gute Rückendeckung hat, dem kann man kaum ein Bein stellen. Und was den

Doktor angeht, so hat man allerlei über ihn gehört. Er hat Operationen an den Kranken ausprobiert. Schwer zu sagen, wie viele er für die Wissenschaft zerschnippelt hat und wie viele aus Unkenntnis. Es werden aber wohl etliche gewesen sein, denn im Spital herrscht immer Gedränge, und auch das Leichenhaus ist immer voll.

Wenn Du dies liest, wirst Du denken, ich hätte die andere Welt, unser Zuhause, vergessen. Ich schreibe und schreibe nur vom Lager, von seinen kleinen Vorkommnissen, deren Sinn ich zu ergründen suche, so als würde uns nichts anderes mehr erwarten ...

Erinnerst Du Dich noch an unser Zimmer? Die Ein-Liter-Thermosflasche, die Du mir gekauft hast? Sie paßte nicht in meine Tasche und wanderte schließlich unter das Bett, worüber Du sehr empört warst. Und die Geschichte mit der Razzia in Żoliborz, von der Du mir den ganzen Tag per Telefon berichtet hast? Wie sie die Leute aus den Straßenbahnen holten, aber Du warst eine Haltestelle vorher ausgestiegen, und wie sie den Häuserblock umstellten, aber Du entkamst ihnen und gelangtest bis an die Weichsel? Und wie Du, als ich über den Krieg und die Barbarei klagte, darüber, daß aus uns eine Generation von Unwissenden würde, gesagt hast:

»Denk an die, die im Lager sind. Wir vergeuden nur unsere Zeit, aber sie leiden.«

Was ich damals sagte, war sehr naiv, unreif und von meiner Bequemlichkeit diktiert. Aber ich glaube nicht, daß wir unsere Zeit vergeudet haben. Trotz der vom Krieg entfesselten Leidenschaften lebten wir in einer anderen Welt. Vielleicht für jene Welt, die noch kommen wird. Verzeih mir, wenn Dir diese Worte zu kühn vorkommen. Aber daß wir jetzt hier sind, dient wohl auch jener Welt. Glaubst Du, wir würden im Lager auch nur einen Tag überleben, wenn nicht die Hoffnung wäre, daß diese andere Welt kommen wird, daß die Menschenrechte wiederhergestellt werden? Gerade die Hoffnung läßt die Menschen apathisch in die Gaskammer gehen, läßt sie vor dem Aufstand zurückscheuen, läßt sie in Apathie versinken. Gerade die Hoffnung zerreißt die Familienbande, läßt Mütter ihre Kinder verstoßen, läßt Frauen sich für ein Stück Brot verkaufen und bringt Männer dazu, andere zu töten. Die Hoffnung läßt sie um jeden Tag Leben kämpfen, denn vielleicht bringt ja schon der nächste Tag die Befreiung. Vielleicht nicht einmal die Hoffnung auf eine andere, bessere Welt, sondern bloß noch die Hoffnung auf ein Leben, in dem es Ruhe und Frieden gibt. In der ganzen Menschheitsgeschichte war die Hoffnung im Menschen nie stärker, aber nie hat sie auch soviel Unheil angerichtet wie in diesem Krieg, wie in diesem Lager. Wir haben nicht gelernt, der Hoffnung zu entsagen, und deshalb sterben wir im Gas.

Schau, in was für einer originellen Welt wir leben: Wie wenig Menschen gibt es in Europa, die keinen Menschen getötet haben! Und wie wenig Menschen es gibt, die andere nicht gern ermorden würden!

Aber wir sehnen uns nach einer Welt, in der es Nächstenliebe gibt, Friede vor den Menschen und

Ruhe vor den Instinkten. Das ist wohl das Vorrecht der Liebe und der Jugend.

PS – aber vorher, weißt Du, möchte ich noch den einen oder anderen abmurksen, um den Lagerkomplex loszuwerden, den Komplex des Mützeziehens, den Komplex des untätigen Blicks auf die Geschlagenen und Ermordeten, den Komplex der Angst vor dem Lager. Ich fürchte jedoch, daß dieser Komplex uns ewig belasten wird. Ich weiß nicht, ob wir es überleben werden, aber ich wünschte, wir würden einmal die Dinge beim Namen nennen können, wie es mutige Menschen tun.

VI

Seit einigen Tagen haben wir zur Mittagszeit eine gleichbleibende Unterhaltung: Aus dem Block *für Deutsche* marschiert eine Kolonne Männer los und umrundet mehrmals das Lager; dabei singen sie *»Morgen geht's zur Heimat wieder«*. Der Lagerälteste dirigiert und gibt mit seinem Stock *Schritt und Tritt* an.

Es sind Kriminelle, die jetzt als »Freiwillige« zur Wehrmacht gehen. Man hat alle grünen Winkel herausgezogen und schickt die leichteren Fälle an die Front. Einer, der Ehefrau und Schwiegermutter umgebracht und den Kanarienvogel freigelassen hat, damit das Vögelchen nicht im Käfig leidet, hat Glück, denn er bleibt hier. Doch einstweilen sind sie noch alle zusammen.

Man bringt ihnen das Marschieren bei und wartet ab, ob sie Verständnis für das Gemeinschaftsleben zeigen oder nicht. Gemeinsinn zeigen sie durchaus, auf ihre Art. Erst ein paar Tage hier zusammen, sind sie schon in das Magazin eingebrochen, haben Päckchen geklaut, die Kantine aufgebrochen und den Puff demoliert (weshalb dieser zum allseitigen Bedauern wieder geschlossen wurde) – warum eigentlich, sagen sie ganz vernünftig, sollen wir hingehen und uns herumschlagen und für die ss-Männer den Kopf hinhalten, wenn es uns hier gutgeht? *Vaterland* hin, *Vaterland* her, es wird auch ohne uns untergehen, und wer wird uns an der Front die Stiefel putzen, und gibt es dort überhaupt junge Burschen?

Da marschiert also so eine Bande herum und singt *»Morgen geht's nach Hause«*. Alles berüchtigte Schläger, einer berüchtigter als der andere: Seppel, der Schreck der Dachdecker, der bei Regen, Schnee und Frost unnachsichtig arbeiten läßt und einen für einen verkehrt eingeschlagenen Nagel vom Dach herunterwirft; Arno Böhm, Nummer 8, langjähriger Blockältester, Kapo und Lagerkapo, der Stubenälteste umbrachte, wenn sie Tee verkauften, und für jede Minute Verspätung und jedes Wort, das nach dem abendlichen Gong geäußert wurde, fünfundzwanzig Schläge austeilte, derselbe, der seinen alten Eltern in Frankfurt kurze, aber rührende Briefe über Trennung und Wiedersehen schrieb. Wir kennen sie alle: den, der bei den DAW prügelte, dann den Schrecken von Buna oder den tölpelhaften Menschen, der, als er krank war, dem Blockältesten auf die Bude rückte, um sich Tabak zu besorgen, von dem er erst mal tüchtig verdroschen und dann ins Lager zurückgeschickt wurde, wo er ein bedauernswertes Kommando in seine diebischen Finger kriegte. Da marschieren sie in Reih und Glied, die bekannten Päderasten, Alkoholiker, Rauschgiftsüchtigen, Sadisten – und ganz am Ende geht Kurt, elegant gekleidet, schaut sich um, kommt aus dem Tritt und singt nicht. Schließlich, denke ich, ist er derjenige, der Dich für mich ausfindig gemacht und unsere Briefe befördert hat, also renne ich nach unten, packe ihn am Hals und sage:

»Kurt, du hast sicher Hunger, komm rauf, du Freiwilliger-Krimineller« – dabei zeige ich ihm unser Fenster.

Gegen Abend tauchte er dann auf, genau richtig zum Essen, das wir in dem Ofen mit den Majolika-Kacheln gekocht hatten. Er ist sehr sehr nett (das klingt exotisch, aber etwas Besseres fällt mir nicht ein) und kann gut erzählen. Er hatte Musiker werden wollen, aber sein Vater, ein reicher Ladenbesitzer, schmiß ihn raus. Kurt fuhr nach Berlin, lernte ein Mädchen kennen, Tochter eines anderen reichen Ladenbesitzers, lebte mit ihr zusammen, schrieb für Sportzeitungen, kam wegen einer Schlägerei mit dem *Stahlhelm* für einen Monat ins Kittchen und traute sich dem Mädchen hinterher nicht mehr unter die Augen. Er besorgte sich einen Sportwagen und schmuggelte Devisen. Auf einem Spaziergang traf er sein Mädchen wieder, wagte es aber nicht, sie anzusprechen. Er fuhr nach Österreich und Jugoslawien, bis sie ihn erwischten und einlochten. Und weil er vorbestraft war (dieser leidige Monat), kam er nach dem Gefängnis ins Lager und wartet auf das Ende des Krieges.

Es wird dunkel, der Lagerappell ist schon vorbei. Wir sitzen zu mehreren am Tisch und erzählen. Erzählt wird überall: auf dem Weg zum Kommando, auf dem Rückweg ins Lager, bei Schaufel und Lore, abends auf der Pritsche, während des Appells. Wir erzählen uns Geschichten, und wir erzählen aus unserem Leben. Heute ist das Lager an der Reihe, vielleicht, weil Kurt demnächst weggeht.

»Genaueres über das Lager wußte eigentlich keiner. Man quatschte über die sinnlose Arbeit, zum Beispiel mußte man einen Weg asphaltieren und wieder aufreißen oder Sand gleichmäßig verteilen. Ja, und natürlich, daß es schrecklich ist. Es gab Gerede unter den Leuten. Aber ehrlich gesagt interessierte einen das alles nicht sonderlich. Man wußte sowieso, daß, wer reinkommt, nicht wieder rauskommt.«

»Wärest du zwei Jahre früher gekommen, hätte dich bestimmt der Wind durch den Kamin davongeweht«, warf Staszek, der so hervorragend organisieren kann, skeptisch ein.

Ich zuckte unwillig die Achseln.

»Oder auch nicht. Dich hat er nicht davongeweht, also hätte er auch mich nicht davongeweht. Aber wißt ihr, im Pawiak war einer aus Auschwitz.«

»Vermutlich kam er zum Prozeß.«

»Genau. Wir fragten ihn, aber er schwieg, als hätte er Mundwasser genommen. Er sagte bloß: ›Kommt, dann werdet ihr sehen. Aber jetzt – was soll ich euch sagen. Ihr seid doch ahnungslos wie Kinder.‹«

»Hattest du Angst vor dem Lager?«

»Ja. Wir fuhren morgens vom Pawiak los. Mit Lastwagen zum Bahnhof. Schlechtes Zeichen, daß die Sonne von hinten kommt. Es geht also westwärts. Auschwitz. Sie luden uns rasch in die Waggons, und ab ging es! Alphabetisch geordnet, sechzig Mann pro Waggon, es war nicht mal eng.«

»Hattest du Klamotten dabei?«

»Natürlich. Eine Reisedecke und die Hausjacke von der Verlobten und zwei Bettlaken.«

»Blödmann, das hättest du den Kollegen lassen sollen. Wußtest du nicht, daß sie dir alles abnehmen?«

»Schade drum. Dann haben wir alle Nägel aus einer Wand rausgezogen, die Bretter rausgenommen, und nichts wie weg! Aber auf dem Dach war ein Maschinengewehr, die ersten drei wurden sofort durchsiebt. Der letzte steckte den Kopf heraus und kriegte eine Kugel ins Genick. Der Zug hielt sofort an, und wir nichts wie in die Ecke! Lärm, Gebrüll, Hölle! An Flucht war nicht zu denken! Die Feiglinge! Bringen uns um! Und Flüche, die sich gewaschen hatten!«

»Aber wohl nicht schlimmer als im Frauenlager.«

»Das stimmt. Aber trotzdem saftig. Und ich saß ganz unten, über mir ein Haufen Leute. Ich denke: Gut, wenn sie schießen, bin ich nicht der erste. Und es war gut, denn sie haben tatsächlich geschossen. Eine ganze Salve in den Haufen, zwei waren tot, einer an der Seite verwundet. Und *los, raus*, ohne Sachen! Na, denke ich, jetzt ist Schluß! Nichts außer der Mütze! Um die Hausjacke tat es mir ein bißchen leid, da war meine Bibel drin, und sie war ja außerdem von der Verlobten.«

»War die Reisedecke nicht auch von der Verlobten?«

»Ja. Darum tat es mir auch leid. Aber ich konnte nichts mitnehmen, weil sie mich vom Trittbrett runterstießen. Ihr habt keine Ahnung, wie groß die Welt ist, wenn man aus einem geschlossenen Waggon hinausfliegt! Der Himmel ist hoch ...«

»... und blau ...«

»Richtig, blau, und die Bäume duften, der Wald, umarmen möchte man sie! Ringsum ss-Männer, Maschinenpistolen im Anschlag. Vier Mann wurden abgeführt, uns trieb man in den anderen Waggon. Hundertzwanzig Mann, drei Tote und ein Verwundeter. Es fehlte nicht viel, und wir wären erstickt. Es war so stikkig, daß das Wasser von der Decke tropfte, buchstäblich. Nicht ein Fensterchen, nichts, alles mit Brettern vernagelt. Wir schrien nach Luft und Wasser, aber als sie anfingen zu schießen, beruhigten wir uns schnell. Dann sackten wir der Reihe nach zusammen und lagen wie abgeschlachtete Ferkel am Boden. Ich zog zuerst den Pullover und dann zwei Hemden aus. Ich war schweißgebadet. Dann begann ich aus der Nase zu bluten. Es rauschte in meinen Ohren. Ich sehnte mich nach Auschwitz, denn das bedeutete frische Luft. Als an der

Rampe die Tür aufging, war ich mit dem ersten Atemzug wieder voll bei Kräften. Es war eine kalte, sternklare Aprilnacht. Obwohl ich mir das völlig durchnäßte Hemd übergezogen hatte, war mir nicht kalt. Jemand legte mir von hinten den Arm um den Hals und küßte mich. ›Bruder, Bruder‹, flüsterte er. In der schwarzen, erdnahen Finsternis strahlten die Lichterreihen des Lagers. Darüber flackerte eine unruhige rötliche Flamme. Die Dunkelheit strömte auf sie zu. Es schien, als brenne es auf einem himmelhohen Berg. ›Krematorium‹, ging es flüsternd durch unsere Reihen.«

»Du redest ja ohne Ende, man merkt, daß du ein Dichter bist«, sagte Witek anerkennend.

»Wir gingen, die Toten mitschleppend, zum Lager. Hinter mir hörte ich die Leute schwer atmen und dachte, meine Verlobte ginge hinter mir. Immer wieder dumpfe Schläge. Kurz vor dem Tor bekam ich ein Bajonett in den Schenkel. Es tat nicht weh, nur wurde mir sehr warm. Das Blut rann am Schenkel und der Wade herab. Nach einigen Schritten versagten die Muskeln, und ich begann zu humpeln. Der ss-Mann, der uns eskortierte, schlug noch ein paar Leute vor mir, und als wir durch das Gittertor des Lagers traten, sagte er:

›Hier werdet ihr euch richtig erholen können.‹

Das war Donnerstag nacht. Und am Montag ging ich mit dem Kommando zur Arbeit, sieben Kilometer vom Lager entfernt. Nach Budy, Telegraphenmasten schleppen. Mein Bein tat höllisch weh. Aber es war eine richtige Erholung!«

»Das ist doch gar nichts«, sagte Witek. »Den Juden geht es noch schlechter. Bilde dir bloß nichts ein!«

Sowohl über die Transporte als auch über die Juden waren die Meinungen geteilt.

»Die Juden, ihr wißt, wie die Juden sind!« meldete sich Staszek zu Wort. »Du wirst sehen, die machen mit ihrem Lager noch ein Geschäft! Sie sind sowohl im Krematorium als auch im Ghetto, und sie verkaufen die eigene Mutter für eine Schüssel Steckrüben. Wir treten eines Morgens zum *Arbeitskommando* an, neben uns ein Sonderkommando, Kerle wie Bullen, zufrieden mit dem Leben, was denn sonst? Neben mir mein Freund Mojsche, der, der den Toten die Goldzähne ausbrechen mußte. Er ist aus Mława, ich bin aus Mława, ihr wißt, wie das ist, Freunde und Geschäftspartner, man weiß, mit wem man es zu tun hat, man hat Vertrauen. ›Was ist, Mojsche? Ist dir nicht wohl?‹ ›Ich habe ein Foto meiner Familie bekommen.‹ ›Dann brauchst du dir doch keine Gedanken zu machen, ist doch gut.‹ ›Von wegen gut, ich habe meinen Vater in den Kamin geschickt.‹ ›Nicht möglich!‹ ›Und ob. Wenn ich es doch sage. Er kam mit dem Transport, sah mich vor der Kammer, wie ich die Leute hineintrieb, warf sich mir an den Hals, fing an mich zu küssen und fragte, was denn werden soll, er sei hungrig, denn sie seien zwei Tage gefahren, ohne zu essen. Da schreit der *Kommandoführer*, ich soll nicht so rumstehen, sondern arbeiten! Was sollte ich machen? ›Geh, Vater‹, sage ich, ›geh baden, und hinterher reden wir miteinander, du siehst ja, daß ich jetzt keine Zeit habe.‹ Und Vater ging in die Kammer. Danach habe ich die Bilder aus dem Anzug gezogen. Sag du mir, was gut daran ist, daß ich die Fotos habe!«

Wir lachten. Eigentlich gut, daß sie derzeit keine Arier vergasen. Alles, nur das nicht.

»Früher wurden sie auch vergast«, sagt einer der Pfleger »von hier«, der sich immer zu uns setzt. »Ich bin schon lange in diesem Block und habe viel miterlebt. Wie viele Leute sind durch meine Hände ins Gas gegangen, alles Freunde und Bekannte aus einer einzigen Stadt! Irgendwann kann man sich nicht einmal mehr an die Gesichter erinnern. Das macht einfach die Masse. Aber einen Fall werde ich wohl bis an mein Lebensende nicht vergessen. Ich war damals Pfleger in der Ambulanz. Bei der Behandlung bin ich nicht besonders zartfühlend, für Kinkerlitzchen hat man hier bekanntlich keine Zeit. Man untersucht die Leute kurz, an der Hand oder am Rücken, ob da noch was ist, dann Watte drauf, Verband drum und weg! Der nächste! Das Gesicht sieht man sich gar nicht an. Bedanken tut sich keiner, wofür auch? Aber einmal habe ich eine Phlegmone behandelt, und da sagt einer beim Hinausgehen: ›Spassibo, Herr Pfleger!‹ So ein blasser, elender Kerl, der sich kaum auf den geschwollenen Beinen halten konnte. Ich habe ihn besucht und ihm Suppe gebracht. Er hatte eine Phlegmone auf der rechten Hinterbacke, die dann den ganzen Oberschenkel erfaßte, einen Eiterbeutel. Er litt furchtbar. Er weinte und sprach von seiner Mutter. ›Sei still‹, sagte ich ihm, ›wir haben schließlich auch eine

Mutter und weinen nicht.‹ Ich tröstete ihn, so gut ich konnte, weil er sich beklagte, daß er nicht mehr heimkehren werde. Was konnte ich ihm geben? Eine Schüssel Suppe und gelegentlich ein Stück Brot. Ich versteckte Toletschka, so gut ich konnte, vor der Selektion, aber dann fanden sie ihn und schrieben ihn auf. Ich ging gleich hin zu ihm. Er fieberte. Er sagte zu mir: ›Es macht nichts, daß ich ins Gas gehe. So muß es wohl sein. Aber wenn der Krieg vorbei ist und du überlebst …‹ ›Ich weiß nicht, ob ich überlebe, Toletschka‹, unterbrach ich ihn. ›Du wirst überleben‹, warf er trotzig ein, ›und dann fährst du zu meiner Mutter. Nach dem Krieg gibt es bestimmt keine Grenzen mehr, keine Staaten, keine Lager, die Menschen werden sich nicht mehr gegenseitig umbringen. ›*Wied' eto poslednij boj'*‹, sagte er mit Nachdruck. ›*Poslednij, ponimajesch?*‹ ›Ich verstehe‹, erwiderte ich. ›Du fährst zu meiner Mutter und sagst ihr, daß ich umgekommen bin. Damit es keine Grenzen mehr gibt. Und keinen Krieg. Und keine Lager. Wirst du es ihr sagen?‹ ›Ja.‹ ›Merk dir das: Meine Mutter wohnt in *Dalniewostotschnij Kraj, gorod Chabarowsk, ulica Lwa Tolstowo dwadcat' piat'*, wiederhole!‹ Ich wiederholte. Ich ging zum Blockältesten, dem Grauen, der ihn noch von der Liste nehmen konnte. Er gab mir eine in die Schnauze und warf mich raus. Toletschka ging ins Gas. Ein paar Monate später kam der Graue auf Transport. Im Wegfahren bat er noch um Zigaretten. Ich hetzte die Leute auf, daß ihm keiner welche gab. Sie gaben ihm keine. Vielleicht habe ich schlecht gehandelt, denn er fuhr zur Liquidation nach Mauthausen. Aber die Adresse von Toletschkas Mutter weiß ich noch genau: *Dalniewostotschnij Kraj, gorod Chabarowsk, ulica Lwa Tolstowo ...*«

Wir schwiegen. Kurt fragte beunruhigt, was los sei, weil er von dem Gespräch nicht ein Wort verstanden hatte. Witek faßte es für ihn so zusammen:

»Wir reden vom Lager und darüber, ob die Welt einmal besser wird. Dazu könntest auch du was sagen.«

Kurt schaute uns lächelnd an und sagte langsam, damit jeder es verstand:

»Ich mache es ganz kurz. Als ich in Mauthausen war, wurden dort zwei flüchtige Häftlinge gefaßt, ausgerechnet an Heiligabend. Ein Galgen wurde errichtet, auf dem Platz neben dem großen Weihnachtsbaum. Das ganze Lager war zum Appell versammelt, als man sie henkte. Genau in dem Moment gingen am Weihnachtsbaum die Lichter an. Dann trat der Lagerführer auf und wandte sich an die Häftlinge mit dem Befehl:

›*Häftlinge, Mützen ab!*‹

Wir nahmen die Mützen ab. Der Lagerführer hielt die traditionelle Weihnachtsansprache:

›Wer sich wie ein Schwein benimmt, wird wie ein Schwein behandelt. *Häftlinge, Mützen auf!*‹

Wir setzten die Mütze auf.

›Abtreten!‹

Wir traten ab«, schloß Kurt seine Erzählung.

Wir zündeten uns eine Zigarette an. Wir schwiegen. Jeder dachte an seine eigenen Dinge.

VII

Wenn die Wände der Baracken wegfallen würden, hingen Tausende von Menschen, dichtgedrängt auf ihren Pritschen, in der Luft. Der Anblick wäre schrecklicher als die mittelalterlichen Bilder vom Jüngsten Gericht. Nichts erschüttert den Menschen so sehr wie der Anblick eines anderen Menschen, der auf seinem Stück Pritsche schläft, jenem Ort, den er braucht, weil er einen Körper hat. Der Körper wurde bis zum äußersten ausgenutzt: ihm wurde eine Nummer eintätowiert, um sich das Hundehalsband zu sparen, in der Nacht gewährte man ihm soviel Schlaf, daß der Mensch tagsüber arbeiten konnte, und am Tage soviel Zeit, daß er essen konnte. Und zu essen gab man ihm so viel, daß er nicht unproduktiv verreckte. Es gibt nur einen Ort zum Leben: das Stück Pritsche; der Rest gehört dem Lager, dem Staat. Aber selbst dieser winzige Platz gehört nicht dir, ebensowenig wie das Hemd und die Schaufel. Wenn du krank wirst, nehmen sie dir alles: den Anzug, die Mütze, den hineingeschmuggelten Schal, das Taschentuch. Wenn du stirbst, reißen sie dir die Goldzähne heraus, die schon vorher im Lagerbuch notiert wurden. Sie verbrennen dich, und mit der Asche düngen sie die Felder oder legen Teiche trocken. Gewiß wird beim Verbrennen soviel Fett, soviel Knochen, soviel Fleisch, soviel Wärme vergeudet. Aber anderswo machen sie aus Menschen Seife, aus Menschenhaut Lampenschirme, aus Knochen Schmucksachen. Wer weiß, vielleicht brauchen sie das alles für den Export zu den Negern, die sie dereinst erobern werden.

Wir arbeiten unter Tage und über Tage, unter dem Dach und im Regen, mit der Schaufel, der Lore, der Spitzhacke und dem Brecheisen. Wir tragen Zementsäcke, setzen Ziegelsteine, Bahnschienen, umzäunen Grundstücke, treten den Boden fest... Wir legen die Fundamente einer neuen, ungeheuerlichen Zivilisation. Erst jetzt habe ich den Wert der Antike erkannt. Was für ein ungeheuerliches Verbrechen sind die ägyptischen Pyramiden, die griechischen Tempel und Statuen! Wieviel Blut muß geflossen sein für die Straßen der Römer, die Grenzwälle und die Bauwerke der Stadt! Diese Antike, die ein riesiges Konzentrationslager war, wo dem Sklaven das Zeichen des Eigentümers auf die Stirn gebrannt wurde, wo Flucht mit Kreuzigung bestraft wurde. Diese Antike, die eine einzige große Verschwörung der Freien gegen die Sklaven war!

Du erinnerst Dich, wie ich Platon geschätzt habe. Heute weiß ich, daß er gelogen hat. Denn in den irdischen Dingen spiegelt sich kein Ideal, in ihnen steckt vielmehr schwere, blutige Arbeit von Menschen. Wir haben die Pyramiden erbaut, wir haben den Marmor für die Tempel und die Steine für die Straßen des Imperiums gebrochen, wir haben die Galeeren gerudert und die Pflüge gezogen, während sie Dialoge und Dramen schrieben, ihre Intrigen mit dem jeweiligen Vaterland rechtfertigten und Kriege um Grenzen und Demokratien führten. Wir waren dreckig und starben wirklich. Sie waren Ästheten und diskutierten zum Schein.

Es gibt keine Schönheit, wenn darin das dem Menschen zugefügte Leid steckt. Es gibt keine Wahrheit, wenn sie über dieses Leid hinweggeht. Es gibt nichts Gutes, das dieses Leid zuläßt.

Was weiß die Antike von uns? Sie kennt den gerissenen Sklaven von Terenz und Plautus, sie kennt die Gracchen als Volkstribunen und den Namen eines einzigen Sklaven: Spartakus.

Sie machten Geschichte, und wir wissen alles über einen Verbrecher wie Scipio oder einen Advokaten wie Cicero oder Demosthenes. Wir sind hingerissen von der Vernichtung der Etrusker, der Ausrottung Karthagos, von Verrat, List und Plünderei. Römisches Recht! Es ist noch heute Recht!

Was wird die Welt von uns wissen, wenn die Deutschen siegen? Es werden gewaltige Bauten entstehen, Autobahnen, Fabriken, himmelhoch ragende Denkmäler. Jeder Ziegel wird von unseren Händen gesetzt sein, unsere Schultern werden Eisenbahnschwellen und Betonplatten getragen haben. Sie werden unsere Familien, die Kranken, die Alten ermorden. Sie werden die Kinder ermorden.

Und von uns wird niemand wissen. Dichter, Advokaten, Philosophen, Priester werden uns niederschreien. Sie werden Schönes, Gutes und Wahres schaffen. Sie werden eine Religion schaffen.

Vor drei Jahren gab es hier Dörfer und Siedlungen. Es

gab Felder, Feldwege und Birnbäume an den Feldrainen. Es gab Menschen, nicht besser und schlechter als andere.

Dann kamen wir. Wir haben die Menschen verjagt, die Häuser zerstört, die Erde planiert, den Boden mit unseren Füßen in Morast verwandelt. Wir haben Baracken, Zäune, Krematorien errichtet. Wir haben Krätze, Phlegmone und Läuse eingeschleppt.

Wir arbeiten in Fabriken und Bergwerken. Wir leisten ungeheure Arbeit, aus der jemand einen unerhörten Gewinn zieht.

Mit der hiesigen Firma Lenz hat es eine eigentümliche Bewandtnis. Sie hat uns hier das Lager gebaut, die Baracken, Hallen, Magazine, Bunker, Kamine. Das Lager entlieh ihr die Häftlinge, und die ss lieferte das Material. Bei der Abrechnung ergaben sich so phantastische Millionenbeträge, daß sich nicht nur Auschwitz an den Kopf griff, sondern auch Berlin. Meine Herren, sagten sie, das kann nicht sein, Sie haben zuviel verdient, das sind ja soundso viel Millionen! Aber, sagte die Firma, hier sind doch die Rechnungen, Sie können es prüfen. Mag sein, sagte Berlin, aber uns ist das zuviel. Dann die Hälfte, schlug die patriotische Firma vor. Dreißig Prozent, hielt Berlin dagegen, und dabei ist es geblieben. Seither werden alle Rechnungen der Firma Lenz entsprechend gekürzt. Lenz macht sich jedoch keine Sorgen: Wie alle deutschen Firmen hat sie ihr Betriebskapital erhöht. Sie hat an Auschwitz einen Riesengewinn gemacht und wartet jetzt gelassen das

Kriegsende ab. Genauso die Firma Wagner und Continental mit den Wasserleitungen, die Firma Richter mit den Brunnen, Siemens mit Beleuchtungen und Elektrokabeln, die Lieferanten von Ziegeln, Zement, Eisen und Holz, die Hersteller von Barackenteilen und gestreifter Häftlingskleidung. Genauso die riesige Autofirma Union, genauso die DAW, die den Schrott zerlegen. Genauso die Grubenbesitzer in Myslowitz, Gleiwitz, Janina und Jaworzno. Derjenige von uns, der überleben wird, muß einmal das Äquivalent dieser Arbeit einfordern. Nicht in Geld, nicht in Waren, sondern in harter, steiniger Arbeit.

Wenn die Kranken und diejenigen, die gearbeitet haben, schlafen gehen, spreche ich mit Dir aus der Ferne. Ich sehe in der Dunkelheit Dein Gesicht, und obwohl ich mit einer Bitterkeit und einem Haß rede, die Dir fremd sind, weiß ich doch, daß Du mir aufmerksam zuhörst.

Du bist ein Teil meines Schicksals. Nur hast Du Hände, die nicht für die Spitzhacke gemacht sind, und Dein Körper ist nicht an die Krätze gewöhnt. Uns verbindet unsere Liebe und die grenzenlose Liebe derer, die übriggeblieben sind. Die für uns leben und unsere Welt ausmachen. Die Gesichter der Eltern und Freunde, die Formen der Dinge, die übriggeblieben sind. Und das Wertvollste, das wir miteinander teilen können: unsere Erlebnisse. Und wenn man uns auch nur den Körper auf der Spitalspritsche gelassen hat, so bleiben uns doch unsere Gedanken und Gefühle.

Und ich glaube, daß die Würde des Menschen auf seinen Gedanken und Gefühlen beruht.

VIII

Du ahnst nicht, wie glücklich ich bin.

Da ist vor allem der lange Elektriker. Jeden Morgen gehe ich mit Kurt (denn es ist sein Bekannter) zu ihm und übergebe ihm die Briefe an Dich. Der Elektriker, eine phantastisch alte Nummer – etwas über tausend –, bepackt sich mit Würsten, Zuckersäckchen, Damenwäsche und bringt einen Haufen Briefe in seinem Schuh unter. Der Elektriker ist kahlköpfig und hat kein Verständnis für unsere Liebe. Der Elektriker verzieht das Gesicht bei jedem Brief, den ich ihm bringe. Der Elektriker sagt, wenn ich ihm ein Päckchen Zigaretten überreichen will:

»Kollege, bei uns in Auschwitz nimmt man nichts für Briefe! Und wenn ich kann, bringe ich dir die Antwort.«

Gegen Abend gehe ich zu ihm. Es folgt die umgekehrte Prozedur: Der Elektriker greift in den Schuh, holt die Karte von Dir heraus und gibt sie mir, wobei er widerwillig das Gesicht verzieht. Denn der Elektriker hat kein Verständnis für unsere Liebe. Und bestimmt mag er nicht den Bunker, ein Käfig mit einer Kantenlänge von anderthalb Metern. Weil der Elektriker sehr lang ist und es ihm im Bunker unbequem wäre.

Vor allem also der lange Elektriker. Zweitens die Hochzeit des Spaniers. Der Spanier hatte Madrid verteidigt, war nach Frankreich geflohen und von dort nach Auschwitz gebracht worden. Wie so ein Spanier ist: er hatte eine Französin und mit ihr ein Kind. Als das Kind nicht übel gedieh und der Spanier noch immer im Lager saß, erhob die Französin ein Geschrei, sie wolle heiraten! Also ein Antrag an H. H. persönlich, der sich entrüstete: Was für eine Unordnung im Neuen Europa, unverzüglich ist ihnen die Heirat zu genehmigen!

Die Französin wurde mit dem Kind ins Lager gebracht, dem Spanier wurde schleunigst die gestreifte Häftlingskleidung ausgezogen, ein eleganter, vom Kapo der Wäscherei persönlich gebügelter Anzug verpaßt, aus den reichen Beständen des Lagers kamen eine Krawatte und sorgfältig darauf abgestimmte Socken, und dann wurden sie verheiratet.

Danach gingen die Frischvermählten zum Fotografieren: sie mit einem Hyazinthenstrauß und dem Söhnchen auf dem Arm und er mit ihr eingehakt. Hinter ihnen das Orchester *in corpore* und hinter dem Orchester der wütende ss-Mann von der Küche:

»Ich erstatte Meldung gegen euch, daß ihr während der Arbeitszeit spielt, statt Kartoffeln zu schälen! Meine Suppe ist fertig, und die Kartoffeln sind nicht da! Ich sch... auf alle Hochzeiten!«

»Ruhe«, versuchten andere Würdenträger ihn zu beschwichtigen. »Der Befehl ist doch direkt aus Berlin. Und die Suppe kann auch mal ohne Kartoffeln sein.«

Inzwischen waren die Frischvermählten fotografiert, und für die Hochzeitsnacht wurde ihnen ein Appartement im Puff überlassen, der in Block 10 ausweichen mußte. Anderntags wurde die Französin nach Frankreich geschickt und der Spanier in Streifen aufs Kommando.

Das ganze Lager ist ungeheuer stolz.

»Bei uns in Auschwitz kann man sogar heiraten.«

Vor allem also der lange Elektriker. Zweitens die Hochzeit des Spaniers. Und drittens endet demnächst unser Kurs. Vor kurzem ging der Kurs der Pflegerinnen aus dem FKL zu Ende. Wir verabschiedeten sie mit Kammermusik. Sie saßen alle am Fenster von Block 10, und aus unserem Fenster spielten Teile des Orchesters ihnen etwas vor: die Trommel, das Saxophon und die Geige. Am wunderbarsten das Saxophon: es schluchzt und weint, es lacht und funkelt!

Schade, daß Słowacki es nicht gekannt hat, bestimmt wäre er wegen der reichen Ausdrucksmöglichkeiten dieses Instruments Saxophonist geworden.

Zuerst die Frauen und jetzt wir. Als wir uns im Dachgeschoß versammelt hatten, kam der Lagerarzt Rhode (der »anständige«, der keinen Unterschied zwischen Juden und Ariern macht), prüfte uns und unsere Verbände, sagte, er sei sehr zufrieden und jetzt würde bei uns in Auschwitz sicher alles besser. Und rasch ging er wieder, denn im Dachgeschoß ist es kalt.

Bei uns in Auschwitz nimmt man heute den ganzen Tag Abschied von uns. Franz, der aus Wien, hielt mir seinen letzten Vortrag über den Sinn des Krieges. Ein wenig stockend sprach er von Menschen, die arbeiten, und Menschen, die zerstören. Vom Sieg der ersteren und der Niederlage der letzteren. Davon, daß unser Generationsgenosse aus London und Uralsk, aus Chicago und Kalkutta, vom Kontinent wie von der Insel für uns kämpft. Von der kommenden Brüderschaft der schaffenden Menschen. »Hier«, dachte ich, »entsteht inmitten von Zerstörung und Tod wieder einmal ein Messianismus, der übliche Weg des menschlichen Denkens.« Dann machte Franz sein Päckchen auf, das er gerade aus Wien bekommen hatte, und wir tranken unseren abendlichen Tee. Franz sang österreichische Lieder, und ich trug Gedichte vor, die er nicht verstand.

Bei uns in Auschwitz haben sie mir ein paar Medikamente und Bücher mit auf den Weg gegeben. Ich stopfte sie in mein Bündel, unter das Essen. Stell Dir vor, die Gedanken des Angelus Silesius. Ich bin also glücklich, weil alles zusammenkommt: der lange Elektriker, die Hochzeit des Spaniers, das Ende des Kurses. Und viertens bekam ich gestern Briefe von zu Hause. Lange haben sie mich suchen müssen, aber am Ende haben sie mich gefunden.

Seit fast zwei Monaten hatte ich kein Lebenszeichen mehr von zu Hause, und ich habe mir schreckliche Sorgen gemacht, denn hier kursieren phantastische Gerüchte über die Verhältnisse in Warschau; ich hatte schon angefangen, verzweifelte Briefe zu schreiben, und da kommen gestern, denke nur, gleich zwei Briefe, einer von Staszek und einer von meinem Bruder.

Staszek schreibt ganz einfach, wie jemand, der etwas, das von Herzen kommt, in einer fremden Sprache auszudrücken versucht. »Wir lieben Dich und denken an Dich und an Tuśka, Deine Braut. Wir leben, arbeiten und schaffen.« Sie leben, arbeiten und schaffen, nur Andrzej ist umgekommen, und Wacek »ist tot«.

Was für ein Unglück, daß diese beiden, die fähigsten ihrer Generation, mit der größten schöpferischen Passion, daß ausgerechnet sie umkommen mußten!

Du weißt, wie scharf ich mich gegen sie gewandt habe: gegen ihre imperiale Konzeption eines gefräßigen Staates, gegen ihre Unehrlichkeit im gesellschaftlichen Denken, ihre Theorien einer nationalen Kunst, ihre Philosophie, die so verworren war wie ihr Meister Brzozowski selbst, ihre poetische Praxis, die mit dem Kopf gegen die Mauer der Avantgarde anrannte, ihren Lebensstil der bewußten und unbewußten Verlogenheit.

Auch heute, da uns die Schwelle der zwei Welten trennt, jene Schwelle, die auch wir einmal überschreiten werden, greife ich diesen Streit um den Sinn der Welt, den Lebensstil und das Antlitz der Poesie wieder auf. Auch heute noch werfe ich ihnen vor, daß sie den suggestiven Ideen des mächtigen, expansiven Staates erlegen sind, daß sie das Böse bewunderten, dessen Fehler es ist, daß es nicht unser Böses ist. Auch heute noch werfe ich ihnen vor, daß ihre Poesie ideenlos ist, daß der

Mensch in ihr nicht vorkommt, daß der Dichter in ihr nicht vorkommt.

Aber jenseits der Schwelle zur anderen Welt sehe ich ihre Gesichter, und ich denke an sie, an Jungen aus meiner Generation, und ich spüre, wie es um uns immer leerer wird. Sie sind so unerhört lebendig von uns gegangen, mitten aus dem Werk heraus, an dem sie schufen. Sie sind fortgegangen aus dieser Welt, zu der sie so sehr gehörten. Ich grüße sie, Freunde von der anderen Seite der Barrikade. Mögen sie in der anderen Welt die Wahrheit und Liebe finden, die sie hier nicht kennengelernt haben!

... Ewa, die so schön Gedichte von der Harmonie und den Sternen vortrug und davon sprach, daß »es noch nicht so schlimm ist«, wurde ebenfalls erschossen. Die Leere, die Leere nimmt zu. Es gehen Menschen, die uns ferner oder näher stehen, und diejenigen, die noch beten können, mögen nicht mehr um den Sinn des Kampfes beten, sondern nur noch für das Leben der geliebten Angehörigen.

Ich dachte, daß wir die letzten sein werden. Daß wir, wenn wir zurückkehren, in eine Welt zurückkommen werden, die nicht mehr die schreckliche Atmosphäre kennen wird, an der wir ersticken. Daß nur wir ganz unten angekommen sind. Aber die Menschen, die uns jetzt verlassen, kommen von dort, mitten aus dem Leben, dem Kampf, der Liebe.

Wir sind gefühllos wie die Bäume, wie die Steine. Und wir schweigen wie Bäume, die man fällt, wie Steine, die man haut.

Der zweite Brief ist von meinem Bruder. Du weißt, was für herzliche Briefe Julek mir schreibt. Und jetzt schreibt er mir, daß sie an uns denken, daß sie warten, daß sie alle Bücher und Gedichte bewahren …

Wenn ich zurückkomme, werde ich auf meinem Bücherregal ein neues Bändchen von mir vorfinden. »Es sind Gedichte von Deiner Liebe«, schreibt Julek. Ich denke, daß unsere Liebe und die Poesie sich hier symbolisch verflechten und daß diese Gedichte, die nur für Dich geschrieben wurden und mit denen Du verhaftet wurdest, den schon sicheren fernen Sieg bedeuten. Hat man sie herausgegeben als eine von uns zurückgebliebene Erinnerung? Ich bin der menschlichen Freundschaft dankbar, daß sie die Poesie und die Liebe von uns bewahrt und daß sie unser Recht auf beides anerkannt hat.

Und dann schreibt mir mein Bruder noch von Deiner Mutter, daß sie an uns denkt und glaubt, daß wir wiederkommen und für immer zusammensein werden, denn das sei ein Menschenrecht.

… Weißt Du noch, was Du mir auf der ersten Karte geschrieben hast, die ich ein paar Tage nach der Ankunft im Lager von Dir bekommen habe? Du schriebst, Du seiest krank und ganz verzweifelt, weil Du mich ins Lager »geworfen« hättest. Ohne Dich wäre ich usw. Aber weißt Du, wie es wirklich war?

Es war so, daß ich auf Deinen vereinbarten Anruf von Marias Apparat gewartet habe. Am Nachmittag war, wie jeden Mittwoch, unsere Studiengruppe bei mir, und ich habe, glaube ich, über meine sprachwissenschaftliche Arbeit gesprochen, und dann ging, glaube ich, die Karbidlampe aus.

Danach habe ich auf Deinen Anruf gewartet. Ich wußte, daß Du anrufen würdest, denn Du hattest es versprochen. Du hast nicht angerufen. Ich weiß nicht mehr, ob ich essen gegangen bin. Wenn ja, dann habe ich anschließend wieder am Telefon gesessen, weil ich fürchtete, das Klingeln aus dem Nebenzimmer nicht zu hören. Ich habe Zeitungsausschnitte und eine Erzählung von Maurois über einen Mann gelesen, der Seelen wog, nachdem er gelernt hatte, wie man menschliche Seelen in unvergängliche Behälter einschließt, und nun seine Seele und die seiner Geliebten darin einschließen wollte. Tatsächlich verschloß er aber nur die Seelen zweier Zirkusclowns, und so mußten sich seine Seele und die seiner Geliebten im Weltall auflösen. Gegen Morgen bin ich eingeschlafen.

Am Vormittag bin ich nach Hause gegangen, wie immer mit einer Aktentasche voller Bücher. Nach dem Frühstück sagte ich, zum Mittagessen sei ich wieder da, jetzt hätte ich es sehr eilig, dann streichelte ich noch den Hund und ging zu Deiner Mutter. Sie machte sich Sorgen um Dich. Ich fuhr mit der Straßenbahn zu Maria. Lange betrachtete ich die Bäume im Łazienki-Park, die ich sehr liebe. Zur Entspannung machte ich den Weg über die Puławska-Straße zu Fuß. Auf der Treppe lagen ungewöhnlich viele Zigarettenkippen, und es gab, wenn ich mich recht erinnere, Blutspuren. Aber das ist möglicherweise Einbildung. Ich ging an die Tür und gab das vereinbarte Klingelzeichen. Die Männer, die aufmachten, hatten Revolver in der Hand.

Seitdem ist ein Jahr vergangen. Aber ich schreibe es, damit Du weißt, daß ich nie bedauert habe, daß wir zusammen sind. Und es fällt mir nie ein, daß es anders sein könnte. Aber oft denke ich an die Zukunft. An das Leben, das wir gemeinsam leben werden, wenn … An die Gedichte, die ich schreiben werde, an die Bücher, die wir zusammen lesen werden, an die Dinge, die bei uns stehen werden. Ich weiß, es ist töricht, aber daran denke ich. Ich habe sogar eine Idee für unser Exlibris. Es ist eine Rose auf einem dicken geschlossenen Buch mit schweren mittelalterlichen Beschlägen.

IX

Wir sind inzwischen zurück. Ich ging wie gewohnt zu meinem Block, bestrich die Leute, die an *kreca* litten, mit Pfefferminztee, und heute früh haben wir gemeinsam den Fußboden gescheuert. Danach stand ich mit kluger Miene neben dem Doktor, der eine Punktion machte. Dann nahm ich die beiden letzten Prontosil-Ampullen – ich schicke sie Dir. Endlich hat unser Blockfriseur Heniek Liberfreund (im Zivilleben Gastwirt »Zur Post« in Krakau) zugegeben, daß ich von allen Literaten bestimmt der beste Pfleger bin.

Ansonsten kümmere ich mich den ganzen Tag um

den Brief an Dich. Der Brief an Dich, das sind diese Blätter, aber sie müssen, um dort anzukommen, wo sie hinsollen, Beine haben. Und um diese Beine bemühe ich mich. Endlich fand ich zwei, in hohen roten Schnürschuhen. Ferner tragen diese Beine eine schwarze Brille, sind breitschultrig und gehen täglich ins FKL, um die Leichen männlicher Kinder abzuholen. Die müssen nämlich über unsere Schreibstube gehen, unser Leichenhaus, und unser SDG muß sie sie höchstselbst begutachten. Die Welt steht und fällt mit der Ordnung, oder weniger poetisch: *Ordnung muß sein*.

Diese Beine gehen also ins FKL und sind mir durchaus wohlgesinnt. Sie sagen, sie hätten selber eine Frau im Frauenlager und wüßten, wie schwer das ist. Deshalb nehmen sie den Brief mit, einfach so, zum Vergnügen. Mich werden sie auch mitnehmen, wenn sich die Gelegenheit ergibt. Den Brief schicke ich also gleich, und wenn es klappt, komme ich selbst. Ich habe sogar schon Reisefieber. Meine Freunde raten mir, die Reisedecke mitzunehmen und sie dort auszubreiten, wo sie hingehört. Sie glauben – und daran ist etwas Wahres –, daß ich bei meinem Glück und meiner Kenntnis der Lagerverhältnisse bestimmt schon beim ersten Ausflug auffliegen werde. Es sei denn, ich ginge unter Bewachung. Ich riet ihnen, sich gegen die Krätze mit peruanischem Balsam einzureiben.

Und dann schaue ich mir noch die Landschaft an. Es hat sich nichts geändert, nur der Schlamm hat sich auf wundersame Weise vermehrt. Es duftet nach Frühling.

Die Leute werden im Schlamm versinken. Vom Wald her riecht es bald nach Fichten, bald nach Rauch. Mal fahren Lastwagen mit Lumpen vorbei, mal die Muselmänner von Buna. Mal wird das Essen zu den Effekten gebracht, mal fahren ss-Männer zur Wachablösung.

Es hat sich nichts geändert. Weil gestern Sonntag war, waren wir im Lager zur Läusekontrolle. Im Winter sind die Blocks entsetzlich! Die Pritschen sind dreckig, der Boden ist gekehrt, es riecht nach abgestandenen menschlichen Ausdünstungen. Die Blocks sind vollgepfropft mit Leuten, aber nicht eine einzige Laus. Nicht umsonst zieht sich die Entlausung über ganze Nächte hin.

Als wir nach der Kontrolle aus den Blocks traten, kam das Sonderkommando vom Kremo ins Lager zurück. Sie wirkten aufgedunsen, feist und fett, und trugen schwer an den Bündeln. Sie dürfen alles mitnehmen außer Gold, aber das meiste davon schmuggeln sie heimlich heraus.

Aus der Menge vor den Blocks lösten sich kleine Grüppchen, stürzten sich auf das marschierende Kommando und entrissen den Leuten ihre Bündel. Es entstand ein Getümmel, Schreie, Flüche und Schläge. Schließlich verschwand das Sonderkommando im Tor ihres Hofes, der vom Rest des Lagers durch eine Mauer abgetrennt ist. Doch sogleich stahlen sich einige Juden fort, um zu handeln, zu organisieren und Besuche zu machen.

Ich sprach einen von ihnen an, mit dem ich von unserem früheren Kommando befreundet war. Ich wurde damals krank und kam in den KB. Er hatte mehr »Glück« und kam zum Sonderkommando. Immer noch besser, als für eine Schüssel Suppe mit der Schaufel zu arbeiten. Er drückte mir herzlich die Hand.

»Ach, du bist noch da? Brauchst du was? Wenn du Äpfel hättest …«

»Nein, Äpfel habe ich keine«, erwiderte ich freundlich. »Du lebst noch, Abramek? Was gibt's Neues?«

»Nichts Besonderes. Wir haben die Tschechen vergast.«

»Das weiß ich auch ohne dich. Und persönlich?«

»Persönlich? Was kann es bei mir schon Persönliches geben? Kamin, Block und wieder Kamin. Ich hab hier ja niemanden. Ach, doch was Persönliches, wenn du's wissen willst: Wir haben uns eine neue Methode der Verbrennung im Kamin ausgedacht. Weißt du wie?«

Ich täuschte höflicherweise Interesse vor.

»Es geht so: Wir nehmen vier Kinder, binden sie an den Haaren zusammen und stecken die Haare an. Das brennt dann von selbst und ist *gemacht*.«

»Gratuliere«, sagte ich nüchtern, ohne Begeisterung.

Er lachte eigenartig und sah mir in die Augen:

»Du, Pfleger, bei uns in Auschwitz müssen wir uns doch irgendwie amüsieren. Wie würde man es sonst aushalten.«

Er steckte die Hände in die Taschen und ging grußlos davon.

Aber das stimmt nicht – es ist eine Groteske, wie das ganze Lager, wie die ganze Welt.

Menschen, die gingen

Zuerst haben wir auf dem freien Feld hinter den Baracken des Spitals einen Fußballplatz gebaut. Er lag »günstig« – links das Zigeunerlager mit seinen streunenden Kindern, den auf der Latrine sitzenden Frauen und den hübschen, makellos ausstaffierten Pflegerinnen, hinten der Stacheldraht, dahinter die Rampe mit dem breiten Schienenstrang, auf dem dauernd Waggons standen, und jenseits der Rampe das Frauenlager. Das sagte man nicht. Man sagte FKL, das reichte. Rechts vom Feld waren die Krematorien, eines jenseits der Rampe, neben dem FKL, das andere näher, dicht am Stacheldraht. Solide Bauten, auf festen Fundamenten. Hinter den Krematorien das Wäldchen, durch das man zum weißen Haus ging.

Wir bauten den Fußballplatz im Frühling, und noch ehe er fertig war, begannen wir, unter den Fenstern Blumen auszusäen und die Pfade zwischen den Blocks mit rotem Ziegelmehl zu bestreuen. Wir säten Spinat und Salat, Sonnenblumen und Knoblauch. Rings um den Fußballplatz stachen wir Grassoden aus und legten daraus vor den Baracken eine Rasenfläche an. Das Ganze wurde täglich gegossen; das Wasser schafften wir in Fässern aus dem Waschraum des Lagers herbei.

Als die Blümchen herauskamen, war der Fußballplatz fertig.

Die Blumen wuchsen jetzt von selbst, die Kranken lagen auch ohne uns in den Betten, und wir spielten Fußball. Jeden Tag nach der Austeilung der abendlichen Portionen kam, wer wollte, auf den Fußballplatz und trat den Ball. Andere gingen zum Stacheldraht und unterhielten sich über die ganze Breite der Rampe hinweg mit den Frauen im FKL.

Einmal stand ich im Tor. Es war Sonntag, um den Platz stand eine ansehnliche Menge aus Pflegern und halbwegs auskurierten Kranken, jemand rannte über den Platz, hinter einem anderen her und wahrscheinlich auch hinter dem Ball. Ich stand im Tor, mit dem Rücken zur Rampe. Der Ball ging ins Aus, rollte bis an den Stacheldraht. Ich lief ihn holen. Als ich ihn aufhob, warf ich einen Blick auf die Rampe.

Gerade war ein Zug eingefahren. Aus den Güterwaggons stiegen Menschen und gingen in Richtung des Wäldchens. Aus der Ferne waren nur die bunten Kleckse der Frauenkleider zu erkennen. Die Frauen waren offenbar schon sommerlich gekleidet, zum ersten Mal in dieser Jahreszeit. Die Männer hatten ihre Jacken ausgezogen, die weißen Hemden leuchteten. Die Menge kam langsam voran, aus den Waggons kamen ständig neue Leute hinzu. Schließlich hielten sie an, setzten sich ins Gras und schauten zu uns herüber. Ich lief mit dem Ball zurück und machte einen Abstoß. Der Ball wanderte von Fuß zu Fuß und kehrte in einem Bogen vors Tor zurück. Ich wehrte ihn ab, aber er ging ins Aus – Ecke. Wieder ging ich ihn holen. Als ich ihn aufhob, erstarrte ich: die Rampe war leer. Von der bunten, sommerlichen Menge war kein einziger mehr zu sehen. Auch die Waggons fuhren weg. Die Blocks des FKL waren deutlich zu sehen. Wieder standen die Pfleger am Stacheldraht und riefen zu den Mädchen hinüber, die von jenseits der Rampe antworteten.

Ich ging mit dem Ball zurück und gab ihn zur Ecke. Zwischen zwei Eckbällen hatte man hinter meinem Rücken dreitausend Menschen vergast.

In der Folgezeit gab es dann zwei Wege, auf denen die Menschen zu dem Wäldchen gingen: entweder direkt von der Rampe oder von der anderen Seite unseres Spitals aus. Beide führten zum Krematorium, aber manche hatten auch Glück und gingen weiter, bis zur Sauna, und das bedeutete für sie nicht nur Baden und Entlausung, Friseur und neue, ölfarbene Lumpen, sondern auch Leben. Gewiß, ein Leben im Lager, aber doch – Leben.

Als ich frühmorgens aufstand, um den Fußboden zu schrubben, gingen die Menschen, auf dem einen und dem anderen Weg. Frauen, Männer und Kinder. Und sie trugen ihre Bündel.

Als ich mich zum Mittagessen setzte – es schmeckte besser als zu Hause – , gingen die Menschen, auf dem einen und dem anderen Weg. Frauen, Männer und Kinder. Im Block war es sehr sonnig, wir machten Fenster und Türen sperrangelweit auf und besprengten den Fußboden, damit es nicht staubte. Nachmittags holte ich Päckchen aus dem Magazin ab, die frühmorgens von der Hauptpost, vom Lager, gekommen waren. Der Schreiber trug Briefe aus. Die Ärtze machten Verbände, Spritzen und Punktionen. Sie hatten übrigens nur eine einzige Injektionsspritze für den ganzen Block. In der Abendwärme saß ich in der Tür des Blocks und las *Mon frère Yves* von Pierre Loti, und die Menschen gingen und gingen, auf dem einen und dem anderen Weg.

Nachts ging ich bisweilen vor den Block – die Lampen strahlten über dem Stacheldrahtzaun. Der Weg lag im Dunkeln, doch in der Ferne hörte ich deutlich das Gewirr vieler tausend Stimmen – die Menschen gingen und gingen. Über dem Wald erhob sich ein Feuerschein, der den Himmel erhellte, und mit dem Feuer erhob sich Menschengeschrei.

Ich blickte in die Nacht hinaus, betäubt, wortlos, reglos. In meinem Körper bebte und kochte es, ohne mein Zutun. Ich hatte keinen Einfluß auf ihn, doch spürte ich jede Zuckung. Ich war vollkommen ruhig, aber der Körper rebellierte.

Kurz darauf ging ich vom Spital ins Lager. Es waren ereignisreiche Tage. Die Alliierten waren an der französischen Küste gelandet. Die russische Front war angeblich in Bewegung gekommen und bis in die Nähe Warschaus vorgerückt.

Doch bei uns warteten Tag und Nacht ganze Reihen von Zügen, vollbeladen mit Menschen. Man öffnete die Waggons, und die Menschen strömten heraus und gingen, auf dem einen und dem anderen Weg.

Neben unserem Arbeitslager befand sich der Abschnitt C, unbewohnt und unvollendet. Fertig waren nur die Baracken und der unter Strom stehende Stacheldrahtzaun. Aber die Dächer waren noch ohne Pappe, und in manchen Baracken gab es keine Pritschen. Mit dreistöckigen Pritschen konnten die Pferdebaracken in Birkenau bis zu fünfhundert Menschen aufnehmen. In Abschnitt C stopfte man in diese Blocks tausend und mehr junge Mädchen, ausgewählt unter den Menschen, die gingen. Achtundzwanzig Blocks – über dreißigtausend Frauen. Diese Frauen wurden kahlgeschoren und in ärmellose Sommerkleidchen gesteckt. Wäsche bekamen sie nicht. Keine Löffel, keine Schüsseln, keine Fetzen zum Anziehen. Birkenau lag in einem Sumpfgebiet am Fuß der Berge. Sie waren tagsüber, wenn die Luft klar war, gut zu sehen. Morgens verschwammen sie im Nebel und wirkten wie bereift, weil die Morgen ungewöhnlich kalt und nebelreich waren. Uns erfrischten sie vor einem heißen Tag, aber die Frauen, die fünfzig Meter weiter ab fünf Uhr früh Appell standen, waren blau vor Kälte und drängten sich zusammen wie wie eine Schar Rebhühner.

Wir gaben diesem Lager den Namen Basar. An schönen Tagen kamen die Frauen aus den Baracken und standen in Grüppchen zwischen den Blocks herum. Die bunten Sommerkleider und die farbigen Tücher, die die kahlgeschorenen Köpfe verhüllten, erweckten aus der Ferne den Eindruck eines grellen, belebten und lärmenden Marktes. Dieser Exotik wegen hieß er Basar.

Von weitem waren Gesicht und Alter der Frauen nicht auszumachen. Nur weiße Flecken und pastellartige Gestalten.

Der Basar war kein fertiges Lager. Das Kommando Wagner baute dort eine Straße aus Steinen, die von einer großen Walze festgestampft wurden. Andere machten sich an der Kanalisation und den Waschräumen zu schaffen, die in allen Abschnitten von Birkenau frisch eingerichtet wurden. Wieder andere schufen die Grundlagen des künftigen Wohlstands dieses Abschnittes; sie schafften Bettdecken, Wolldecken und Blechgefäße herbei und stapelten sie emsig im Magazin, dessen Chef ein SS-Mann war. Natürlich wanderte ein Teil dieser Dinge, von den dort beschäftigten Menschen entwendet, sofort ins Lager. All diese Bettdecken, Decken und Gefäße hatten zumindest den Nutzen, daß man sie stehlen konnte.

Die Dächer über den Buden der Blockältesten des ganzen Basars wurden von mir und meinen Genossen gedeckt. Aber nicht auf Befehl oder aus Mitleid. Die Pappe und der Teer, mit dem wir sie bestrichen, waren organisiert. Wir taten es auch nicht aus Solidarität mit den alten Nummern, den Pflegerinnen aus dem FKL, die hier alle Funktionen übernahmen. Für jedes Pappröllchen, jeden Eimer Teer mußten die Blockältesten bezahlen. Beim Kapo, beim Kommandoführer, bei den Prominenten vom Kommando. Sie zahlten unterschiedlich: mit Gold, mit Lebensmitteln, mit Frauen aus dem Block, mit ihrem eigenen Körper. Jede, wie sie konnte.

So wie wir die Dächer deckten, legten die Elektriker Licht, machten die Tischler die Buden und die Einrichtung aus organisiertem Holz, schafften die Maurer gestohlene Eisenöfen herbei und mauerten, wo es nötig war.

Damals erkannte ich das wahre Gesicht dieses eigenartigen Lagers. Wir kamen, jeder mit einem Schubkarren voll Pappe und Teer, frühmorgens ans Tor. Im Tor standen *wachmanki*, breithüftige Blondinen in hohen Schaftstiefeln. Sie filzten uns und ließen uns hinein. Später kamen sie, um die Blocks zu kontrollieren. Die eine oder andere hatte ihren Liebhaber unter den Maurern und Zimmerleuten. In den unfertigen Waschräumen oder in den Buden der Blockältesten gaben sie sich ihnen hin.

Wir fuhren dann ins Lager hinein und machten auf einem Platz zwischen den Blocks ein Feuer, um den Teer zu kochen. Sofort scharten sich die Frauen um uns. Sie bettelten um ein Messer, ein Taschentuch, einen Löffel, einen Bleistift, ein Stück Papier, einen Schnürsenkel, ein Stück Brot.

»Ihr seid doch Männer und könnt alles«, sagten sie. »Ihr lebt schon so lange in diesem Lager und seid nicht gestorben. Ihr habt bestimmt alles. Warum wollt ihr nicht mit uns teilen?«

Wir gaben ihnen alles, was wir an Kleinigkeiten bei uns hatten, und drehten unsere Taschen um, damit sie sahen, daß wir nichts mehr hatten. Wir zogen unsere Hemden aus und gaben sie ihnen. Am Ende gingen wir nur noch mit leeren Taschen hin und gaben nichts mehr.

Im Gegensatz zu dem Eindruck, den wir vom zweiten Abschnitt aus, zwanzig Meter von hier, gewonnen hatten, waren diese Frauen durchaus verschieden.

Unter ihnen waren kleine Mädchen, die ihre Haare behalten hatten, verwirrte Cherubim auf einem Gemälde des Jüngsten Gerichts. Es gab junge Mädchen, die befremdet die uns umdrängenden Frauen betrachteten und uns schroffe, brutale Männer voller Verachtung ansahen. Es waren verheiratete Frauen da, die uns verzweifelt um Auskunft über ihre verschollenen Männer baten, und Mütter, die uns nach Spuren von ihren Kindern fragten.

»Uns geht es so schlecht, wir frieren und hungern«, jammerten sie. »Geht es ihnen wenigstens besser?«

»Wenn es einen gerechten Gott gibt, haben sie es bestimmt besser«, erwiderten wir ernst, ohne den üblichen Hohn und Spott.

»Sie sind doch nicht tot?« fragten sie mit besorgtem Blick.

Wir entfernten uns schweigend und eilten an unsere Arbeit.

Die Blockältesten auf dem Basar waren Slowakinnen, die die Sprache dieser Frauen verstanden. Diese Mädchen hatten schon einige Jahre Lager hinter sich. Sie kannten noch die Anfänge des FKL, als vor allen Blocks Frauenleichen lagen und in den Spitalbetten verwesten, weil niemand sie forttrug; sie erinnerten sich an den menschlichen Kot, der sich in gräßlichen Haufen in den Blocks sammelte.

Bei aller äußerlichen Schroffheit hatten sie sich ihre weibliche Sanftheit und Güte bewahrt. Gewiß hatten sie ihre Liebhaber, und auch sie stahlen Margarine und Konserven, mit denen sie die Decken und Kleider bezahlten, die ihnen von der Effektenkammer gebracht wurden, aber...

... aber ich denke an Mirka, das kräftige kleine Mädchen in Rosa.

Sie hatte ihre Bude in Rosa eingerichtet und kleine rosa Vorhänge an dem Fenster, das auf den Block hinausging. Die Luft in der Bude warf einen rosigen Schimmer auf das Gesicht, und das Mädchen schien wie in einen zarten Schleier gehüllt. Ein Jude aus unserem Kommando, der faule Zähne hatte, verliebte sich in sie. Er kaufte für sie frische Eier, die er im ganzen Lager auftrieb, und warf sie weich verpackt über den Zaun. Er verbrachte lange Stunden bei ihr und scherte sich weder um die Kontrolle der ss-Wärterinnen noch um unseren Chef, der mit einem großen Revolver herumging, den Gurt hatte er um seine weiße Sommeruniform geschnallt. Wir nannten ihn Philipp, weil er immer unvermutet irgendwo auftauchte, wo man ihn nicht gebrauchen konnte.

Eines Tages kam Mirka unter das Dach gelaufen, das wir gerade deckten. Sie winkte dem Juden und rief mir zu: »Kommen Sie herunter! Vielleicht können auch Sie mir helfen.«

Wir ließen uns an der Barackentür vom Dach herunter. Sie nahm uns an der Hand und zog uns mit. Sie führte uns zwischen den Pritschen hindurch, und als wir vor einem Lager aus bunten Decken standen, auf dem ein Kind lag, sagte sie erregt:

»Schaut, es wird in Kürze sterben! Sagt mir, was ich tun soll. Warum ist es so plötzlich krank geworden?«

Das Kind schlief sehr unruhig. Es sah aus wie eine Rose in einer goldenen Umrahmung: die glühenden Bäckchen waren umgeben von der goldenen Aureole der Haare.

»Was für ein hübsches Kind«, flüsterte ich.

»Hübsch!« schrie Mirka. »Natürlich ist es hübsch! Aber es kann sterben! Ich muß es verstecken, damit es nicht ins Gas geht. Die ss-Wärterin kann es finden. Helft mir!«

Der Jude legte ihr die Hand auf den Arm. Sie schüttelte sie heftig ab und begann zu schluchzen. Ich ging achselzuckend hinaus.

In der Ferne sah ich Waggons zur Rampe vorrücken. Sie brachten neue Menschen, die gehen würden. Zwischen den beiden Lagerabschnitten kehrte ein Kanada-Kommando von den Waggons heim, ihm entgegen kam ein anderes, das zur Ablösung ging. Hinter dem Wald stieg Rauch auf. Auf einmal ertappte ich mich bei dem Gedanken, daß ich auch ein solches Kind haben möchte, mit vom Schlaf geröteten Wangen und wirren Locken. Ich lächelte über den abwegigen Gedanken und stieg aufs Dach, um die Pappe zu befestigen.

Ich erinnere mich auch an eine andere Blockälteste, ein hochgewachsenes rothaariges, maskulin wirkendes Mädchen mit breiten Füßen und großen roten Händen. Sie hatte keine Bude für sich, sondern nur ein paar auf dem Bett ausgebreitete Decken, und an Leinen aufgehängte Decken trennten ihr Bett vom übrigen Raum ab.

»Sie sollen nicht glauben«, sagte sie und deutete auf die Frauen, die dicht an dicht auf den Pritschen lagen, »daß ich sie im Stich lasse. Ich kann ihnen nichts geben, ich nehme ihnen aber auch nichts.«

»Glaubst du an ein Leben nach dem Tod?« fragte sie mich eines Tages bei einem scherzhaften Wortwechsel.

»Gelegentlich«, erwiderte ich zögernd. »Im Gefängnis habe ich einmal daran geglaubt, und dann noch einmal im Lager, als ich dem Tode nahe war.«

»Und wenn man etwas Böses tut, wird man dafür bestraft, nicht wahr?«

»Wahrscheinlich, es sei denn, es gäbe Normen der Gerechtigkeit, die höher sind als die menschlichen. In diesem Fall würden die Zusammenhänge, die inneren Beweggründe aufgedeckt, und die Schuld wäre unwesentlich, gemessen am wahren Sinn der Welt. Kann ein Verbrechen, das in der zweidimensionalen Welt begangen wurde, in einer dreidimensionalen, höheren Welt bestraft werden?«

»Ich meine die Welt der Menschen, die normale Welt«, schrie sie.

»Dann muß es natürlich bestraft werden.«

»Und würdest du, wenn du könntest, Gutes tun?«

»Ich strebe nicht nach Belohnung, ich decke Dächer und möchte das Lager überleben.«

»Und denkst du nicht, daß sie« – dabei deutete sie mit dem Kopf in eine unbestimmte Richtung – »bestraft werden müssen?«

»Ich denke, daß den Menschen, die ungerechtfertigt leiden, die Gerechtigkeit allein nicht genügt. Sie wollen, daß die Schuldigen ebenfalls ungerechtfertigt leiden. Das erst empfinden sie als Gerechtigkeit.«

»Du bist ein kluger Bursche! Aber du wärest sicher nicht imstande, die Suppe gerecht zu verteilen, wenn deine Liebste dabei zu kurz käme«, sagte sie ironisch und verschwand im Inneren der Baracke. Die Frauen lagen auf den mehrstöckigen Pritschen, Kopf an Kopf. In den reglosen Gesichtern leuchteten große Augen. Im Lager hatte inzwischen der Hunger eingesetzt. Die rothaarige Blockälteste ging von Pritsche zu Pritsche und sprach mit den Frauen, damit sie sich keine Gedanken machten. Sie holte die Sängerinnen von den Pritschen und ließ sie singen. Die Tänzerinnen ließ sie tanzen. Die Rezitatorinnen ließ sie Gedichte vortragen.

»Immer wieder fragen sie mich, wo ihre Mütter und Väter sind. Und bitten mich, ihnen zu schreiben.«

»Mich bitten sie auch. Da kann man nichts machen.«

»Dich! Du kommst und gehst, aber ich? Ich bitte sie, ich flehe sie an, wenn eine schwanger ist, daß sie nicht zum Arzt geht, und wenn eine krank ist, daß sie nicht aus dem Block geht. Meinst du, sie glauben mir? Dabei will ich doch nur ihr Bestes. Aber wie soll ich ihnen helfen, wenn sie sich selber drängen, ins Gas zu kommen?«

Ein Mädchen stand auf dem Ofen und sang einen modernen Schlager. Als sie fertig war, klatschten die Frauen auf den Pritschen. Das Mädchen verneigte sich lächelnd. Die rothaarige Blockälteste faßte sich an den Kopf.

»Ich halte das nicht mehr aus! Das ist doch schrecklich«, zischte sie und stürzte zum Ofen. »Runter mit dir!« schrie sie das Mädchen an.

Im Block wurde es still. Die Rothaarige hob die Hand.

»Ruhe!« schrie sie, obwohl alle schwiegen. »Ihr habt mich gefragt, wo eure Eltern und eure Kinder sind. Ich habe es euch nicht gesagt, weil es mir leid tat um euch. Jetzt sag ich es euch, damit ihr Bescheid wißt, denn mit euch wird man dasselbe machen, wenn ihr krank werdet. Eure Kinder, eure Männer und eure Eltern sind nicht in einem anderen Lager. Sie wurden in den Keller gestopft und mit Gas vergiftet. Mit Gas, habt ihr das kapiert? Wie Millionen andere, wie meine Eltern auch. Man verbrennt sie in Verbrennungsgruben und Krematorien. Der Rauch, den ihr über den Dächern seht, kommt nicht von der Ziegelei, wie sie euch gesagt haben. Das sind eure Kinder! So, und jetzt kannst du weitersingen«, sagte sie ruhig zu dem erschrockenen Mädchen, sprang vom Ofen und ging hinaus.

Die Verhältnisse in Auschwitz und Birkenau haben sich bekanntlich gebessert. Anfangs wurden die Häftlinge in den Kommandos häufig geschlagen und getötet. Dann nur noch sporadisch. Anfangs schliefen die Leute auf dem nackten Boden und mußten sich auf Befehl von einer Seite auf die andere drehen. Dann schliefen sie auf Pritschen und konnten sich umdrehen, wie und wann sie wollten, und manche hatten sogar ein Bett für sich. Anfangs standen die Leute zwei geschlagene Tage Appell, dann nur noch bis zum zweiten Gong um neun Uhr. In den ersten Jahren durften überhaupt keine Päckchen geschickt werden, dann wurden Päckchen bis zu fünfhundert Gramm zugelassen, schließlich konnte man schicken, soviel man wollte. Anfangs durften die Häftlinge keine Taschen haben, später durfte man in Birkenau sogar Zivilanzüge tragen. Es wurde im Lager »immer besser«. Drei, vier Jahre später konnte niemand sich vorstellen, daß es so sein könnte wie anfangs, und jeder war stolz, daß er es überlebt hatte.

Je schlechter es den Deutschen an der Front ging, desto besser wurde es im Lager. Und da es ihnen an der Front immer schlechter geht ...

Auf dem Basar lief die Zeit rückwärts. Was wir vor uns sahen, war wieder das Auschwitz des Jahres vierzig. Die Frauen schlürften gierig eine Suppe, die bei uns im Block niemand anrühren würde. Sie stanken nach Schweiß und Menstruationsblut. Ab fünf Uhr morgens standen sie Appell. Bis alle gezählt waren, war es fast neun. Danach bekamen sie kalten Kaffee. Um drei Uhr nachmittags begann der Abendappell, und dann bekamen sie das Abendessen: Brot mit etwas drauf. Weil sie nicht arbeiteten, hatten sie keinen Anspruch auf die Zulage für Arbeitende.

Manchmal wurden sie tagsüber zu einem außerplanmäßigen Appell aus dem Block gejagt. Dichtgedrängt stellten sie sich in Fünfergruppen auf, dann durften sie eine nach der anderen wieder in den Block. Breithüftige Blondinen, SS-Wärterinnen in Schaftstiefeln, holten die mageren, die häßlichen, die dickbäuchigen Frauen aus den Reihen und warfen sie ins »Auge«. Das Auge bestand aus den Stubenältesten, die sich an den Händen hielten und so einen geschlossenen Kreis bildeten. Das mit Frauen gefüllte Auge schob sich wie ein Totentanz zum Lagertor und ging dort in einem allgemeinen Auge auf. Fünfhundert, sechshundert, tausend ausgewählte Frauen. Sie alle gingen – den einen Weg.

Manchmal kam eine SS-Wärterin in den Block. Sie schaute sich bei den Pritschen um, eine Frau, die Frauen ansah. Sie fragte, wer zum Arzt möchte, wer schwanger sei. Im Spital würden sie Milch und Weißbrot bekommen.

Frauen stiegen von den Pritschen und gingen, vom Auge umfaßt, zum Tor – und von dort den einen Weg.

Die freie Zeit – wir taten etwas, damit der Tag verging, denn es fehlte an Material – verbrachten wir auf dem Basar bei den Blockältesten, vor den Blocks oder auf der Latrine ... Bei den Blockältesten tranken wir Tee oder schliefen ein Stündchen auf dem gastlich bereitgestellten Bett. Vor den Blocks unterhielten wir uns mit den Zimmerleuten und Maurern. Frauen gesellten sich hinzu, inzwischen in Pullovern und Strümpfen. Du brauchst nur irgendwelche Klamotten mitzubringen, dann kannst du mit ihnen machen, was du willst. Solange es das Lager gibt, hat es noch nicht einen solchen Überfluß an Weibern gegeben.

Die Latrine benutzen Männer und Frauen gemeinsam, nur ein Brett trennt die Abteilungen. Bei den Frauen Gedränge und Krach, bei uns Stille und angenehme Kühle, weil die Anlage aus Beton ist. Man sitzt hier stundenlang und führt Liebesdialoge mit Katja, der hübschen kleinen Klofrau. Hier geniert sich keiner, und die Situation stört niemanden. Man hat schon soviel gesehen im Lager...

So verging der Juli. Tag und Nacht gingen die Menschen, auf dem einen und dem anderen Weg. Von Tagesanbruch bis in die tiefe Nacht stand der Basar Appell. Tagsüber war es schön, und der Teer schmolz auf den Dächern. Dann begann es zu regnen, und es wehte ein scharfer Wind. Frühmorgens war es beißend kalt. Danach wurde es wieder schön. Ununterbrochen kamen Waggons an der Rampe an, und die Menschen gingen und gingen. Oft standen wir morgens am Tor und konnten nicht zur Arbeit, weil sie uns den Weg versperrten. Sie gingen langsam, in lockeren Gruppen, und hielten sich an den Händen. Frauen, Alte, Kinder. Sie gingen am Stacheldraht entlang und wandten uns ihre schweigenden Gesichter zu. Sie schauten uns mitleidig an und warfen uns Brot über den Zaun.

Die Frauen nahmen ihre Armbanduhren ab, warfen

sie uns vor die Füße und gaben uns durch Gesten zu verstehen, daß wir sie nehmen dürften.

Das Orchester am Tor spielte Foxtrotts und Tangos. Das Lager schaute auf die Gehenden. Der Mensch hat nur eine begrenzte Skala von Reaktionen auf große Gefühle und heftige Leidenschaften. Er drückt sie nicht anders aus als die kleinen, gewöhnlichen Regungen. Er benutzt dafür dieselben einfachen Worte.

»Wie viele sind schon vorbeigegangen? Von Mitte Mai bis jetzt, das sind fast zwei Monate, rechne zwanzigtausend am Tag ... rund eine Million!«

»Nicht jeden Tag haben sie so viele vergast. Weiß der Teufel, es sind vier Kamine und ein paar Gruben.«

»Dann nimm es andersrum: Aus Kaschau und Munkatsch waren es fast sechshunderttausend, alle haben sie hergebracht, das steht fest, und aus Budapest werden es noch einmal an die dreihunderttausend sein.«

»Ist dir das nicht egal?«

»Schon, aber bald wird es wohl zu Ende sein. Sie bringen sie doch alle um.«

»An Nachschub wird es nicht fehlen.«

Man zuckt die Achseln und schaut auf den Weg. Hinter der Menge gehen langsam SS-Männer und ermuntern die Leute mit einem gutmütigen Lächeln zum Weitergehen. Sie deuten an, daß es nicht mehr weit sei, und klopfen einem Alten, der zum Straßengraben läuft, hastig die Hose herunterzieht und sich hinhockt, auf die Schulter.

Der SS-Mann deutet auf die sich entfernende Menge.

Der Alte nickt, zieht sich die Hose hoch und eilt mit komisch wirkenden Trippelschritten hinterher.

Man schmunzelt belustigt beim Anblick eines Menschen, der es auf dem Weg zur Gaskammer so eilig hat.

Danach gingen wir zur Effektenkammer, um das undicht gewordene Dach erneut zu teeren. Dort häufen sich Berge von Kleidern und nicht ausgepackten Gepäckstücken. Die Schätze, die man den Menschen, die gingen, abgenommen hat, liegen obenauf, ungeschützt der Sonne und dem Regen ausgesetzt.

Wir machten das Feuer unter dem Teerkessel an und gingen organisieren. Einer brachte einen Eimer Wasser, ein anderer einen Beutel getrocknete Kirschen oder Pflaumen, wieder ein anderer Zucker. Wir kochten das Kompott und brachten es denen, die so taten, als würden sie arbeiten, aufs Dach. Die anderen brieten eine Speckseite mit Zwiebeln und aßen dazu Maisbrot.

Wir stahlen alles, was uns unter die Hände kam, und trugen es ins Lager.

Vom Dach aus waren die Verbrennungsgruben und die in Betrieb befindlichen Krematorien hervorragend zu sehen. Die Menge ging hinein, zog sich aus, und dann schlossen die ss-Männer rasch die Fenster und zogen die Schrauben fest. Nach wenigen Minuten, in denen man nicht einmal ein Stück Pappe ordentlich teeren konnte, öffneten sie die Fenster und Türen an der Seite und lüfteten. Dann rückte das Sonderkommando an und schleppte die Leichen zur Grube. So ging es von früh bis spät, jeden Tag aufs neue.

Manchmal kamen nach der Vergasung eines solchen Transports verspätet Lastwagen mit Kranken und Pflegerinnen. Es lohnte sich nicht, sie zu vergasen. Sie wurden nackt ausgezogen, und Oberscharführer Moll erschoß sie entweder mit seiner Flobert oder stieß sie in die brennende Grube.

Einmal kam mit dem Auto eine junge Frau, die sich nicht von ihrer Mutter trennen wollte. Beide wurden in der Kammer ausgezogen, und die Mutter ging voran. Der Mann, der die Tochter begleiten sollte, war von der Schönheit ihres Körpers beeindruckt, blieb stehen und kratzte sich vor lauter Bewunderung am Kopf. Auf diese schlichte menschliche Geste hin faßte die Frau Mut. Sie wurde rot und packte den Mann am Arm:

»Sag mir, was sie mit mir machen.«

»Sei mutig«, sagte der Mann, ohne sich ihrem Griff zu entziehen.

»Ich bin mutig. Du siehst ja, daß ich mich nicht vor dir schäme. Sag es mir.«

»Denk dran, sei mutig und geh. Ich begleite dich. Schau nur nicht hin.«

Er faßte sie an der Hand und führte sie, wobei er ihr mit der anderen Hand die Augen zuhielt. Das Knistern, der Geruch brennenden Fettes und die von unten aufsteigende Hitze lösten Entsetzen in ihr aus. Sie versuchte sich loszureißen. Doch er drückte sanft ihren Kopf nach vorn und schob die Haare hoch. In diesem Moment schoß der Oberscharführer, fast ohne zu zielen. Der Mann stieß sie in die brennende Grube und hörte, während sie fiel, ihren Entsetzensschrei, der plötzlich abbrach.

Als der Basar, das Zigeunerlager und das FKL voll waren mit Frauen, die unter den Menschen, die gingen, ausgewählt worden waren, wurde gegenüber dem Basar ein neues Lager aufgemacht, das Lager »Mexiko«. Es war genauso unfertig, und es mußten genauso Buden für die Blockältesten geschaffen, Licht gelegt und Fensterscheiben eingesetzt werden.

Ein Tag glich dem anderen. Menschen stiegen aus den Zügen und gingen, auf dem einen und dem anderen Weg.

Die im Lager hatten ihre Sorgen: sie warteten auf Päckchen und Briefe von zu Hause, organisierten Dinge für Freunde und Geliebte, schmiedeten Ränke gegen andere. Auf die Tage folgten Nächte, auf die Dürre der Regen.

Gegen Ende des Sommers blieben die Züge aus. Immer weniger Menschen gingen ins Krematorium. Die im Lager verspürten anfangs eine gewisse Leere. Dann gewöhnten sie sich daran. Im übrigen gab es andere wichtige Ereignisse: die russische Offensive, den Aufstand in Warschau und den Brand der Stadt, die Transporte, die täglich aus dem Lager nach Westen abgingen, ins Unbekannte, in neue Krankheiten und den Tod, der Aufstand im Krematorium und die Flucht des Sonderkommandos, die mit der Erschießung der Flüchtigen endete.

Dann wurden die Menschen aus einem Lager ins

andere verlegt, ohne Löffel, ohne Schüssel, ohne einen Fetzen am Leib.

Das menschliche Gedächtnis bewahrt nur Bilder. Wenn ich an den letzten Sommer in Auschwitz denke, sehe ich noch heute eine bunte, nicht endende Menge, die sich feierlich vorwärts schiebt, auf dem einen und dem anderen Weg, sehe ich die Frau, die mit gesenktem Kopf vor der brennenden Grube steht, sehe ich das rothaarige Mädchen vor dem Hintergrund des dunklen Inneren eines Blocks, das mich ungeduldig anschreit:

»Wird man bestraft? Ich meine, auf menschliche, normale Weise.«

Und ich sehe noch den Juden mit den faulenden Zähnen vor mir, wie er an meine Pritsche kam, Abend für Abend, den Kopf hob und die immer gleiche Frage stellte:

»Hast du heute ein Päckchen bekommen? Verkaufst du mir vielleicht Eier für Mirka? Ich bezahle in Mark. Sie ißt so gern Eier...«

II.

ABSCHIED VON MARIA
Pożegnanie z Marią

Abschied von Maria

I

Vorn ein Tisch, ein Telefon, ein Stapel Geschäftsbücher, dahinter ein Fenster und eine Tür. In der Tür zwei Glasscheiben, schwarz, schimmernd von der Nacht. Und noch der Himmel, hinter dem Fenster, bedeckt mit aufgedunsenen Wolken, die der Wind in den unteren Teil der Scheibe treibt, nach Norden, über die Mauern des ausgebrannten Hauses hinweg.

Das ausgebrannte Haus ragt schwarz auf der anderen Straßenseite empor, direkt an dem Durchlaß in dem schützenden Netz, das von silbrigem Stacheldraht gekrönt ist, über den wie der Ton einer Saite der violette Widerschein der flackernden Straßenlampe hingleitet. Vor dem Hintergrund des stürmischen Himmels, rechts neben dem Haus, das in die milchigen Schwaden des flüchtigen Rauchs von Lokomotiven gehüllt ist, zeichnet sich pathetisch ein unbelaubter Baum ab, reglos in dem Wind. Vollbeladene Güterwaggons rattern an ihm vorüber, zur Front.

Maria blickte von ihrem Buch auf. Der Hauch eines Schattens lag über ihrer Stirn und ihren Augen und glitt wie ein durchsichtiger Schal über ihre Wangen. Sie legte ihre Hände um den Pilz der Lampe, die zwischen leeren Flaschen, Tellern mit Salatresten und dunkelroten bauchigen Gläsern auf blauen Untersetzern stand. Das helle Licht, das sich an den Grenzen der Dinge brach, verschwand wie in einem Teppich in dem blauen Rauch, der den Raum erfüllte, prallte ab von den zarten, zerbrechlichen Rändern der Gläser und flirrte in den Gläsern wie goldenes Laub im Wind – es füllte von innen heraus ihre Hände, die es wie eine beleuchtete rosige Kuppel dicht umschlossen, und nur die rosigeren Linien zwischen den Fingern pulsierten fast unmerklich. Das verdunkelte Zimmerchen füllte sich mit traulichem Dämmerlicht, floß zusammen in ihren Händen und verkleinerte sich zu einer Muschel.

»Schau, es gibt keine Grenze zwischen Licht und Schatten«, flüsterte Maria. »Der Schatten umspült wie die Flut erst unsere Füße, dann umgibt er uns ganz und engt die Welt auf uns allein ein, dich und mich.«

Ich beugte mich zu ihren Lippen, zu den winzigen Fältchen, die sich in ihren Wundwinkeln verbargen.

»In dir pulsiert die Poesie wie der Saft in einem Baum«, sagte ich scherzhaft und schüttelte den Kopf wegen des lästigen Brummschädels von der Sauferei. »Paß auf, daß das Licht dich nicht mit der Axt verletzt.«

Maria öffnete ein wenig den Mund. Zwischen den Zähnen zitterte ganz leicht die Zungenspitze – sie lächelte. Als sie den Pilz fester mit ihren Fingern umschloß, wurde der Schimmer auf dem Grund ihrer Augen matter und erlosch.

»Poesie! Für mich ist das so unbegreiflich wie das Hören einer Gestalt oder das Berühren eines Tons.« Versonnen lehnte sie sich zurück an die Lehne des Sofas. Im Halbschatten nahm der enge rote Pullover eine saftige Purpurfarbe an, und nur auf der Wölbung der Falten, auf die das Licht fiel, schimmerte er in einer weichen tiefroten Farbe. »Aber nur die Poesie kann den Menschen zeigen, wie er ist. Ich meine, den ganzen Menschen.«

Ich trommelte mit den Fingern auf dem Rand eines Glases. Ein zarter, rasch verhallender Ton erklang.

»Ich weiß nicht, Maria«, sagte ich mit einem skeptischen Achselzucken. »Ich denke, daß Maß der Poesie und vielleicht auch der Religion ist die Liebe, die sie zwischen den Menschen weckt. Das ist das objektivste Kriterium.«

»Die Liebe, natürlich, die Liebe«, sagte Maria augenzwinkernd.

Hinter dem Fenster, hinter dem ausgebrannten Haus fuhren die Straßenbahnen kreischend über den breiten, unterteilten Platz. Elektrische Blitze erhellten das Violett des Himmels, durchdrangen wie Funken eines bläulichen Magnesiumfeuers das Dunkel, hüllten das Haus, die Straße und das Tor in Mondlicht, streiften über die schwarzen Fensterscheiben und erloschen lautlos. Kurz darauf verklang auch das hohe, dünne Singen der Straßenbahnschienen.

Hinter der Tür, im Nebenzimmer, fing wieder der Plattenspieler an. Die erstickte, wie auf einem Kamm gespielte Melodie vermischte sich mit dem aufdringlichen Scharren tanzender Füße und dem heiseren Lachen von Mädchen.

»Wie du siehst, Maria, gibt es außer uns noch eine andere Welt«, sagte ich lachend und erhob mich von dem Sofa. »Das ist so. Könnte man die ganze Welt verstehen, die ganze Welt spüren, die ganze Welt sehen, so wie man die eigenen Gedanken versteht, den eigenen Hunger spürt, das Fenster, das Tor hinter dem Fenster und die Wolken über dem Tor sieht, könnte man alles gleichzeitig und umfassend sehen, dann ...«, sagte ich nachdenklich, ging um das Sofa herum und blieb vor dem wärmenden Ofen stehen, zwischen Maria und den Majolika-Kacheln und dem Sack Kartoffeln, den wir im Herbst für den Winter gekauft hatten, »... dann wäre die Liebe nicht nur das Maß, sondern auch die letzte Instanz aller Dinge. Leider sind wir auf Versuch und Irrtum angewiesen, auf unsere einsame, trügerische Erfahrung. Was für ein unvollständiges, was für ein falsches Maß der Dinge!«

Die Tür des Zimmers mit dem Plattenspieler ging auf. Schwankend im Takt der Melodie kam Tomasz herein, gestützt auf den Arm seiner Frau. Ihr Bauch, der seit Monaten gleichbleibend das erste Stadium einer Schwangerschaft verriet, erfreute sich des nicht nachlassenden Interesses der Freunde. Tomasz ging zum Tisch und blieb dort schwankend stehen mit seinem dicken, fleischigen Kopf, wuchtig wie ein Ochs.

»Du sorgst schlecht für uns, es ist kein Wodka mehr

da«, sagte er, nachdem er alle Flaschen geprüft hatte, mit leisem Vorwurf und zog ab, von seiner Frau zur Tür geschoben. Er schaute sie mit einem stumpfen Blick an, wie ein Bild. Das sei berufsbedingt, sagte man, denn er handelte mit gefälschten Corots, Noakowskis und Pankiewicz'. Außerdem war er Redakteur eines zweiwöchentlich erscheinenden Syndikalistenblatts und hielt sich für einen radikalen Linken. Sie traten hinaus in den Schnee, der unter ihren Füßen knirschte. Wolken eisigen Dampfes krochen über den Boden wie haarige Rollen weißer Watte.

Nach Tomasz wälzten sich majestätisch tanzende Paare ins Kontor, drehten sich träumerisch um den Tisch, den Kachelofen und den Kartoffelsack, mieden sorgfältig den Wasserfleck unter dem Fenster und kehrten, rote Bohnerwachsspuren zurücklassend, dorthin zurück, woher sie gekommen waren. Maria stand vom Tisch auf, richtete sich mit einer automatischen Bewegung die Haare und sagte:

»Ich muß jetzt gehen, Tadeusz. Der Chef hat mich gebeten, früher anzufangen.«

»Du hast noch eine gute Stunde Zeit«, erwiderte ich. Die runde Bürouhr mit dem verbogenen blechernen Zifferblatt tickte gleichmäßig. Sie hing an einer langen Schnur zwischen einem halb aufgerollten Plakat, das einen imaginären Horizont zeigte, und einer Kohlezeichnung, die ein Schlüsselloch darstellte, durch das man ein Fragment eines kubistischen Schlafzimmers sah.

»Ich nehme den Shakespeare mit und versuche, *Hamlet* in der Nacht für das Seminar am Dienstag fertigzumachen.«

Sie ging ins Nebenzimmer und hockte sich vor den Büchern nieder. Das Regal war aus ungehobelten Brettern roh zusammengezimmert. Die Bretter bogen sich unter der Last der Bücher. Die Luft, in der blaue und weiße Rauchschwaden hingen, war geschwängert von dem schweren Duft von Wodka, der sich mit dem Geruch menschlichen Schweißes und dem kalkigen Dunst der feuchten, schimmligen Wände vermengte. Dort hingen, sich bewegend wie Wäsche im Wind, grell bemalte Kartons, und wie am Meeresboden drangen die bunten Linien von Medusen und Korallen durch den blauen Dunst. In der dunklen, durch die Scheibe von der Nacht getrennten Fensternische stand, verheddert in der dünnen Spitzengardine, die wir einer Eisenbahndiebin für einen Spottpreis abgehandelt hatten, ein trauriger, versoffener Geiger (der sich für impotent hielt) und versuchte vergeblich, das Geschnarre des Plattenspielers mit dem Gejammer seines Instruments zu übertönen. Gekrümmt wie unter der Last eines Zementsacks, holte er mit finsterer Verbissenheit immer wieder dieselbe Passage aus der Geige hervor. Seit zwei Stunden übte er für das poetisch-musikalische Konzert am Sonntag. Wenn er sonntags auftrat, war er gewaschen, trug einen Gesellschaftsanzug mit Nadelstreifen und blickte melancholisch aus verträumten Augen, als läse er ein für uns unsichtbares Notenblatt.

Auf dem Tisch, auf der Decke mit den roten Blumen, die wir ebenfalls der Eisenbahndiebin abgehandelt hatten, lagen zwischen Gläsern, Büchern und angebissenen Häppchen die nackten, schmutzigen Füße von Apoloniusz. Apoloniusz schaukelte auf seinem Stuhl und sagte, zu der Couch gewandt, deren Holz zum Schutz gegen Wanzen gekalkt war und auf der wie Fische, die auf dem Strand ersticken, ein paar angetrunkene Gestalten lagen, mit vernehmlicher Stimme:

»Wäre Christus ein guter Soldat? Nein, er wäre ein Deserteur. Jedenfalls sind die Urchristen aus der Armee weggelaufen. Sie wollten sich nicht dem Bösen widersetzen!«

»Ich widersetze mich dem Bösen«, sagte Piotr träge. Er lag hingelümmelt zwischen zwei liederlichen Mädchen und fummelte in ihren Haaren. »Nimm die Füße vom Tisch oder wasche sie.«

»Wasch dir die Füße, Polek«, sagte ein Mädchen, das an der Wand stand. Sie hatte dicke, geschwollene Beine und fleischige rote Lippen.

»Das hättet ihr wohl gern. Hört zu, es gab da einen Wandalenstamm, sehr feige«, fuhr er fort, nachdem er mit der Ferse die Teller zusammengeschoben hatte, »sie wurden von allen geschlagen und aus Dänemark oder aus Ungarn nach Spanien vertrieben. Dort bestiegen sie Schiffe, fuhren nach Afrika und marschierten zu Fuß bis nach Karthago, wo der heilige Augustin Bischof war, der von der heiligen Monika.«

»Und dann setzte der Heilige sich auf seinen Esel und

bekehrte die Wandalen«, sagte vom Ofen her ein Jüngling, der an einer Pfeife zog. Er blies seine runden, rosigen Wangen auf, die mit ihrem goldenen Flaum wie Pfirsiche aussahen. Er hatte große Ringe unter den Augen. Er war Pianist und lebte seit längerer Zeit mit einer Pianistin zusammen, die zauberhafte Grübchen in den Wangen und einen raubtierhaften, leidenschaftlichen Blick hatte. Wir hatten ihn im Sommer getauft (er gehörte zur nationalen Konfession), bei brennenden Kerzen, Blumensträußen und mit einer ganzen Schüssel Weihwasser, mit dem der fürsorgliche Pfarrer ihm regelrecht den Kopf wusch; direkt nach der Taufe entgingen wir an der verkehrsreichsten Stelle der Grójecka-Straße mit knapper Not einer Razzia. Nicht so bald, nämlich erst im späten Winter haben wir die beiden verheiratet. Die Eltern weigerten sich zunächst, dieser Mesalliance ihren Segen zu geben. Dann gaben sie aber nach und überließen den Musikern ein Zimmer zum Schlafen und ein Klavier zum Üben sowie die Küche zur Herstellung von Selbstgebranntem, aber die Freunde wollten sie nicht zur Hochzeit einladen, also veranstalteten die Freunde selber eine prunkvolle Hochzeit. Die Braut saß in ihrem steifen himmelblauen Kleid stocksteif im Sessel. Sie war schläfrig, müde und betrunken.

»Nett ist es bei euch, sehr nett, weißt du?« Eine kleine Jüdin, die aus dem Ghetto geflohen war und nicht wußte, wo sie diese Nacht schlafen sollte, kniete sich neben Maria vor dem Regal nieder und legte ihr den Arm um die Schultern. »Es ist merkwürdig, schon lange habe ich keine Zahnbürste, keine Häppchen, kein Teeglas, keine Bücher mehr in der Hand gehabt. Man kann es kaum beschreiben. Und immer das Gefühl, daß man wegmuß. Ich habe panische Angst!«

Maria strich ihr stumm über das kleine Köpfchen mit seiner Fülle glatter, glänzender Haare.

»Waren Sie nicht Sängerin? Ihnen hat doch wohl nichts gefehlt«, sagte ich. Sie trug ein gelbes Kleid mit Chrysanthenmuster und einem herausfordernden Dekolleté, aus dem verführerisch ein cremefarbenes Spitzenhemd hervorragte. Zwischen ihren Brüsten baumelte an einer langen Kette ein goldenes Kreuz.

»Gefehlt? Nein, nie hat etwas gefehlt«, erwiderte sie mit einem kurzen, staunenden Blick in ihren tränenfeuchten Kuhaugen. Sie hatte breite, ausladende Hüften, wie gemacht zum Gebären. »Sie müssen verstehen, mit Künstlerinnen gehen sogar die Deutschen anders um ...« Sie brach ab und schaute blind auf die Bücher. Platon, Thomas von Aquin, Montaigne – der lange, rotlackierte Nagel glitt über die zerflederten Rücken der bei fliegenden Händlern erworbenen und in Antiquariaten gestohlenen Bücher.

»Wenn Sie bloß sehen würden, was ich gesehen habe hinter den Mauern ...«

»Augustin hat dreiundsechzig Bücher geschrieben! Als die Wandalen Karthago belagerten, saß er gerade an der Korrektur, und darüber ist er gestorben!« verkündete Apoloniusz wie ein Besessener. »Von den Wandalen ist nichts geblieben, aber Augustin wird noch heute gelesen. Ergo:« – er hob die Hand mit gespreizten Fingern zur Decke – »Der Krieg vergeht, aber die Dichtung bleibt, und mit ihr bleiben auch meine Vignetten!«

Unter der Decke trockneten an ausgespannten Schnüren die Umschläge eines Gedichtbändchens. Von der Druckerfarbe ging ein starker Geruch aus. Das Licht drang durch die schwarzen und roten Packpapierflächen und verlor sich zwischen den Blättern wie in einem Walddickicht. Die Umschläge raschelten wie dürres Laub.

Die kleine Jüdin ging zum Plattenspieler und wechselte die Platte.

»Ich glaube, daß es auch auf der arischen Seite ein Ghetto geben wird«, sagte sie und blickte Maria von der Seite an. »Nur wird es daraus kein Entkommen mehr geben.« Tanzend entschwebte sie, von Piotr entführt.

»Sie ist nervös«, sagte Maria leise. »Ihre Familie ist hinter den Mauern zurückgeblieben.«

Die Nadel des Plattenspielers verfing sich in einem Riß und ließ ein monotones Kratzen ertönen. In der Tür erschien Tomasz mit gerötetem Gesicht. Seine Frau zog sich das Kleid über dem leicht gewölbten Bauch glatt.

»Nur noch einige schwere Wolken, durch die sich nicht die Nüstern des Pferdes gedrängt«, deklamierte er, und auf das Tor hinter dem Fenster deutend, rief er pathetisch: »Ein Pferd, ein Pferd!«

Im Schein des goldenen Lichts über der Tür lag der blendendweiße, glatte Schnee wie ein Teller auf einer grauen Tischdecke, während er außerhalb, im Schatten, bläulichgrau wurde, als sei er ein Reflex des Himmels, und erst an der Pforte schimmerte er im Schein der Straßenlampe. Hochbeladen wie ein Heuwagen stand in der Dunkelheit ein Fuhrwagen, unbeweglich wie ein Berg. Zwischen den Rädern baumelte eine rote Laterne, die schwankende Schatten auf den Schnee warf und Bauch und Beine des Pferdes beleuchtete, das größer und kräftiger wirkte als gewöhnlich. Dampfwolken gingen von ihm aus, so als atme es mit der Haut. Erschöpft ließ es den Kopf hängen.

Der Fuhrmann stand neben dem Wagen und wartete geduldig, die Arme gegen die Brust schlagend. Als ich mit Tomasz die Torflügel geöffnet hatte, griff er ohne Hast zur Peitsche, zog an den Zügeln und schnalzte. Das Pferd hob den Kopf und legte sich mit aller Kraft ins Geschirr, aber der Wagen rührte sich nicht von der Stelle. Die Vorderräder steckten im Rinnstein fest.

»Das Biest am Maul packen und rückwärts«, sagte ich fachmännisch.

»Ich lege gleich ein Brett über den Rinnstein.«

»Hü!« rief der Fuhrmann und stemmte sich gegen die Deichsel.

Der Gendarm, der das benachbarte Gebäude der ehemaligen städtischen Schule bewachte, die jetzt wie ein Gefängnis vollgepfropft war mit »Freiwilligen«, die zur Arbeit nach Preußen gebracht werden sollten, kam in seinem blauen Mantel mit dumpfen Tritten seiner beschlagenen Stiefel aus Richtung der Laterne herbei. Er hatte eine Lampe vor die Brust geschnallt, die er jetzt freundlicherweise einschaltete, um uns zu leuchten.

»Zuviel draufgepackt«, bemerkte er trocken. Aus dem tiefen Schatten seines Helmdaches blitzten, scharf wie die Lichter eines Wolfes, seine Augen hervor. Er kam täglich zu uns ins Kontor zum Telefonieren, um seine Ablösung anzufordern und jedesmal zu melden, daß in der Nacht nichts Besonderes vorgefallen sei.

Das Pferd schnaubte, stemmte sich auf die Hinterbeine und drückte mit aller Kraft nach hinten, so daß der Wagen sich über das Katzenkopfpflaster bewegte. Jetzt zog das Pferd wieder an. Der bis obenhin mit Koffern, Bündeln, Möbeln, Betten und klapperndem Aluminiumgeschirr beladene Wagen setzte sich schwankend in Bewegung und rollte über die untergelegten Bretter in den Hof. Der Gendarm machte die Lampe aus, rückte den Gürtel zurecht und entfernte sich gemessenen Schrittes in Richtung Schule. Gewöhnlich ging er an ihr vorbei zu dem Kirchlein der Pallottiner-Pater (es war im September teilweise ausgebrannt, aber seither in unablässiger und sorgfältiger Arbeit mit Materialien unserer Firma wiederhergestellt), wo er abbog zu der verfallenden Mauer des Arbeitslosenheims, das in ehemaligen Fabrikhallen gleich an den Bahngleisen untergebracht war. Es war ein vielbesuchter Umschlagplatz, denn hier war en gros und en détail alles zu haben: Decken, Stoffcoupons, Konserven, Porzellan, Gardinen, Tischdecken und Handtücher sowie alle sonstigen Waren, die aus den an die Front gehenden Güterzügen gestohlen waren; sie wurden aber auch dem Personal der Lazarettzüge abgekauft, die mit Uhren, Essen, Verwundeten, Wäsche und Maschinenteilen, Möbeln und Getreide von der Front kamen und oft im Bahnhof wie an einem Hafenkai haltmachten.

Der Fuhrmann knallte noch einmal effektvoll mit der Peitsche und schob das Pferd rückwärts zum Holzschuppen. Es keuchte und dampfte. Vom Fuhrmann mit rauhbeiniger Zärtlichkeit ausgespannt, blieb es noch ein Weilchen stehen, so als seien seine Kräfte erschöpft, bis es schließlich, scharf angetrieben, zur Pumpe trottete und das Maul in den Wassereimer steckte. Es soff den ersten Eimer restlos leer, schlabberte noch aus dem zweiten und trottete dann, das Geschirr hinter sich herziehend, zur offenen Stalltür.

Ich schaute mir die Ladung des Wagens an und sagte: »Da hast du eine Menge angeschleppt, Olek.«

»Sie sagte, ich soll alles mitnehmen«, gab der Fuhrmann zurück. »Schauen Sie, sogar die Küchenhocker und die Regale aus dem Bad mußte ich mitnehmen. Die Alte hat höllisch aufgepaßt.«

»Hatte sie keine Angst, so am hellichten Tag?«

»Der Schwiegersohn hat bei einem Kollegen die Genehmigung besorgt«, sagte Olek. Sein knochiges, mageres Gesicht war von der Kälte ganz eingelaufen. Er nahm die Mütze ab. Die kalkstarren Haare fielen ihm wirr in die Stirn.

»Und die Tochter?«

»Ist bei ihrem Mann geblieben. Hat sich mit der Alten

herumgezankt, sie müsse noch einen Tag bleiben.« Er spuckte sich in die sehnigen, verkrümmten Hände, die von Kalk, Zement und Gips ganz zerfressen waren. »Also dann woll'n wir mal abladen.« Er stieg auf den Wagen, löste die Schnüre und reichte alles der Reihe nach herunter: Stühle, Vasen, Kopfkissen, Wäschekörbe, altertümliche Truhen, zusammengeschnürte Bücher.

Tomasz und ich nahmen die Sachen an, trugen sie in den muffigen, dunklen Schuppen und stapelten sie auf dem Betonboden zwischen halb versteinerten Zementsäcken, Stößen schwarzer, nach Teer riechender Pappe und einem Haufen Löschkalk, der zum Einzelverkauf an die Bauern bestimmt war. Feiner Kalkstaub schwebte in der Luft und reizte unerträglich die Nasenschleimhaut. Tomasz schnaufte asthmatisch. Er war herzkrank.

»Sagen Sie, weshalb hat der Chef sie bei sich aufgenommen?« fragte der Fuhrmann, als das Abladen beendet war.

»Sie hat ihn zum Menschen gemacht, da erweist er ihr seine Dankbarkeit.« Ich schob die Schuppentür zu und verschloß sie mit dem Vorhängeschloß.

»Dankbarkeit ist etwas Schönes«, sagte Tomasz. Er atmete gleichmäßig und zog die Luft in tiefen Zügen ein. Er nahm eine Handvoll Schnee und rieb sich damit die Hände ein. Dann wischte er sie an der Hose trocken.

»Pah, heute habe ich mich müde gearbeitet«, sagte der Fuhrmann, als er von der Ladefläche stieg. Er konnte sich nicht ungehindert bewegen, so steif war der Schaffellmantel von der Kruste aus Kalk und Teer. Er lehnte sich an den Wagen, zog erleichtert die Nase hoch und wischte sich die Stirn. »Herr Tadek, Herr Tadek, was ich dort gesehen habe, Sie würden es nicht glauben. Kinder, Frauen… Es sind zwar Juden, aber wissen Sie…«

»Aber Sie sind doch heil herausgekommen?«

»Unterwegs hat uns der Ingenieur gesehen. Kann das Folgen haben?«

»Ach nein«, sagte ich wegwerfend, »was können diese Waschlappen uns schon tun? Wenn der Chef eine Filiale kaufen will, müssen sie sich gut mit ihm stellen, oder? Morgen früh machst du eine Fuhre, einen Meter Kalk, schwarz. Vor sieben kommst du zurück.«

»Na gut, da muß ich in der Frühe aufladen. Jetzt versorge ich erst mal das Pferd.« Schwerfällig begab er sich zu dem Tier in den Stall. Als er am Kontor vorbeikam, zog er die Mütze.

Im goldenen Lichtschein stand Maria wie in einer Aureole, wie von Händen von der funkelnden blauen Nacht mit einem Ring von Sternen umfaßt. Sie zog die Tür, hinter der die Musik und die Leute waren, hinter sich zu und blickte erwartungsvoll ins Dunkel. Ich wischte mir den Staub von den Händen.

»Und wie steht es morgen mit dem Abfüllen und Ausfahren?« Ich hakte mich bei ihr unter und begleitete sie auf dem ausgetretenen Pfad durch den festgetretenen knirschenden Schnee zur Pforte. »Vielleicht wartest du bis zum Nachmittag, dann fahren wir zusammen aus.«

Wir standen an der offenen Pforte. Durch die verlassene Straße, über die das flackernde Licht der Laterne huschte, stapfte mit dumpfen Schritten der Gendarm im blauen Mantel, der die Schule bewachte. Über der Straße, über dem Licht der Laterne, über dem steilen Dach des an die Mauer geschmiegten Schuppens, ging der brausende Wind; er trug den Rauch der Züge herüber, jagte die Zirruswolken vor sich her, und über dem Wind und den Wolken zitterte der Himmel, so tief wie der Grund eines dunklen Gebirgsbaches. Der Mond schimmerte hin und wieder durch die Wolken, wie ein goldenes Stück Sand.

Maria lächelte zärtlich.

»Du weißt genau, daß ich das Ausfahren allein erledigen werde«, sagte sie vorwurfsvoll und hielt mir den Mund zum Kuß hin. Der große schwarze Hut beschattete ihr Gesicht wie ein Flügel. Sie war einen halben Kopf größer als ich. Ich mochte es nicht, wenn wir uns in Gegenwart anderer küßten.

»Da siehst du, poetischer Solipsist, was Liebe vermag«, sagte Tomasz gutgelaunt. »Denn Liebe heißt Opferbereitschaft. Ich spreche aus reicher Erfahrung, weil ich viele Geliebte hatte.«

Die Dunkelheit, die die Züge des Menschen verwischt, ließ Tomasz größer und massiver erscheinen, so als sei er aus grobem Stein gehauen. Das dunkle Muttermal unter dem linken Auge gab dem monumentalen, wie aus grauem Sandstein gehauenen Gesicht etwas Lausbübisches.

»Natürlich, die Liebe!« Maria brach in ein unbeschwertes Lachen aus. Sie verabschiedete sich mit einem Knicks und ging in vornehmer Haltung davon, an dem Gitter entlang, den Wolken entgegen, die der Wind über unseren Köpfen dahinjagte. Sie ging an dem Laden des Schiebers vorüber, wo ich das Brot und die Blutwurst zum Frühstück kaufte und die Bauern ihre in der Schule eingesperrten Kinder trafen. Sie verschwand hinter der Ecke, ohne sich noch einmal umgeblickt zu haben. Ich schaute ihr noch eine Weile nach, so als suchte ich ihre Spur in der Luft.

»Die Liebe, natürlich die Liebe«, sagte ich lachend zu Tomasz.

»Gib dem Fuhrmann einen Schnaps, wenn du noch eine Flasche unter dem Bett hast«, sagte Tomasz. »Komm, wir müssen uns unter die Leute mischen.«

II

In der Nacht war etwas Schnee gefallen. Ich hatte die letzten betrunkenen Gäste hinausgeworfen und das Zimmer aufgeräumt, dann hatte ich das Tor geöffnet, um zu zeigen, daß die Geschäftszeit offiziell begonnen hatte. Zu diesem Zeitpunkt war der Fuhrmann schon wieder zurück. Vor Morgengrauen war er aufgestanden, hatte den Kalk aufgeladen und zu der Baustelle gefahren, nach der Rückkehr das Pferd ausgespannt und im Hof die Spuren der Räder beseitigt. Zu dieser frühen

Stunde war es draußen noch grau und die Straße verlassen. Von den Bahngleisen tönte das Rattern der Züge herüber. Je mehr die Dunkelheit zurückwich, desto kleiner und unscheinbarer wurde der patrouillierende Gendarm, so als sei er von der Flut der Dunkelheit wie Seetang am Ufer der menschenleeren Straße zurückgelassen und vergessen worden. In den Fenstern der ehemaligen Schule tauchten die ersten Köpfe der Gefangenen auf. In dem Schieberladen beim Magazin wärmten sich zwei Polizisten am glühenden Ofen auf. Der nach Säuferart mit seinen roten Augen blinzelnde Krämer legte mit zitternden Händen Käse, Grütze und Brot auf die verglaste Theke. Eine Bäuerin holte aus ihrem Korb einen Kranz Würste hervor, der unter der doppelwandigen Theke verschwand. Durch die vereisten Scheiben drang das graue Morgenlicht herein. An den rostigen Gittern rannen schmutzige Tropfen herab, fielen monoton auf die Fensterbank und flossen von dort in einem Rinnsal auf den Fußboden.

Im Sommer, im Herbst, im Winter und im Frühling stank die Gasse, eine mit Katzenköpfen gepflasterte Sackgasse, nach der Fäulnis der offenen Rinnsteine; verloren lag sie zwischen dem morastigen, nach einer verwesten Leiche riechenden Feld und Reihen morscher ebenerdiger Häuschen, in denen sich eine Wäscherei, ein Friseurladen, eine Drogerie, ein paar Lebensmittelläden und eine obskure Bar befanden. Tag für Tag füllte sie sich mit einer wachsenden Menge hin- und herwogender Menschen, die vor die Betonmauern der Schule strömten, die Hälse zu den modernen Fenstern emporreckten, die Köpfe zu dem mit roten Biberschwänzen gedeckten Dach hoben, winkten und schrien.

Aus den offenen Fenstern der Schule wurde gerufen, mit weißen Händen wurden Zeichen gegeben wie von einem Schiff, das vom Ufer ablegt. Von zwei Reihen Polizisten wie von Dämmen eingefaßt, strömte die Menge durch das Bett der Straße, bis zu dem Platz an ihrem Ende. Hier bot sich der lieblich anzusehende Ausblick auf die verwahrlosten Sandbänke am Fluß, die mit zerzausten Weiden bewachsen und mit vereinzelten Schneeresten bedeckt waren, auf die Brücke über dem Nebel, der den flimmernden Strom bedeckte, auf die gelben, pastellfarbenen Häuser der Stadt, die sich in dem reinen, stillen, blauen Himmel auflösten. Verzweifelt ballte sich die Menge auf dem Platz und kehrte dann schreiend wieder zurück.

Der Schieberladen war eine kleine, stille Bucht. Bei einem Glas selbstgebrannten Rübenschnapses verbrüderten sich die Polizisten an der Theke mit den Bauern, ,und die Leute aus der Schule machten ihre Geschäfte. Nachts halfen die Polizisten, Ware aus dem Fenster der Schule zu schaffen, die dann sofort in den dunkelsten Winkeln der Straße verschwand oder unter grausamen Verletzungen über den Stacheldraht auf dem Hof unserer Baustoffhandlung landete, wo sie bis zum frühen Morgen herumlungerte, denn das Kontor war natürlich geschlossen. Gewöhnlich waren es Mädchen. Ratlos irrten sie auf dem Hof umher, betrachteten die Sandhaufen, die Tonberge, die Würfel von Ziegeln, Porenziegel, Spaltziegel, Ramsayziegel, gerieten in die Fächer mit dem Marmorgries, dessen unterschiedliche Tönungen und Größen für Treppen und Grabsteine verwendet wurden, und verrichteten dort bedenkenlos ihre Notdurft. Wenn ich wach geworden war, warf ich sie sehr altruistisch hinaus, und den Nutzen aus dem Verfahren zog außer den Polizisten (und dem sicher unzugänglichen Gendarmen, dem die platten menschlichen Dinge fremd waren) ausschließlich der Nachbar, der Krämer. Er empfand jedoch keinerlei Verpflichtung zur Dankbarkeit noch ein Bedürfnis danach. Ich holte mir bei ihm täglich ein Viertel Schwarzbrot, hundert Gramm Blutwurst und zwanzig Gramm Butter. In der Regel wog er falsch ab und rundete den Preis großzügig auf. Er lächelte verschämt, strich aber mit zitternden Händen mein Geld ein.

Apropos. Das Glas Selbstgebrannten schenkte er nie voll ein, die hundert Gramm Butter wogen bei ihm immer weniger als hundert, das Brot zerschnitt er in ungleiche Teile, und für jedes unterderhand herausgelassene Mädchen preßte er erbarmungslos Geld aus den Bauern heraus, denn er selbst mußte ja schließlich auch leben, er hatte eine Frau, einen Sohn, der in der zweiten Klasse des Gymnasiums war, und eine heranwachsende Tochter, Schülerin eines Untergrund-Lyzeums, die den Reiz schöner Kleider, die Anziehungskraft der Jungen, das Angenehme am Lernen und den Zauber der Konspiration zu schätzen wußte; aber unsere Baustoffhandlung verkaufte den Bauern wie den Ingenieuren auch feuchten Ton und versteinerten Zement, mischte den Kalk mit Wasser und Teerkleber mit Sand, und bei der Abnahme von Waggons mit Ware stellte sie im stillen Einverständnis mit dem Magazinverwalter der Bahn ein erhebliches Gewichtsmanko fest, das sogleich in den Büchern festgehalten wurde. Der amtliche Lieferant sagte kein Sterbenswörtchen, weil er selbst von der Firma Gelder erhielt, die nirgendwo in den Büchern auftauchten.

Die Baustoffhandlung! Sie gewährte allen ihren Unterhalt, wie eine geduldige Milchkuh. Ihr rechtmäßiger Eigentümer, ein Fettwanst in einer zu engen, karierten Weste mit Uhrtasche, ein patriarchalisch angegrauter, ständig aufgeregter und vom Schlaganfall bedrohter Ingenieur mit Spitzbart, der in der Zeit des großen Hungers (als wir Kartoffelschalen und Brot, mit Salz bestreut, auf Lebensmittelkarten aßen) für den Unterhalt seiner Frau, einer Betschwester, die an Bettler, Kirchen und Mönche ein Vermögen verschwendete, und seines erotomanen Sohnes dicke Tausender aus der Firma zog wie Milch aus dem Euter, baute das Lager in der Zentrale aus, pachtete das Grundstück einer im September niedergebrannten Firma und errichtete dort eine Filiale seines Unternehmens, kaufte sich eine vornehme Kutsche, ein Zugpferd mit gestutztem Schwanz, stellte einen Kutscher ein, erwarb für eine halbe Million ein Landgut vor den Toren der Hauptstadt, das zwar etwas verwahrlost und verfallen war, aber (weil ein großes

Stück Wald dazugehörte) zum Jagen und (wegen eines Tonvorkommens) zur industriellen Nutzung geeignet war. Im dritten Kriegsjahr nahm er mit der Deutschen Ostbahn erfolgreiche Verhandlungen über den Kauf und den Ausbau eines eigenen Nebengleises auf, an dem er eine Verladestation und Lagerhallen errichtete.

Ebenso vorteilhaft gestaltete sich das Los der Mitarbeiter des Ingenieurs. Nach Besatzungsrecht durfte der Ingenieur höchstens 73 Złoty Wochenlohn zahlen, doch gab er aus eigenem Antrieb einem guten Dutzend seiner Leute an die hundert Złoty pro Woche, ohne Abzug von Kosten, Steuern und Sozialleistungen. In dringenden Fällen, beispielsweise beim Transport der Familie ins Lager, bei Krankheit oder einer unumgänglichen Schmiergeldzahlung, entzog er sich durchaus nicht der Pflicht. Drei Monate lang finanzierte er mein Studium an der Untergrund-Universität und stellte mir dafür nur eine Bedingung: daß ich für das Vaterland studierte.

In der Filiale verfuhr man anders. Die Fuhrleute verkauften den Kalk auf der Straße, brachten aber nicht die ganze Liefermenge auf die Baustelle. Den Rest verkauften sie auf eigene Rechnung. Außerdem klauten sie. Anfangs trug ich Ton und Kreide im Korb zu den nahe gelegenen Drogerien, doch nachdem ich mich näher mit dem Chef angefreundet hatte, wurde ich sein Geschäftspartner, teilte mir die Arbeit mit ihm und stimmte die Art der Buchführung mit ihm ab. Auch verband uns die Herstellung von Selbstgebranntem, die auf meine Kosten in der Wohnung des Chefs stattfand. Den Löwenanteil aus dem Einzelverkauf überließ er mir, weil er sich selbst ins große Geschäft stürzte, für das ihm die Firma als Durchgangsstation und das Telefon des Lagers als zuverlässiges Kommunikationsmittel diente. Der Chef kannte sich aus mit Gold und Juwelen, kaufte und verkaufte Möbel, kannte die Adressen von Wohnungsvermittlern, handelte sogar selbst mit Wohnungen, hatte Beziehungen zu Eisenbahndieben und verschaffte ihnen Kontakte zu Kommissionsgeschäften, freundete sich mit Chauffeuren und Verkäufern von Autoteilen an und betrieb einen schwunghaften Handel mit dem Ghetto. Er tat das mit großer Angst, wie unter Zwang, gegen das eigene Rechtsempfinden. Große Sehnsucht hatte er nach der sicheren Vorkriegszeit. Damals arbeitete er als Lagerverwalter in einem jüdischen Unternehmen. Von der Eigentümerin aufmerksam beobachtet, arbeitete er eifrig und machte etwas aus sich, kaufte sich einen Sportwagen und verdiente nebenher mit einer Taxe an die dreihundert Złoty pro Tag, den Tagelohn des Fahrers nicht mitgerechnet. Bald darauf kaufte er ein Baugrundstück vor der Stadt, an der Autobahn, und ein paar Monate vor dem Krieg ein weiteres in einer nahen Vorstadt. Das entsprach nach seinem Empfinden dem Menschenrecht, und er genoß das Leben, ohne lästige Gewissensbisse. Von dem, was er sich damals erwarb, waren ihm die Bauplätze und das Bargeld sowie die tiefe Verbundenheit mit der alten Doktorin, seiner Chefin, geblieben.

Jetzt saß die Alte an der Stelle, an der Maria gesessen

hatte, am Fußende der Couch. Ihr Gesicht war erdfarben, verfallen, leer wie eine entvölkerte Stadt. Sie trug ein schwarzes Seidenkleid, das verschlissen war und an den Ellbogen glänzte. Um den Hals trug sie ein breites Samtband, auf dem Kopf einen altmodischen, mit einem Veilchenstrauß geschmückten Hut, unter dem schüttere graue Haarsträhnen hervorlugten. Auf dem Schoß hielt sie einen sorgsam gefalteten Mantel mit einem enthaarten Pelzkragen. Allzu ärmlich war ihre Kleidung, gemessen daran, daß ihr vor dem Krieg ein riesiges Baustofflager gehört hatte, mit einigen schweren Lastwagen, einem eigenen Bahnanschluß, Dutzenden von Arbeitern, und ein unerschöpfliches Konto bei verschiedenen inländischen und Schweizer Banken, allzu ärmlich selbst für die Besitzerin all der Dinge, die der Fuhrwagen gebracht hatte, und der vielen Rechenmaschinen, die sie vorsorglich und vorausschauend dem Schweizer Konsulat zur Aufbewahrung übergeben hatte, gar nicht zu reden von dem Gold und den Brillanten, die – nach den Vorstellungen der Leute auf der arischen Seite – jeder Jude aus dem Ghetto mitbrachte. Sie war ärmlich gekleidet, saß bescheiden in der Ecke. Sie starrte zur Decke hinauf, zu dem Spinnennetz vor der obersten Reihe des Bücherregals. Es bewegte sich, weil die Spinne zu ihm hinaufklomm.

»Jasienku, sie rufen doch an, oder?« sagte die Alte nach langem Schweigen zum Chef. Erstaunt blickte ich auf von meinem Buch über das Mittelalter und seine abergläubischen Vorstellungen. Es war ein rauhes Flüstern, als rieben sich Steine aneinander. Zusammen mit dem Flüstern entwich ihrer Kehle pfeifend der Atem. In ihrem Mund blitzten zwei Reihen massiver Goldzähne, die, so schien mir, klapperten, wenn nicht gar erklangen. »Sie müssen doch Bescheid sagen, ob sie kommen. Das müssen sie doch, oder?« Sie blickte ihn aus verblichenen, leblosen, gleichsam eiskalten Augen an.

»Ach, besser warten wir noch ein bißchen, Frau Doktor«, sagte der Chef entschieden. Eifrig hauchte er ein Loch in das Eis auf der Fensterscheibe und blickte mit geneigtem Kopf hinaus auf den Hof, das Tor, die Straße, die sich bereits mit einer Menschenmenge füllte. Er trommelte mit den Fingern auf den Fensterrahmen, denn er wartete auf einen Kunden. »Der Herr Direktor hat ja anzurufen versprochen. Bestimmt kommt er heute mit dem Töchterchen von Frau Doktor heraus.«

»Das ist doch nur Gerede. Und was, wenn sie es nicht schaffen, Jasienku?« Wieder richtete sich ihr Blick von der Decke zum Fenster. Sie griff mit den welken, verkrampften, wurmstichigen Händen nach dem gelben Halstuch, die Finger schlossen sich, so als wolle sie es sich von der Schulter reißen, und dann ließ sie die Hände kraftlos in den Schoß sinken.

»Wie können Sie so etwas sagen, Frau Doktor!« flötete der Chef. Er strich sich über das üppige, wellige blonde Haar, das ihm in die Stirn gefallen war, schob es mit einer ungeduldigen Kopfbewegung zurück. Dabei wurde unter der Manschette seines Popelinehemdes eine goldene Longinus sichtbar, länglich, gebogen, der

Rundung des Handgelenks angepaßt, ein Andenken an die guten Zeiten der Firma in der Targowa-Straße. »Was glauben Sie denn, Frau Doktor? Ihr Schwiegersohn kann doch als Direktor der Magazine heraus, wann er will! Er erledigt alles Nötige, steckt sich die Brieftasche ein, und hui macht er sich aus dem Staub! Machen Sie sich etwa Sorgen, wie die herauskommen?« Er zog sich einen Stuhl heran und machte es sich bequem, indem er die Beine, die in hohen Offiziersstiefeln steckten, ausstreckte. »Jetzt müssen wir daran denken, wo wir eine Wohnung herbekommen. Wissen Sie, Frau Doktor, was dafür verlangt wird? Fünfzigtausend! Zum Glück habe ich mir im ersten Kriegsjahr noch eine Bleibe gekauft. Was würde ich sonst machen? In Untermiete wohnen? Zum Wohnungsamt gehen?«

»Jasiek weiß sich zu helfen!« flüsterte die Doktorin und verzog die Mundwinkel zu einem leichten Lächeln.

»Gott sei Dank hat der Mensch Hände und Füße und überlegt, wo er was kriegen kann, und deshalb lebt er. Herr Tadzik« – er beugte sich vor zu mir –, »Ihre Verlobte hat fünfundzwanzig Liter gebrannt. Ein sparsames Mädchen! Küßchen dafür. Und sie hat nur halb soviel Kohle gebraucht. Fleißig, muß ich schon sagen.«

»Sie hat angerufen«, stotterte ich von meinem Buch her. »Sie ist in die Stadt gefahren und liefert den Schnaps aus. In Kürze muß sie wieder dasein.«

In der Ecke zwischen dem Ofen und dem Garderobenständer war es dämmrig, aber warm. Ein angenehmes Gefühl, sich den Rücken wärmen zu lassen. Der

Kopf war mir schwer und brummte. Der Wodka und die Eier hatten mir nicht gutgetan. Das Buch über die Klöster des Mittelalters versetzte mich in einen Halbschlaf, und ich träumte von dunklen Zellen, in denen man sich inmitten der abergläubischen Vorstellungen des Volkes, des Gemetzels der Stämme und der Brandschatzung der Städte darum bemühte, die menschliche Seele zu retten.

»Jasiek, sind die Koffer in Ordnung?« flüsterte die Alte, dumpf wie aus einem tiefen Brunnen. »Sie wissen ja, es ist jetzt der einzige Besitz der Tochter. Sie ist so hilflos. Sie ist es gewohnt, daß die Mutter sich um alles kümmert.«

Während der Ofen mich wärmte, schaute ich auf den Boden. Die von der Couch herabhängende Decke reichte nicht bis zu den mit rotem Wachs gebohnerten Dielen. Darunter war die schwarze Abdeckung der Remington zu sehen. Ich hatte die Maschine aus dem Schuppen genommen, damit sie nicht feucht wurde, und sie sicherheitshalber unter das Bett gestellt.

»Frau Doktor, bei uns muß alles in Ordnung sein«, sagte der Chef und rieb sich gewohnheitsmäßig die Hände. Nach einem kurzen Blick zu mir fuhr er fort: »In Ordnung, wie bei der Versicherung. Frau Doktor sollte mich doch kennen.«

»Und wenn sie mich hier nicht finden? Die Gasse ist so klein und so weit draußen«, sagte die Alte, plötzlich beunruhigt. »Ich werde anrufen«, beschloß sie und rutschte auf der Couch hin und her.

»Ist die Frau Doktor auf ihre alten Tage denn ganz

verrückt geworden?« fauchte der Chef auf einmal und kniff zornig die gutmütigen blauen Augen zusammen, so daß sie fast von den strohfarbenen Wimpern bedeckt waren. »Uns die Deutschen auf den Hals hetzen? Sie mithören lassen? Sie können gern anrufen, aber nicht von hier aus!«

Die Alte erschrak und blähte sich auf wie eine plötzlich geweckte Eule. Sie verschränkte die Arme vor der Brust, als sei ihr kalt geworden. Mechanisch spielten ihre Finger mit der Brosche an ihrem Kleid.

»Wie haben Sie es geschafft, hierherzukommen?« fragte ich, um das Gespräch in Gang zu halten.

Es klopfte an der Tür des Kontors. Draußen stampfte jemand mit den Füßen auf, um den Schnee von den Schuhen loszuwerden. Es war der Kunde, den der Chef erwartete. Er schob den Stuhl zurück und ging hinaus. Die Alte hob den Kopf und schaute mich aus leeren Augen an.

»Ich habe siebenundzwanzig Straßensperren hinter mir. Wissen Sie, was das ist? Wahrscheinlich nicht, aber das macht nichts.« Vor Erregung war ihre Stimme heiser geworden, aber sie winkte nachsichtig ab. »Wir hatten ein Versteck hinter einem Schrank in einer speziellen Nische. Zwanzig Personen! Die kleinen Kinder lernten, ganz still zu sein, wenn die Soldaten kamen und mit den Gewehrkolben gegen die Wände schlugen oder wenn sie schossen. Die Kleinen schauten uns nur mit großen Augen an, verstehen Sie? Ob sie wohl herauskommen werden?«

Ich ging zum Bücherregal und steckte mein Buch zu den anderen über das Mittelalter. Ich blickte mich um zu der Alten.

»Die Kinder?« fragte ich erstaunt.

»Nein, nein, nicht die Kinder! Ob der Schwiegersohn und die Tochter herauskommen werden. Er ist eng mit dem Chef befreundet, noch vom Studium in Heidelberg.«

»Warum ist er nicht mit Ihnen herausgekommen?«

»Er hatte dort noch ein Geschäft zu erledigen. Noch ein, zwei Tage ... Dort ist bald alles aus. Immer nur *aus, aus, aus*! Die Häuser sind verlassen, Bettfedern in den Straßen, und ständig schaffen sie Leute fort ...«

Sie geriet außer Atem und verstummte.

Von draußen drang lautes Gezänk herein. Der Chef verhandelte mit dem Kunden über den Preis einer Lieferung Holz aus den vormals jüdischen Häusern im Ghetto von Otwock, die der Kreishauptmann in Bausch und Bogen an einen polnischen Unternehmer verkauft hatte. Die Tür knarrte, die beiden gingen offenbar zum Krämer, um das abgeschlossene Geschäft zu begießen. Der Chef war eigentlich abstinent, aber bei besonders günstigen Abschlüssen ließ er sich schon einmal zu einem Gläschen verleiten.

»Ich möchte zu meinen Sachen«, sagte die Alte plötzlich. Sie warf den Mantel zur Seite und tippelte eilig auf den Hof hinaus.

Die Büroangestellte lächelte mir über den Tisch hinweg zu. Klein und schmächtig, hatte sie es sich auf dem

Sofa bequem gemacht. Den ganzen Tag las sie Schundromane. Der Ingenieur hatte sie uns auf den Hals geschickt, damit sie über die Kasse wachte. Nach seinen Berechnungen warf die Firma zuwenig ab. Nachdem sie zwei Wochen ihres Amtes gewaltet hatte, fehlten in der Kasse tausend Złoty. Der Chef deckte den Fehlbetrag aus eigener Tasche, aber der Ingenieur verlor das Vertrauen zu der Angestellten. Ins Kontor kam sie übrigens nur für einige Stunden, und im Lager zeigte sie sich nie, sie wußte nicht, was Teerkleber und was Bitumen ist, aber dafür versorgte sie mich mit der Regelmäßigkeit der Post mit konspirativen Blättchen, die in ihrem Wappen Schwert und Pflug führten. Ich beneidete sie um ihre Beziehungen zum Untergrund, denn ich selber begnügte mich damit, halb privat Bulletins zu vervielfältigen, viel zu lesen, Gedichte zu schreiben und mich auf poetischen Matineen zu produzieren.

»Was ist mit der Alten? Hat sie viele Möbel?« fragte die Angestellte ironisch. Ihre hochgesteckten Haare waren wild zerzaust.

»Jeder rettet sich, so gut er kann.«

»Mit Hilfe der Verwandtschaft«, sagte sie mit einem boshaften Zwinkern. Sie war sehr achtlos gepudert. Ihre dünne Nase glänzte, als hätte sie sie mit Talg eingerieben. »Na, Herr Lagerverwalter, was machen die Gedichte? Sind die Einbanddeckel schon trocken?«

Der Chef brachte die Alte an der Hand ins Kontor zurück. Nach ihm kam der Fuhrmann herein, um sich aufzuwärmen. Er hockte sich vor den Ofen und hielt schnaufend die von Wind und Frost rissig gewordenen Hände gegen das Feuer. Sein Schaffellmantel dampfte und stank nach feuchtem Leder.

»In der Stadt sind *budy*«, sagte der Fuhrmann. »Ich war in der Zentrale. Es war richtig unheimlich, durch die leeren Straßen zu fahren. Man sagt, wenn sie mit den Juden fertig sind, werden wir abtransportiert. Auch bei uns ist die Jagd schon im Gange. Bei der orthodoxen Kirche und am Bahnhof ist es ganz grün vor lauter Gendarmen.«

»Das ist hübsch«, sagte die kleine Angestellte kichernd. Nervös erhob sie sich vom Tisch. Sie trug Filzschuhe, die ihr zu groß waren, so daß sie ihre knochigen, durch das dünne Kleidchen sichtbaren Hüften mit unbewußter Anmut schwenkte. »Wie komme ich jetzt nach Hause?«

»Per pedes«, sagte ich säuerlich, zog mir eilig die Jacke an und verließ das Kontor. Der scharfe, mit Schnee vermischte Wind stach mir ins Gesicht. An dem Kasten mit Kalk wiegte sich rhythmisch ein Arbeiter. Während er vor Kälte von einem Bein aufs andere trat wie ein schlafendes Pferd, rührte er mit der Kalkkrücke den Kalk, der gerade gelöscht wurde. Von der kochenden Mischung stiegen weiße Dampfwolken auf und wehten ihm ins Gesicht. Der Löscher arbeitete ununterbrochen den ganzen Winter hindurch, um den Kalk für die Sommersaison vorzubereiten. Bei Eiseskälte schaffte er täglich an die zwei Tonnen Löschkalk.

Der Chef machte das Tor zum Lager zu. Wenn die

Razzia in die Gasse kam, verschlossen wir es mit einem Vorhängeschloß. Betrunkene Polizisten säuberten die Gasse von den Resten der Menge, die sich in Richtung der Felder davonmachte. Ein deutscher Gendarm, der über die Menge und ihre Sorgen erhaben war, aber jede Bewegung des Polizisten aufmerksam verfolgte, stapfte mit eisenbeschlagenen Stiefeln gleichmütig über das Pflaster. Auf dem Platz, in den die Gasse mündete, standen die Menschen noch dichtgedrängt an den Hauswänden. Unter den Fenstern und Fensterbänken standen die Kleinhändler mit zitternden Knien, traten in Strohschuhen von einem Bein aufs andere und schrieen sich heiser über Körben mit Brötchen, Zigaretten, Blutwurst, Krapfen, Weißbrot und Schwarzbrot. Es schien, als würde die schwarze Wand des Hauses zittern und schreien. In den Hauseingängen wurde auf primitiven Waagen frisches Schweinefleisch abgewogen und Selbstgebrannter hastig in Flaschen abgefüllt. Auf dem Platz hinter der Schule war noch der Jahrmarkt im Gange. Begleitet von lärmender Musik, drehte sich majestätisch ein Karussell, bei dem ein einziges dummes Kind mitfuhr, auf dem Pferd. Leere Holzautos, Fahrräder, Schwäne mit ausgebreiteten Flügeln zogen sanft vorbei und wiegten sich wie auf einer Welle. Unter dem Karussell gingen, hinter Brettern versteckt, Arbeiter in einer Tretmühle. Der grell bemalte Schießstand glänzte hoffnungslos vor Leere, ebenso wie der zoologische Garten unter einem Zelt, in dem es – so das vom Schnee verwaschene Plakat – ein Krokodil, ein Kamel und einen Wolf geben sollte. Einige Zeitungsjungen aus dem Kinderheim drückten sich, einen Pack deutscher Zeitungen unter dem Arm, lustlos an den Haltestellen herum. Straßenbahnen ohne Menschen zogen eine Schleife um den Platz und fuhren klingelnd in dichter Folge über die Allee zurück. Verschneite Bäume standen funkelnd im hellen Sonnenschein, so als seien sie aus zerbrechlichem Kristallglas ausgesägt. Der Himmel war heiter, blaß, hoch. Es war ein ganz gewöhnlicher Markttag.

Weiter hinten in der Gasse wurde der Raum von den steinernen Blöcken der Häuser und einer Gruppe nackter, dürrer Bäume begrenzt. Hinter dem durch spanische Reiter, Drahtverhaue und Schilder an den Gleisen geschützten Viadukt wogte, umgeben von einem Kordon von Gendarmen, die Menge, die sich auf das Viadukt zubewegte. Aus der Menge ragten vollbesetzte, mit Planen abgedeckte Lastwagen hervor, die sich durch den Schnee wühlten und schwerfällig auf die Brücke zufuhren. Hinter dem letzten Wagen rannte eine Frau mit ausgestreckten Armen her. Sie fiel zurück, denn der Wagen wurde schneller. Endlich gab die Frau mit einer verzweifelten Gebärde auf, und sie wäre hingefallen, wenn nicht ein Gendarm sie aufgefangen hätte. Er schob sie in die Menge zurück.

»Die Liebe, natürlich, die Liebe«, dachte ich gerührt und flüchtete mich in unsere Firma, denn angesichts der bevorstehenden Razzia leerte sich der Platz schlagartig.

»Ihre Verlobte hat angerufen«, sagte der Chef. Er war in bester Laune, summte leise vor sich hin und tänzelte durch das Kontor. »Sie kommt von Ochota, aber weil überall Razzien sind, geht es nicht schneller voran. Gegen Abend wird sie hier sein.«

Die schmächtige Angestellte mit ihrer Hochfrisur warf mir einen kurzen, leicht boshaften Blick zu.

»Nach den Juden sind jetzt wahrscheinlich wir an der Reihe. Machen Sie sich Sorgen?«

»Sie wird es schon schaffen«, sagte ich zum Chef. Ich war durchgefroren bis auf die Knochen. Ich stocherte mit dem Schürhaken im Ofen und legte Torf nach. Die Rauchwolke, die aus der offenen Ofentür drang, füllte den ganzen Raum. »In diesem Monat bekommen wir wohl keine Waggons, oder? Wahrscheinlich machen sie eine Waggonsperre.«

Der Chef verzog mißmutig das Gesicht. Er setzte sich auf den Stuhl und trommelte mit dem zarten Anschlag eines Pianisten auf den Tisch.

»Und wenn sie die Waggons durchlassen, haben wir auch nichts davon«, sagte er bitter. »Der Ingenieur hat Angst, Zement und Gips auf Lager zu halten, und Kalk hat er nur für die Deutschen, für die Arbeiten am Fort Bema. Da kann unsere Firma nicht gedeihen. Die Betriebe in Grochów haben drei Waggons Zement bekommen. Borowik und Srebrny haben alles, was das Herz begehrt, und was haben wir? Firstziegel, Falzziegel, Splitt, diverse Teerkleber, Rohrmatten!«

»Übertreiben Sie nicht«, sagte die Angestellte. »Würde man in den Schuppen einmal gründlich nachschauen, käme doch dies und das zutage.«

»Sicherlich. Weil ich nämlich auf eigene Faust bestelle. Wer würde sonst zu uns ins Lager kommen? Na, vielleicht der Krämer, um sich Gewichte für seine Waage auszuleihen.«

Das Telefon klingelte. Der Chef drehte sich auf seinem Stuhl um und griff nach dem Hörer, eine halbe Sekunde vor der Angestellten. Er reichte ihn mir mit einer stummen Geste.

»Unser Wagen«, flüsterte ich, die Hand über dem Schalltrichter. »Was soll ich sagen?«

»Fünfzig.«

»*Fünfzig*«, wiederholte ich. »*Abends*? Ja, gern.«

»Prima. Darauf laßt uns essen gehen«, sagte der Chef händereibend.

Die Alte saß unbeweglich auf dem Sofa, wie ein in die Enge getriebenes Tier. Der Chef machte sich im Zimmer zu schaffen, stellte die Fleischbrühe auf den Kocher und räumte den Tisch auf.

»Wenn die Einnahmen, die er durch uns erzielt, sinken, wird der Ingenieur als erstes die Schickse rauswerfen, und zweitens – nun, haben Sie es sich überlegt?«

»Ach, verglichen mit Ihnen bin ich doch ein armer Hund«, sagte ich ohne Hoffnung. »Wir haben alles in die Brennerei gesteckt. Sie wissen ja, wie das ist: Man kauft sich ein paar Bücher, ein paar Klamotten und so. Das Papier kostet auch einiges.«

»Verkaufen Sie wenigstens diese Gedichte?«

»Davon weiß ich nichts. Jedenfalls habe ich sie nicht

für den Verkauf geschrieben. Das ist weder ein Hohlziegel noch Teer«, erwiderte ich gekränkt.

»Wenn sie gut sind, wird man sie auch kaufen«, sagte der Chef versöhnlich und biß in sein Brötchen. »Sie kriegen die paar Tausender, die Sie brauchen, um Teilhaber zu werden, bestimmt zusammen. Sie sind schließlich nicht dumm.«

Die Alte aß langsam, aber mit sichtlichem Appetit. Die massivgoldenen Zähne versenkten sich mit Vergnügen in die Krume des Brötchens. Ich sah die Zähne blitzen und schätzte instinktiv das Gewicht und den Wert des ganzen Gebisses ab.

Die Tür knarrte, ein Kunde trat herein. Der Pallottiner von der benachbarten Kirche trug eine Hornbrille und lächelte schüchtern. Nachdem er uns von der Razzia berichtet hatte, bestellte er ein paar Säcke Zement und gelben Marmorgries. Er bezahlte sofort, mit einem ganzen Bündel Scheine.

»Gelobt sei ...«, sagte er und ging, nachdem er sich den Hut aufgesetzt hatte, mit rauschender Soutane hinaus.

»... in Ewigkeit«, erwiderte die Angestellte. Sie machte die Ofenklappe zu und wischte sich die Finger an einem Stück Zeitungspapier ab. »Was, glauben Sie, wird die Alte jetzt machen?«

»Der Chef wird schon eine Wohnung für sie finden. Die Alte hat zuviel Geld, das wird er sich nicht entgehen lassen«, sagte ich mit gedämpfter Stimme.

»Ach«, schnaubte sie verächtlich, »Sie wissen also gar

nicht Bescheid? Als der Chef draußen war, hat die Alte bei der Tochter angerufen. Sie kommen nicht mehr raus aus dem Ghetto. Zu spät. Es ist völlig abgesperrt.«

»Die Alte wird sich eine Weile Sorgen machen, aber das legt sich.«

»Kann gut sein.«

Sie hüllte sich in den abgewetzten Pelzmantel, machte es sich auf dem Sofa gemütlich und wandte sich wieder ihrem Buch zu. Sie gab zu verstehen, daß sie an einer Fortsetzung des Gesprächs nicht interessiert war.

III

Abends blieb ich allein im Lager zwischen den wie nasse Wäsche an der Leine trocknenden Einbanddeckeln des Gedichtbändchens. Apoloniusz hatte sie aus Packpapier im Folio-Format zurechtgeschnitten, damit sie der Matrizengröße des Vervielfältigungapparats entsprachen, den man mir geliehen hatte, um ungemein wertvolle Rundfunkmeldungen und Ratschläge (mitsamt Schaubildern) zum Straßenkampf in Großstädten zu vervielfältigen; er diente aber auch zum Druck erhabener metaphysischer Hexameter, in denen ich meine Abneigung gegen den apokalyptisch wehenden Wind der Geschichte zum Ausdruck brachte. Den Einband zierten beidseitig schwarzweiße Vignetten, entstanden durch eine sensationell neue Vervielfältigungstechnik: dort, wo Teile einer Matrize an dem Gitter hängengeblieben waren, entstanden weiße Flecken, und wo nichts klebte, schwarze Flecken. Ein sehr sinnreiches Verfahren, das aber allzuviel Farbe verschlang, und obendrein hingen die Einbanddeckel schon eine Woche zum Trocknen, ohne Erfolg. Ich nahm sie also vorsichtig ab, legte sie zwischen dickes Pergamentpapier, schnürte sie zu einem festen Bündel zusammen und schob sie unter die Couch. Unter der Decke, die zum Boden herunterhing, verbargen sich ein kaputtes Radio, das auf den Mechaniker wartete, ein Taschen-Vervielfältiger, flach wie eine Zigarrenkiste, die solide Remington-Schreibmaschine, die ich aus dem Schuppen geholt hatte, damit sie nicht feucht wurde, und eine Sammlung der Publikationen einer gewissen imperialistischen Organisation, die ein Freund mir zur Aufbewahrung im Lager übergeben hatte, weil er untertauchen mußte, es aber nicht über sich brachte, sich von den antiquarischen Liebhaberstücken zu trennen.

Abends schrubbte ich außerdem, ohne auf Rücken und Knie Rücksicht zu nehmen, fleißig den Fußboden, wischte den Tisch ab und putzte einigermaßen das Fenster, und wenn ich den Eindruck hatte, daß es im Zimmer so richtig lauschig und gemütlich war, stülpte ich den blaßgrünen Schirm über die Lampe, schloß sorgfältig die Tür, damit es im Zimmer warm wurde, und setzte mich an den Ofen im Kontor. Ich machte detaillierte bibliographische Notizen, die ich in spezielle Kästen stopfte, notierte auf losen Zetteln meine tiefsinnigen Sentenzen und treffende Aphorismen, die ich in

Büchern gefunden hatte, und lernte sie auswendig. Derweil wurde es dämmrig, und die Seiten des Buches verschwammen vor meinen Augen. Ich blickte zur Tür auf und wartete, daß Maria kam.

Draußen verlor der Schnee sein strahlendes Blau, vermischte sich mit der Dämmerung wie mit grauem Zement. Die hochragende Wand des niedergebrannten Hauses, rostfarben wie feuchter Ziegel, lief schwarz an, wurde starr, so als wäre sie verstummt, über den Gleisen trieb ein lautloser Wind rötliche Rauchschwaden in die Höhe und zerriß sie in Fetzen, die er über den dunkel werdenden Himmel verteilte wie Schneeflocken, die auf eine durchsichtige Wasserfläche fallen. Die gewöhnlichen Dinge, der Sandhaufen der Firma, matschig wie eine faule Melone, der gewundene Pfad, das Tor, die Trottoirs, die Mauern und Häuser der Straße versanken in der Dämmerung wie in einer steigenden Flut. Zurück blieb nur ein nicht faßbares Rauschen, das in der tiefsten Stille pulsiert, der heiße Puls, der im Körper des Menschen schlägt, und die unbestimmte Sehnsucht nach Dingen und Gefühlen, die der Mensch niemals erfahren wird.

Auf dem Hof machten sich noch Leute zu schaffen. Der Fuhrmann holte ein Gepäckstück nach dem anderen aus dem dunklen Schuppen und warf es schwungvoll auf den Wagen. Dort stand breitbeinig der alte Kalklöscher. Ächzend fing er die Gepäckstücke auf und brachte sie fachmännisch auf der Ladefläche unter, so als verstaue er Säcke mit Gips oder Löschkalk.

Vor Anstrengung fuhr er sich mit der Zunge über die Lippen.

Hinter dem Wagen stand der Chef bei der Alten. Er hielt sich an einem Brett des Wagens fest und knickte mit dem Fingernagel gedankenlos einen Splitter ab.

»Ich weiß es nicht, ich bin anders unterrichtet«, sagte er zornig zu der Alten und schürzte die Lippen. »Aber für mein Verständnis war es von Anfang an falsch. Was hat man sich dabei gedacht? Was hat das für einen Sinn? Wozu die ganze Mühe?«

Die Alte neigte den Kopf unter dem Hut mit den Blumen zur Seite. Durch den Frost waren rote Flecken auf dem erdfarbenen Gesicht entstanden. Ihre Lippen zitterten vor Kälte. Dahinter blitzten die Goldzähne.

»Paß Er beim Packen gut auf!« ermahnte sie den Löscher streng. Jedesmal, wenn ein Gepäckstück hinaufgeworfen wurde, zuckte sie zusammen, als habe man sie selbst hinaufgeworfen. »Jasiek möge verzeihen«, wandte sie sich an den Chef, »daß ich ihm solche Mühe gemacht habe. Aber es hat sich für Jasiek doch gelohnt, nicht wahr?«

»Ich weiß nicht, was Sie sich denken, Frau Doktor«, sagte der Chef achselzuckend. »Das Geld, das ich von Ihnen bekommen habe, habe ich für die Wohnung ausgegeben, und die paar Klamotten, die Sie mir hiergelassen haben, kann man immer noch ... Reich werde ich davon jedenfalls nicht.«

Gebeugt stand die Alte vor der grauen Wand des Schuppens und trat von einem Bein aufs andere, weil ihr in den abgetragenen, ausgetretenen Schuhen kalt war. Sie zog die Nase hoch und schaute, nach Art der Kurzsichtigen die geröteten Lider zuammenkneifend, den Chef mit Tränen in den Augen an. Sie schwieg und lächelte.

»Viele werden Sie dort schützen, Frau Doktor. Und dann ist sowieso Schluß«, fuhr der Chef fort und blickte auf den Boden, auf die Speichen des Rades und den Schmutz unter den Rädern. »Weiß Frau Doktor denn nicht, wie es weitergehen wird? Töten werden sie, verbrennen, zerstören, zertreten, sonst nichts. Ist es da nicht besser, zu leben? Ich glaube daran, daß eine Zeit kommen wird, in der man gefahrlos seinen Geschäften nachgehen kann.«

Ein schwerer Diesel mit Anhänger fuhr qualmend die Gasse herauf bis vors Tor. Der Chef lächelte erleichtert und ging eilig, den zweiten Schuppen aufzumachen, während ich durch den Schnee zum Tor rannte. Der Traktor stieß zurück bis auf den gegenüberliegenden Gehsteig und kroch dann wie ein Käfer über den Rinnstein hinweg in den Hof, wo er an den geöffneten Schuppen heranfuhr. Der Fahrer sprang aus der Kabine; er trug einen schmutzigen Overall und ein deutsches Käppi, das keck auf den glänzenden schwarzen Haaren saß.

»Abend. Fünfzig?« fragte er, klatschte schwungvoll in die Hände und ging mit wiegenden Schritten zum Schuppen. Er schaute sich interessiert um.

»O, la la! Ihr habt alles verkauft?« Er schnalzte mit der

Zunge. »Großer Umsatz, großer Gewinn. Aber der Sack ist jetzt zehn Złoty teurer. Sagen wir fünfunddreißig?«

»Auf keinen Fall«, sagte der Chef und breitete mit einer unmißverständlichen Geste die Arme aus.

»Zweiunddreißig. Am Markt zahlt man schon fünfundfünfzig und mehr«, sagte der Soldat geduldig.

»Hat Er Leute zum Abladen?« fragte mich der Chef. »Wir müssen zugreifen.«

»Keine Leute«, sagte der Soldat mit einem breiten Grinsen. Er hatte starke, gesunde Zähne und glänzende, sorgfältig rasierte Wangen. Er ging zum Anhänger, schnürte die Plane auf und kommandierte: *»Meine Herren, raus, ausladen*!«

Zwei Arbeiter, die auf den Zementsäcken gedöst hatten, warfen die Mäntel ab, mit denen sie sich zugedeckt hatten, sprangen mit einem erschrockenen Schrei auf und kamen heraus. Der eine schob die Säcke an den Rand der Ladefläche, der andere packte sie und preßte den flachen Sack an die Brust, dann trug er ihn in den Schuppen und ließ ihn krachend zu Boden fallen. Ich erklärte ihm, wie der Zement gelagert werden muß, ein Sack an dem anderen, damit das Ganze nicht kaputtgeht.

Der Beifahrer, der in der Fahrerkabine gedöst hatte, beugte sich aus dem Fenster.

»Sie sollen sich beeilen, Peter. Wir müsssen gleich weiter.«

Er stützte sich auf die Ellbogen und blickte verschlafen in den Schuppen hinein. Am Handgelenk hing lose ein goldenes Damenarmband. Seine Hände waren behaart, das Gesicht schwarz von den wuchernden Bartstoppeln.

»Schneller, schneller, *du alter Schlawiner*«, knurrte er durch die Zähne. Als ich ihn fragend anschaute, grinste er freundlich.

Einer der Arbeiter im Schuppen war über und über mit Zement bestäubt (wenn einer nicht mit der Ware umgehen kann, gehen ihm beim Transport immer ein paar Säcke auf, und er verursacht Schäden). Er hob sein silbriges, ganz mit Zement überzogenes Gesicht zu mir auf, fuhr sich mit dem Handrücken über die Stirn und fragte mich flüsternd:

»Es sind fünf Säcke mehr. Nehmen Sie heute?«

»Den Sack zu zwanzig«, knurrte ich, ohne die Lippen zu bewegen. »Komm ins Kontor. Wir rechnen ab«, sagte ich zu dem Soldaten. Er blies das Streichholz aus und trat noch einmal fürsorglich darauf. Lustvoll sog er den Rauch der Zigarette ein. Ein kaum merklicher rosiger Schimmer lag auf seinen Wangen und spiegelte sich in den Augen.

»Fünfzig Stück?« Er zeigte dem Arbeiter fünf gespreizte Finger.

»Ja, ja, Chef! Ich habe gezählt. Nicht einer mehr!« rief eifrig der Mann auf der Ladefläche, der die Säcke angereicht hatte.

Der Fuhrmann war mit Aufladen fertig. Sein Helfer verstaute noch das letzte Stück und zog die Leinen fest, die alles zusammenhielten. Alles war sorgsam verschnürt, als wäre es ein Paket mit Glas. Sie verstanden sich aufs Packen. Die wertvolleren Sachen hatten sie in der Mitte versteckt, Lederkoffer und Segeltuchsäcke mit Wäsche, obenauf und an den Seiten hatten sie Körbe, Tischchen und klapperndes Geschirr untergebracht. Der Wagen stand ungeduldig da wie eine Arche. Die Alte trippelte vor dem Schuppen auf und ab, die Hände in einem Muff versteckt. Als der Soldat vorbeiging, flüchtete sie erschrocken hinter die Schuppentür.

»Ein Umzug?« fragte der Fahrer beiläufig.

»Natürlich ein Umzug, was denn sonst?«

Der Himmel, der eine dunkelblaue Färbung angenommen hatte, senkte sich auf die Dunkelheit wie ein niedergehender Vogel. Der kahle Baum am Bahngleis rang verbissen mit dem Wind, wie ein Mensch, der entschlossen ist, sich nicht zu ergeben.

»Ihr habt hier ein ruhiges Leben«, sagte der Soldat mit gutmütiger Verachtung. »Und dafür, daß ihr Frieden habt, kämpfen die unseren.«

Der Chef bat uns, Platz zu nehmen. Er telefonierte gerade mit seiner Frau.

»Ist das Essen nun was geworden oder nicht? Keine Rübchen. Nimm Kohl!« Er lächelte nachsichtig. »Der Kleine schläft noch? Dann weck ihn, er hat ja schon zwei Stunden geschlafen.«

»Wieder neue Bücher, was?« sagte der Soldat, nachdem er die Tür zum Nachbarzimmer geöffnet und einen Blick hineingeworfen hatte. »Und so gemütlich. Fehlt nur noch die Musik vom Plattenspieler. Vom

Fräulein, wie?« Er deutete auf den roten Morgenmantel am Garderobenständer. Er betrachtete die Bilder von Apoloniusz, eine Bettlerin vor einer rissigen Mauer, die ein Kind mit Glotzaugen an der Hand hielt, und ein Stilleben mit gelbem Krug. Er trug den Schmutz und Gestank eines Soldaten ins Zimmer.

Der Chef entnahm der Brieftasche sorgfältig gebündelte Banknoten, zählte monoton flüsternd die Scheine und reichte sie dem Fahrer.

»Wieder nächste Woche Mittwoch, ja?« fragte der Fahrer.

»Ist gut«, sagte der Chef, *»ist sehr gut.* Sehen Sie, Herr Tadzik«, wandte er sich an mich, »wenn das Lager uns gehören würde, bräuchten wir die Ware nicht zu verstecken. Wir würden sie ein paar Tage zurückhalten und hätten einen sicheren Gewinn.«

»Die Angestellte wird es sogleich dem Ingenieur melden.«

»Er wird es ihr nicht glauben, wenn er nichts findet ... Wir verkaufen die Ware umgehend weiter an die Betriebe in Czerniaków. Aber der Ingenieur muß sich sowieso gut mit uns stellen. Er hat einen Haufen Geld in den Gleisanschluß gesteckt und sitzt in der Klemme«, brüstete sich der Chef.

»Überlegen Sie sich, junger Mann, ob Sie diese Bude nicht kaufen wollen. Ich gebe meinen Teil dazu.«

»Und wenn das Bauen ganz verboten wird?«

»Das ist doch jetzt schon so, und trotzdem bauen die Leute. Existieren können Sie auch von dem, was Sie in der Schublade haben. Das Grundstück und die Schuppen bleiben uns aber für nach dem Krieg. Als wären sie uns in den Schoß gefallen. Das sehen Sie doch ein. Gehen wir jetzt, die Alte hinauszubegleiten.«

»Sie hat die Maschine bei Ihnen vergessen«, sagte der Chef. Er kämmte sich mit der Hand die Haare zurück und setzte sich mit einer gewissen Eleganz die Straßenbahnermütze auf. Auf der Straße spielte er den Straßenbahner. So konnte er umsonst fahren, und er fühlte sich sicherer vor Razzien.

»Die Firma könnte die Maschine gut gebrauchen.«

»Ja, das ist gut.« Der Soldat hatte sein Geld nachgezählt und steckte es in die Hosentasche. Er drückte uns freundlich, aber nicht überschwenglich die Hand und stapfte durch den knirschenden Schnee davon.

Der Fuhrmann nahm dem Pferd den Futterbeutel ab, zündete die Laterne an, hängte sie unter dem Wagen auf, griff nach den Zügeln und schnalzte würdevoll. Der Wagen, vom blutrot flackernden Licht der Laterne beleuchtet wie ein Karnevalsfahrzeug, fuhr knarrend durchs Tor und versank in der Gasse wie in einer beschatteten Allee.

Zwischen einer purpurroten, von einer weißen Gardinenschnur umwickelten Decke und prallen Koffern saß, zusammengerollt wie ein Hund und die Beine untergeschlagen, die alte Jüdin, zugedeckt von der Platte eines schräg liegenden Tisches, dessen Beine wie tote Stümpfe in den Himmel ragten und bei jeder Bewegung des Wagens zusammen mit der Tischplatte einen Hüpfer machten, als wollten sie dem Himmel rachsüchtig drohen. Die Alte hatte ihren Kopf in den Pelzkragen geschmiegt, ihre Augen waren geschlossen. Offenbar war sie eingenickt. Ein paar zerlumpte Kinder liefen dem Wagen nach in der Hoffnung, etwas stehlen zu können.

Abends belebte sich die Straße. Am dunkelblauen Himmel wälzte sich der goldene Mond den Zirruswolken entgegen wie eine Scheibe Ananas und schickte seinen metallischen Schimmer auf die Dächer der Straße, in die Deckung der Mauern, auf den wie Silberblech knirschenden Schnee des Trottoirs. Vor der Schule ging der stattliche Gendarm auf und ab, ganz blau von der Dämmerung. Wäscherinnen huschten durch den violetten Laternenschein und verschwanden im Schatten des niedergebrannten Hauses. Aus dem Krämerladen traten angeheiterte Polizisten zum Nachtdienst. Die Glocke – der mit unserem Zement und Kalk – erneuerten Kirche begann fröhlich zu zwitschern, wie spielende Kinder, und scheuchte die auf dem Fensterbrett des Glockenturms schlafenden Tauben auf, die sich flügelschlagend über die Spitze des Turms erhoben und sich dann wie Chrysanthemenblätter schläfrig auf dessen Dach niederließen.

Der Traktor mit dem Zement fuhr vorsichtig an den Kalkgruben vorbei und verließ, zum Abschied hupend, den Hof. Ich sprang zum Anhänger und drückte dem Arbeiter Geld in die ausgestreckte Hand.

»Zehn, es waren zehn!« schrie er. Gleich darauf verdeckte ihn die Zeltplane.

»Den Tag haben wir hinter uns gebracht«, sagte der Chef und umgürtete den Straßenbahnermantel mit einem Riemen. Er zog ihn richtig eng, weil er gern schlanker wirkte, als er war. »Ich lasse Sie allein. Wieso ist Ihre Verlobte nicht da?«

»Ich habe Angst um sie«, antwortete ich. »Die Razzia ist schon den ganzen Tag im Gange. Sicher haben sie viele Leute gefangen.«

»Da kann man nichts machen«, sagte der Chef und seufzte tief. »Wahrscheinlich kommt Ihre Verlobte nicht zu Ihnen durch.« Er steckte ein großes Stück Fleisch in die Aktentasche, das er für das morgige Mittagessen besorgt hatte.

»Warten Sie, ich hole noch etwas zum Abendbrot. Nach so einem dämlichen Tag muß man was essen.« Wir traten hinaus auf die Straße und ließen die Pforte zuknallen. Der deutsche Traktor versperrte bebend und qualmend die Einfahrt in die Straße. Auf dem Gehsteig waren Leute zusammengelaufen und schauten auf den Platz. Am Straßenrand stand ein Fuhrwagen mit Federbetten. Der Fuhrmann wartete geduldig, daß die Durchfahrt frei würde.

Die Nacht sank immer tiefer herab. Jenseits des schwarzen Streifens des Feldes spannte sich die steinerne Brücke wie ein Bogen über das silberne Band des Flusses. Am anderen Ufer versank der schwarze Block der Stadt im Morast der Dunkelheit. Darüber schwangen sich mit quecksilbrigem Licht Scheinwerferstrahlen zum Himmel empor, streiften über ihn hin und sanken wie die Arme von Marionetten kraftlos zur Erde zurück. Die Welt verengte sich für einen Augenblick auf eine einzige Straße, die wie eine offene Ader pulsierte.

Auf der Fahrbahn ratterten von einer Seite zur anderen schwankend Lastwagen mit aufgeblendeten Scheinwerfern vorüber. Sie waren vollgestopft mit Menschen, deren Gesichter bleich, wie mit Mehl bestreut, unter der Plane hervorschauten und wie vom Wind verweht in der Dunkelheit verschwanden. Motorräder mit behelmten Soldaten kamen unter dem Viadukt hervor und donnerten, wie schreckliche Falter mit dem Flügel ihres Schattens schlagend, hinter den Lastwagen her. Der erstickende Qualm der Motoren breitete sich auf der Fahrbahn aus. Die Kolonne fuhr auf die Brücke zu.

»Die haben sie an der orthodoxen Kirche geschnappt«, sagte der Krämer, der hinter mir stand. Seine Hände legten sich schwer auf meine Schultern. Er roch nach Schnaps und stank nach Machorka. »Zum Teufel mit ihnen!«

»Bald werden wir dran sein«, kündigte der Polizist, den Riemen seiner Mütze vorschriftsmäßig zugeschnallt, düster an. Er nahm die Mütze ab und wischte sich die Stirn mit dem Ärmel ab. Der rote Striemen, den die Mütze auf dem kahlen Kopf hinterlassen hatte, wurde bei der Kälte weiß. »So ist es«, fügte er gepreßt hinzu.

»Ist die Jüdin wieder bei euch ausgezogen?« flüsterte der Krämer wie ein Vertrauter. »So rasch?«

»Sie ist woanders hingezogen.«

»Was wird dann mit der Wohnung?« sorgte sich der Krämer. Er beugte sich zu meinem Ohr. »Ich habe schon mit Leuten gesprochen. Der Herr Chef wollte mir heute eine Anzahlung geben.«

»Dann wende dich an den Herrn Chef«, sagte ich ungeduldig und schüttelte seine Pfoten ab.

»Entschuldigung«, flüsterte der Krämer. Das Licht eines Scheinwerfers glitt über sein Gesicht. Von dem Schein geblendet, kniff er die Augen zusammen. Der Scheinwerfer leuchtete in die Gasse hinein, und das Gesicht des Krämers versank im Dunkeln.

»Sie kehrt ins Ghetto zurück. Dort ist ihre Tochter, die nicht heraus kann.«

»Klar«, sagte der Krämer im Brustton der Überzeugung. »Wenigstens stirbt sie zusammen mit ihr, wie ein Mensch ...«, seufzte er und starrte in die Gasse.

An der Biegung der Allee war es zu einem Stau gekommen. Die Kolonne hielt, die Laster rückten auf. Kehlige Rufe wurden laut. Die Motorräder kamen hinter den Lastwagen hervor und beleuchteten mit ihren Scheinwerfern die Fahrbahn, die Straßenbahnen, das Trottoir und die Menge. Das Licht glitt über die Gesichter der Menschen wie über ausgebleichte Knochen, fiel auf die dunklen, blinden Fenster der Wohnungen, erfaßte das mit grünen Lampions verzierte, mitten im Takt stehengebliebene Karussell mit den buntscheckigen, an Seilen schwankenden Schaukelpferden, den Schwänen mit ihren sanft gebogenen Hälsen, den

Holzautos, den Fahrrädern, schwenkte über den Pferdeplatz, streifte das Zelt des Zoologischen Gartens mit dem Krokodil, dem Wolf und dem Kamel, erforschte das Innere der stehengebliebenen Straßenbahnen, die ihre Lichter gelöscht hatten, schwankte nach links und nach rechts wie der Kopf einer gereizten Schlange, kehrte zurück zu den Menschen, blendete noch einmal die Augen und richtete sich schließlich auf die Lastwagen.

Marias Gesicht unter der breiten Krempe des schwarzen Hutes war kalkweiß. Mit einer krampfhaften Bewegung hob sie die kreidigen, leichenblassen Hände an die Brust, wie zu einer Geste des Abschieds. Sie stand auf dem Lastwagen, eingezwängt in die Menge, ganz nah bei dem Gendarmen. Angestrengt schaute sie in mein Gesicht, wie blind, direkt in einen Scheinwerfer hinein. Ihre Lippen bewegten sich, als wolle sie etwas rufen. Sie schwankte, fast wäre sie gefallen. Der Lastwagen erzitterte, brummte auf und zog plötzlich an. Ich wußte überhaupt nicht, was ich tun sollte.

Wie ich später erfuhr, wurde Maria als arisch-semitischer Mischling mit einem Judentransport in ein berüchtigtes Lager am Meer gebracht, in einer Kammer des Krematoriums vergast, und aus ihrer Leiche hat man wahrscheinlich Seife gemacht.

Ein Tag in Harmenzy

1

Der Schatten der Kastanien ist grün und weich. Er wogt sanft über die frisch umgegrabene, noch feuchte Erde und fügt sich oben zu einer blaßgrünen Kuppel, die nach dem Frühtau duftet. Die Bäume bilden ein hohes, die Straße begleitendes Spalier, und ihre Wipfel verschwimmen im Kolorit des Himmels. Von den Teichen weht ein betäubender sumpfiger Geruch herüber. Das Gras, grün wie Plüsch, schimmert noch silbern von dem Tau, aber in der Sonne dampft die Erde schon. Es wird heiß werden.

Doch der Schatten der Kastanien ist grün und weich. Ich sitze beschattet im Sand und ziehe mit einem großen Maulschlüssel die Schrauben der Schmalspurbahn nach. Der Schlüssel ist kühl und liegt gut in der Hand. Hin und wieder schlage ich damit auf die Schiene. Der harte metallische Ton verbreitet sich über ganz Harmenzy und kehrt aus der Ferne als ein unwirkliches Echo zurück. Neben mir stehen, auf Spaten gestützt, Griechen. Aber diese Männer aus Saloniki und den Weingärten Mazedoniens fürchten sich vor dem Schatten. Sie haben daher die Hemden ausgezogen und stehen in der Sonne, die auf ihre ungemein dünnen, mit Krätze und Geschwüren bedeckten Schultern und Arme niederbrennt.

»Heute bist du aber fleißig, Tadek! Guten Morgen! Hast du keinen Hunger?«

»Guten Morgen, Frau Haneczka! Absolut nicht. Und außerdem haue ich mächtig auf die Schienen, denn unser neuer Kapo ... Entschuldigen Sie, daß ich nicht aufstehe, aber Sie wissen ja: Krieg, *Bewegung, Arbeit* ...«

Frau Haneczka lächelt.

»Das verstehe ich natürlich. Wenn ich nicht wüßte, daß du es bist, hätte ich dich nicht erkannt. Weißt du noch, wie du die Kartoffelschalen gegessen hast, die ich den Hühnern gestohlen habe, für dich?«

»Gegessen? Gefressen habe ich sie, Frau Haneczka! Achtung, ss-Mann von hinten.«

Frau Haneczka warf den Hühnern, die von allen Seiten herbeiliefen, einige Handvoll Körner hin, aber als sie sich umschaute, machte sie eine wegwerfende Handbewegung:

»Ach, das ist nur unser Chef. Den wickele ich um den Finger.«

»Um einen so kleinen Finger? Aus Ihnen ist eine ungeheuer tüchtige Frau geworden.« Und schwungvoll schlug ich mit dem Schlüssel auf die Schiene, wobei ich ihr zu Ehren die Melodie *»La donna è mobile«* ertönen ließ.

»Mensch, mach nicht so einen Krach! Aber willst du nicht vielleicht doch etwas essen? Ich gehe gerade zum Hof, da kann ich dir etwas bringen.«

»Herzlichsten Dank, Frau Haneczka. Ich glaube, Sie haben mich genügend gefüttert, als ich arm war ...«

»Arm, aber ehrlich«, ergänzte sie mit leichter Ironie.

»... und zumindest unbeholfen«, parierte ich, so gut ich konnte. »Aber apropos Unbeholfenheit: Ich hatte für Sie zwei schöne Stück Seife mit dem schönsten Namen der Welt: ›Warszawa‹, und ...«

»Und die wurden geklaut, wie üblich?«

»Geklaut, wie üblich. Als ich nichts hatte, konnte ich ruhig schlafen. Jetzt kann ich mein Bündel schnüren, wie ich will, mit Schnur und mit Draht, sie kriegen es immer wieder auf. Vor ein paar Tagen hatte man mir ein Glas Honig besorgt, und jetzt ist es die Seife. Aber wenn ich den Dieb erwische, geht es ihm dreckig.«

Frau Haneczka lachte laut auf.

»Das kann ich mir vorstellen. Aber laß doch. Was die Seife angeht, brauchst du dir keine Gedanken zu machen. Gerade heute habe ich von Iwan zwei schöne Stücke bekommen. Ach, fast hätte ich es vergessen: Hier hast du ein Päckchen für Iwan, es ist Speck.« Dabei legte sie ein kleines Päckchen unter den Baum. »Schau, wie hübsch die Seife ist.«

Sie wickelte das Papier auf, das mir merkwürdig bekannt vorkam. Ich trat näher und schaute genauer hin: Beiden Stücken, groß wie von Schicht, war eine Säule und der Name »Warszawa« eingeprägt.

Wortlos gab ich ihr das Päckchen zurück.

»Schöne Seife, tatsächlich.«

Mein Blick wanderte über das Feld, zu den Gruppen,

die hier und da am Arbeiten waren. In der letzten, direkt am Kartoffelacker, erkannte ich Iwan, der wachsam wie ein Schäferhund seine Herde umkreiste. Er rief etwas, aber aus der Entfernung war es nicht zu verstehen, und fuchtelte mit einem großen, entrindeten Knüppel herum.

»Dem Dieb wird es dreckig gehen«, sagte ich und merkte nicht, daß ich in die Leere sprach, denn Frau Haneczka war schon gegangen und rief mir, als sie sich noch einmal umblickte, zu:

»Mittagessen wie üblich unter den Kastanien.«

»Danke!«

Und ich begann wieder, mit dem Schlüssel auf die Schiene zu klopfen und die gelockerten Schrauben nachzuziehen.

Bei den Griechen erregt Frau Haneczka einiges Aufsehen, weil sie ihnen von Zeit zu Zeit Kartoffeln mitbringt.

»Frau Haneczka *gut, extra prima*. Deine Madonna?«

»Nix Madonna!« sage ich empört und haue mir versehentlich mit dem Schlüssel auf den Zeh. »Eine Bekannte, na, *camerade*, *filos*, *compris*, Greco bandito?«

»Greco nix bandito. Greco gut Mensch. Aber warum du nichts von ihr essen? Kartoffel, patatas?«

»Ich bin nicht hungrig, hab was zu essen.«

»Du nix gut, nix gut«, sagt kopfschüttelnd ein alter Grieche, ein Gepäckträger aus Saloniki, der zwölf Sprachen des Südens beherrscht. »Wir haben Hunger, dauernd Hunger, dauernd, dauernd.«

Er reckt die knochigen Arme. Unter der räudigen, mit Krätze und Geschwüren bedeckten Haut sind erstaunlich deutlich die Muskeln zu sehen, man glaubt jeden einzelnen zu erkennen, auf den angespannten Gesichtszügen liegt ein mildes Lächeln, das aber das in den Augen lauernde Fieber nicht zum Verschwinden bringt.

»Wenn ihr Hunger habt, dann bittet sie doch einfach, euch was zu bringen. Aber jetzt an die Arbeit mit euch, *laborando*, *laborando*, ihr langweilt mich, ich gehe anderswohin.«

»Also, Tadeusz, das war verkehrt von dir«, sagte ein dicker alter Jude, der hinter den anderen auftauchte. Er stützte sich auf den Spaten und schaute auf mich herab. »Du hast doch auch Hunger gehabt, du kannst uns also verstehen. Es würde dich nichts kosten, wenn sie mal einen Eimer Kartoffeln mitbrächte.«

Das Wort »Eimer« betonte er besonders und mit einem träumerischen Gesichtsausdruck.

»Du, Beker, scher dich fort und laß mich mit deiner Philosophie in Ruhe! Beschäftige dich lieber mit dem Spaten und dem Boden, compris? Und damit du es weißt: Wenn du am Verrecken bist, werde ich dir den Rest geben. Weißt du wofür?«

»Wofür denn?«

»Für Posen. Oder stimmt es nicht, daß du Lagerältester in einem Judenlager bei Posen warst?«

»War ich. Ja und?«

»Hast du keine Leute umgebracht? Hast du sie nicht

aufhängen lassen, weil sie einen lächerlichen Würfel Margarine oder einen Laib Brot gestohlen haben?«

»Ich habe Diebe aufhängen lassen.«

»Beker, es heißt, dein Sohn sei in der Quarantäne.«

Bekers Hände krampften sich um den Spatenstiel, und er musterte aufmerksam meinen Rumpf, meinen Nacken, meinen Kopf.

»Du, laß den Spaten los und guck nicht so, als wolltest du gleich zuschlagen. Stimmt es etwa nicht, daß dein Sohn befohlen hat, dich umzubringen, für die in Posen?«

»Stimmt«, sagte er dumpf. »Und den anderen Sohn habe ich aufhängen lassen in Posen, aber nicht an den Händen, sondern am Hals, weil er Brot gestohlen hatte.«

»Bestie!« brach es aus mir heraus.

Aber Beker, ein älterer, angegrauter Jude, der zur Melancholie neigte, war schon wieder ruhig und beherrscht. Er sah mich von oben herab an, beinahe verächtlich:

»Wie lange bist du schon im Lager?«

»Oh, ein paar Monate.«

»Weißt du, Tadeusz, ich mag dich sehr«, sagte er unerwartet, »aber so richtigen Hunger hast du noch nicht kennengelernt, oder?«

»Das hängt davon ab, was man unter Hunger versteht.«

»Richtigen Hunger hat man, wenn man einen anderen Menschen als etwas Eßbares betrachtet. So einen

Hunger hatte ich schon, verstehst du?« Als ich schwieg und nur dann und wann mit dem Schlüssel gegen die Schiene schlug und mich automatisch umschaute, ob der Kapo nicht kam, fuhr er fort: »Unser Lager dort war klein ... Direkt an der Straße. Gutgekleidete Leute gingen dort vorüber, auch Frauen. Zum Beispiel sonntags, wenn sie zur Kirche gingen. Oder junge Pärchen. Etwas weiter war ein Dorf, ein gewöhnliches Dorf. Dort hatten die Leute alles, einen halben Kilometer von uns entfernt. Und wir hatten Rüben ... Mann, bei uns wollten sich die Leute gegenseitig auffressen, bei lebendigem Leib. Und da sollte ich nicht die Köche umbringen, die für Butter Wodka kauften und für Brot Zigaretten? Mein Sohn hat gestohlen, und da habe ich auch ihn umbringen lassen. Ich bin Gepäckträger, ich kenne das Leben.«

Ich betrachtete ihn, als sähe ich ihn zum ersten Mal.

»Und du, hast du auch nicht mehr als deine Portion gegessen?«

»Das ist etwas anderes. Ich war Lagerältester.«

»Achtung! *Laborando, laborando, presto*!« schrie ich plötzlich, denn an der Straßenbiegung war ein SS-Mann auf einem Fahrrad aufgetaucht. Er fuhr an uns vorbei und musterte uns aufmerksam. Unverzüglich senkten sich die Köpfe, die Spaten hoben sich schwerbeladen, und der Maulschlüssel schlug gegen die Schiene.

Der SS-Mann verschwand hinter den Bäumen, die Spaten sanken nieder und verharrten. Die Griechen verfielen in ihre gewohnte Starre.

»Wie spät ist es?«

»Weiß ich nicht. Noch lang bis zum Mittagessen. Und damit du's weißt, Beker, sage ich dir noch was: Heute wird Auslese im Lager sein. Ich hoffe, du wanderst mitsamt deinen Geschwüren in den Kamin.«

»Auslese? Woher weißt du das?«

»Sie machen es eben und basta. Da kriegst du Angst, was? Der Krug geht so lange zum Brunnen ...« Ich lächele boshaft, erfreut über meinen Einfall, und summe im Fortgehen einen modischen Tango, den »Krematoriums-Tango«. Die leeren Augen des Mannes, aus denen schlagartig jeglicher Inhalt entwichen ist, starren vor sich hin.

II

Die Schienen meiner Bahn verlaufen kreuz und quer über das ganze Feld. Den einen Strang habe ich bis zu einem Haufen verbrannter Knochen geführt, die von Lastwagen aus dem Kremo hergebracht wurden, der andere endet am Teich, wo diese Knochen schließlich landen werden, hier habe ich sie an einen Berg Sand herangeführt, der gleichmäßig über das Feld verteilt werden soll, um auf dem allzu sumpfigen Boden eine trokkene Unterlage abzugeben, dort führe ich sie an einem Wall grasiger Erde entlang, die über den Sand verteilt werden soll. Die Gleise verlaufen kreuz und quer, und wo sie sich kreuzen, befindet sich eine riesige eiserne

Drehscheibe, die jeweils dorthin getragen wird, wo man sie braucht.

Um die Scheibe herum stellte sich ein Haufen halbnackter Männer auf, bückte sich und krallte die Finger hinein.

»Hoooch, *do góry*!« brüllte ich und hob, um den Effekt zu steigern, suggestiv die Hand wie ein Dirigent. Die Männer zerrten an der Scheibe, einmal und noch einmal, einer, der sich kaum auf den Beinen halten konnte, fiel um und schlug hart auf die Scheibe auf. Von den anderen mit Fußtritten traktiert, kroch er aus dem Kreis heraus und stöhnte, das mit Tränen und Sand verschmierte Gesicht vom Boden aufhebend:

»Zu schwer, zu schwer…« Er stopfte die übel zugerichtete Hand in den Mund und sog gierig das Blut auf.

»An die Arbeit, auf! Noch mal! Hooch! *Do góry!*«

»Doguri!« wiederholt die Menge im Chor, bückt sich tief hinunter, strafft die wie bei Fischen gezackten Bögen der Wirbelsäule, spannt die Rumpfmuskeln an. Doch die Arme, die sie an die Scheibe gelegt haben, hängen schlaff und kraftlos herab.

»Do góry!*«*

»Doguri!«

Plötzlich hagelte es Schläge auf diesen Kreis straffer Rücken, auf die gebeugten Nacken, auf die bis zum Erdboden gesenkten Köpfe, auf die erschlafften Arme. Der Spatenstiel trommelte auf die Köpfe, prügelte auf die Haut über den Knochen ein und stöhnte dumpf auf den Bäuchen. Rings um die Scheibe entstand Aufruhr.

Die Männer brüllten entsetzt auf und verstummten jäh, die Scheibe hob sich und schwebte schwankend über den Köpfen der Männer, und dann setzte sie sich in Bewegung, drohte aber jeden Moment herunterzufallen.

»Ihr Hunde«, stieß der Kapo im Weggehen hervor, »ich werde euch helfen.«

Keuchend wischte er sich über das rote, aufgedunsene Gesicht mit den gelben Flecken. Mit einem zerstreuten, gedankenlosen Blick betrachtete er die Männer, so als sähe er sie zum ersten Mal. Dann wandte er sich an mich:

»Du, Eisenbahner, heiß heute?«

»Heiß. Kapo, diese Scheibe soll doch zum dritten Inkubator, stimmt's? Und die Schienen?«

»Die führst du direkt bis an den Graben.«

»Aber dazwischen liegt der Erdwall.«

»Dann mach einen Durchstich. Bis Mittag muß alles fertig sein. Und bis zum Abend machst du mir vier Tragbahren. Vielleicht muß jemand ins Lager getragen werden. Heiß heute, was?«

»Heiß. Aber, Kapo ... Weiter, weiter mit der Scheibe! Bis zum dritten Häuschen! Der Kapo schaut zu!«

»Eisenbahner, gib mir eine Zitrone.«

»Dann schicken Sie Ihren Burschen zu mir. Ich habe keine bei mir.«

Der Kapo nickt mehrmals und humpelt davon. Er geht zum Hof, zum Fressen. Aber ich weiß, daß sie ihm dort nichts geben werden – er schlägt die Leute. Wir setzen die Scheibe ab. Unter entsetzlichen Anstrengungen schaffen wir die Schienen herbei, heben sie mit der Spitzhacke an, um Schwellen unterzulegen, drehen die Schrauben mit bloßen Händen fest. Die hungrigen, fiebernden Gestalten schleppen sich kraftlos umher, gehetzt, blutend. Die Sonne steht hoch am Himmel, die Hitze wird immer unerträglicher.

»Wie spät, Kollege?«

»Zehn«, sage ich, ohne von den Schienen aufzublikken.

»Mein Gott, noch zwei Stunden bis Mittag. Stimmt es, daß sie heute im Lager Auslese machen, daß wir ins Krematorium kommen?«

Mittlerweile wissen alle von der Auslese. Heimlich versorgen sie ihre Wunden, damit sie sauberer und kleiner wirken, reißen sich die Verbände herunter, massieren die Muskeln, bespritzen sich mit Wasser, um am Abend frischer und munterer zu wirken. Sie kämpfen schwer und heldenhaft ums Überleben. Anderen ist alles egal. Sie bewegen sich nur, um Schlägen auszuweichen, fressen Gras und zähen Lehm, um nicht den Hunger zu spüren, gehen bedrückt umher, wandelnde Leichen.

»Wir alle – Krematorium. Aber alle Deutschen auch kaputt. Krieg fini, alle Deutschen Krematorium. Alle: Frauen, Kinder. Verstehst?«

»Versteh, Greco gut. Aber stimmt nicht, keine Auslese, keine Angst.«

Ich durchsteche den Wall. Der leichte, handliche Spaten bewegt sich wie von selbst in meinen Händen. Der Spaten sticht leicht in die feuchte Erde, und die Klumpen fliegen nur so in die Höhe. Es arbeitet sich gut, wenn man zum Frühstück ein Viertel Speck mit Brot und Knoblauch gegessen und eine Dose Kondensmilch getrunken hat.

In dem schmalen Schatten des gemauerten Inkubators hockt der Kommandoführer, ein dürres, kleines SS-Männchen mit offenem Hemdkragen. Das Herumstehen bei den grabenden Männern hat ihn müde gemacht. Er versteht es, schmerzhaft die Reitgerte zu schwingen. Gestern hat er sie mir zweimal über den Rücken gezogen.

»Gleisbauer, was gibt's Neues?«

Ich schwinge den Spaten und drücke die Erde oben fest.

»Bei Orel sind dreihunderttausend Bolschewiken gefallen.«

»Das ist gut, nicht? Was denkst du?«

»Bestimmt. Weil dort doppelt so viele Deutsche gefallen sind. Und wenn es so weitergeht, werden die Bolschewiken in einem Jahr hier sein.«

»Meinst du?« Er lächelt boshaft und stellt die übliche Frage: »Noch lange bis zum Mittagessen?«

Ich hole die Uhr hervor, ein altes silbernes Stück mit lächerlichen römischen Ziffern. Ich mag sie, weil sie der Uhr meines Vaters ähnelt. Ich habe sie für ein Paket Feigen erstanden.

»Elf.«

Das kümmerliche Männchen steht auf und nimmt sie mir seelenruhig aus der Hand.

»Gib sie mir. Sie gefällt mir sehr.«

»Kann ich nicht. Ich habe sie von meinem Vater.«

»Du kannst nicht? Na, dann nicht.«

Er holt aus und schleudert die Uhr an die Wand. Dann setzt er sich wieder in den Schatten und zieht die Beine unter sich. »Heiß heute, was?«

Wortlos hebe ich die Uhr auf und beginne vor Wut zu pfeifen. Zuerst den Foxtrott von der lustigen Johanna, dann den alten Tango von Rebekka, dann die *Warszawianka* und die *Rota* und schließlich das Repertoire der Linken.

Ich pfeife gerade die *Internationale* und denke an die Zeile »*Eto budjet poslednij in rjeschitjelnij boj*«, als plötzlich ein langer Schatten auf mich fällt und eine schwere Hand sich auf meinen Nacken legt. Ich blicke auf und erstarre. Über mir schwebt ein breites, rotes, aufgedunsenes Gesicht, und beunruhigend schwankt ein Schaufelstiel in der Luft. Makellos weiße Streifen heben sich scharf von dem fernen Grün der Bäume ab. Ein an die Brust genähtes kleines rotes Dreieck mit der Nummer 3277 wogt merkwürdig hin und her und scheint immer größer zu werden.

»Was pfeifst du da?« fragt der Kapo und schaut mir unverwandt in die Augen.

»Das ist so eine sehr internationale Parole, Herr Kapo.«

»Und kennst du diese Parole?«

»Ja, ein wenig ... von verschiedenen Seiten«, füge ich vorsichtig hinzu.

»Und kennst du das?« fragt er.

Mit heiserer Stimme beginnt er die »Rote Fahne« zu singen. Er wirft den Schaufelstiel weg, und seine Augen beginnen unruhig zu funkeln. Er bricht ab, hebt den Spaten auf, nickt ein paarmal, halb verächtlich, halb mitleidig:

»Wenn das ein richtiger ss-Mann gehört hätte, wärst du jetzt tot. Aber dieser hier...«

Das Männlein an der Mauer grinst breit und gutmütig:

»Und das nennt ihr Zwangsarbeit! Ihr hättet im Kaukasus sein sollen!«

»Kommandoführer, wir haben schon den ganzen Teich mit Knochen vollgeschüttet, und was vorher hineingeschüttet wurde und wieviel in die Weichsel ging, wissen weder Sie noch ich.«

»Halt die Schnauze, Schweinehund!« fährt mich der ss-Mann an, steht auf und greift zur Reitgerte.

»Nimm Leute mit und geh Essen holen!«

Ich lasse meinen Spaten fallen und verschwinde um die Ecke. Aus der Ferne höre ich noch die heisere, kurzatmige Stimme des Kapos:

»Ja, ja, Schweinehunde sind das. Man sollte sie alle erschlagen. Sie haben recht, Herr Kommandoführer.«

Ich werfe den beiden einen haßerfüllten Blick zu.

III

Wir ziehen los auf der Straße, die durch Harmenzy führt. Die hohen Kastanien rauschen, der Schatten ist noch grüner, aber irgendwie trockener. Wie dürres Laub. Es ist der Schatten des Mittags.

Wenn man auf die Straße tritt, kommt man unvermeidlich an einem winzigen Haus vorbei, aus dessen grünen Fensterläden ungeschickt Herzen herausgeschnitten sind, und mit weißen Gardinen, die halb zur Seite geschoben sind. Vor den Fenstern ranken zarte Rosen in einer blassen, matten Farbe, und in den Blumenkästen wachsen seltsame violette Blümchen. Auf den Stufen unter dem Windfang, der mit dunkelgrünem Efeu bewachsen ist, spielt ein kleines Mädchen mit einem großen, brummigen Hund. Der Hund läßt sich sichtlich gelangweilt an den Ohren ziehen, nur hin und wieder dreht er den Kopf, um sich der Fliegen zu erwehren. Das Mädchen trägt ein weißes Kleidchen und hat braungebrannte Arme. Der Hund ist ein reinrassiger Dobermann mit brauner Kehle, und das Mädchen ist die Tochter des Unterscharführers, des Hausherrn in Harmenzy. Und dieses Landhaus mit den Röschen und den Gardinen ist sein Zuhause.

Ehe man auf die Straße gelangt, muß man ein paar Meter sumpfigen, zähen Schlamms durchqueren, wo die Erde mit Sägespänen vermischt und mit einer desinfizierenden Substanz begossen ist. Damit soll verhindert werden, daß eine Seuche nach Harmenzy eingeschleppt wird. Vorsichtig gehe ich um diese Schweinerei herum, und gemeinsam treten wir auf die Straße. In Reih und Glied stehen dort Kessel mit Suppe. Ein Lastwagen hat sie aus dem Lager gebracht. Jedes Kommando hat seine mit Kreide gekennzeichneten Kessel. Ich gehe um die Kessel herum. Wir sind rechtzeitig da, noch hat uns niemand bestohlen. Wir sollten es selber probieren.

»Fünf gehören uns, gut, mitnehmen, diese beiden Reihen gehören den Frauen, die beschummeln wir nicht. Aha, hier«, sage ich vor mich hin und schleppe einen Kessel des benachbarten Kommandos ab, den ich durch einen von uns ersetze, der halb so groß ist, und dann kennzeichne ich die Kessel neu mit Kreide.

»Mitnehmen!« befehle ich donnernd den Griechen, die meinem Vorgehen beifällig zugeschaut haben.

»He, du hast die Kessel vertauscht! Warte, bleib stehen!« rufen die vom anderen Kommando, die jetzt auch Essen holen wollen, sich aber verspätet haben.

»Wer hat hier was vertauscht? Halt die Schnauze, Mann!«

Sie setzen sich in Trab, aber die Griechen schleifen die Kessel stöhnend über die Erde, fluchen in ihrer Sprache so was wie »putare« und »porka«, schieben und treiben sich gegenseitig an und verschwinden hinter der Abgrenzung, die Harmenzy von der Welt trennt. Ich folge ihnen als letzter und höre, wie die anderen, die jetzt die Kessel erreicht haben, mich lauthals verfluchen und meine Gruppe heruntermachen. Aber das ist in

Ordnung: heute ich, morgen sie, wer als erster kommt, gewinnt. Bei allem Patriotismus unseres Kommandos hält sich das jedoch im Rahmen des Sports.

Die Suppe brodelt in den Kesseln. Alle paar Schritte setzen die Griechen die Kessel ab. Sie japsen wie Fische, die das Meer ans Ufer geworfen hat, und wischen mit den Fingern verstohlen die klebrige heiße Brühe ab, die in dünnen Rinnsalen unter den nicht ganz zugeschraubten Deckeln hervorkommt. Ich kenne ihren Geschmack, der sich mit Staub, Dreck und verschwitzten Händen vermengt, weil ich bis vor kurzem selbst diese Kessel getragen habe.

Sie setzen die Kessel ab und schauen mich erwartungsvoll an. Ich trete feierlich an den mittleren Kessel heran, drehe langsam die Schrauben auf, halte eine endlose halbe Sekunde lang den Deckel in der Hand und hebe ihn hoch. Die Erwartung in einem Dutzend Augenpaaren weicht dem Ekel: Brennessel. Im Kessel gluckert eine dünne weißliche Flüssigkeit. Obenauf schwimmen gelbe Fettaugen, von Margarine. Aber alle erkennen an der Farbe, daß darunter ganze, nicht zerhackte, faserige Stengel von Brennesseln liegen, von fauligem Aussehen und abstoßendem Geruch, daß die Suppe bis zum Kesselboden aus nichts anderem besteht als Wasser, Wasser, Wasser... Für einen Moment wird es den Männern, die die Kessel getragen haben, schwarz vor Augen. Ich setze den Deckel wieder auf. Schweigend tragen wir die Kessel hinunter.

In einem großen Bogen gehe ich über das Feld auf die

Gruppe von Iwan zu, der die Grasnarbe neben dem Kartoffelacker abträgt. Reglos stehen in einer langen Reihe Männer in gestreifter Häftlingskleidung neben dem schwarzen Erdwall. Ab und an bewegt sich eine Schaufel, jemand beugt sich vor, erstarrt für einen Augenblick in dieser Bewegung, richtet sich langsam auf, hebt die Schaufel und verharrt lange in der halben Umdrehung, in der unvollendeten Geste, wie ein Faultier. Nach einer Weile bewegt sich ein anderer, hebt die Schaufel und versinkt ebenfalls in regloser Betäubung. Sie arbeiten nicht mit den Händen, sondern mit den Augen. Wenn ein ss-Mann oder ein Kapo am Horizont auftaucht oder sich von der Nische her, wo frische Erde einen Schatten wirft, schwerfällig der Aufseher nähert, klirren die Schaufel lebhafter, auch wenn sie nach Möglichkeit leer sind, die Bewegungen wirken lächerlich, eckig, wie im Kino.

Ich gehe direkt zu Iwan. Er sitzt in seiner Nische und schnitzt Verzierungen in die Rinde eines dicken Stocks: Quadrate, Schlangen, Herzen, ukrainische Worte. Neben ihm kniet der alte Grieche, der sein besonderes Vertrauen genießt, und packt etwas in Iwans Tasche. Ich erblicke gerade noch den weißen Flügel und den seltsam auf den Rücken gedrehten roten Kopf einer Gans, als Iwan, der mich gesehen hat, seine Jacke über die Tasche wirft. Der Speck ist mir in der Tasche durchgeweicht, und ich habe einen häßlichen Fleck in der Hose.

»Von Frau Haneczka«, sage ich knapp.

»Hat sie nichts gesagt? Sie wollte mir Eier bringen.«

»Sie läßt dir für die Seife danken. Sie hat ihr sehr gefallen.«

»*Horoscho*. Ich habe sie gestern von einem Kanada-Judo gekauft, für drei Eier.«

Iwan wickelt den Speck aus. Er ist verschrumpelt, warm geworden und gelb. Bei seinem Anblick wird mir übel, vielleicht, weil ich am Morgen zuviel Speck gegessen habe, der mir noch schwer im Magen liegt.

»Oh, *blad'*! Mehr hat sie dir für die zwei Stücke nicht gegeben? Hat sie dir keinen Kuchen mitgegeben?« Iwan schaut mich mißtrauisch an.

»Ich finde auch, Iwan, daß sie dir zuwenig gegeben hat. Ich habe die Seife gesehen.«

»Soso.« Iwan rutscht unruhig hin und her. »Ich muß gehen, die Leute zur Arbeit antreiben.«

»Ja, ich habe sie gesehen. Dafür hat sie dir zuwenig gegeben. Du hast mehr verdient. Besonders von mir. Ich werd's dir noch besorgen.«

Eine Weile schauen wir einander hart in die Augen.

IV

Direkt am Graben wächst Kalmus, und auf der anderen Seite, wo der dumme, schnurrbärtige Posten steht, der am Arm ein paar Dreiecke für die abgedienten Jahre trägt, wachsen Himbeeren mit blassen, gleichsam verstaubten Blättern. Unten im Graben fließt trübes Wasser, machen sich seltsame, glitsche Pflanzen breit, bisweilen schlängelt sich ein schwarzer Aal aus dem Schlamm. Die Griechen essen ihn roh.

Ich stelle mich mit gespreizten Beinen über den Graben und schiebe den Spaten langsam über den Grund. Ich passe auf, daß meine Schuhe nicht naß werden. Der Posten kommt herbei, schaut schweigend zu.

»Was wird hier gemacht?«

»Ein Damm. Und dann säubern wir den Graben, Herr Posten.«

»Wo hast du die schönen Schuhe her?«

Meine Schuhe sind wirklich schön: Halbschuhe mit doppelter Sohle, handgenäht, die Kappe nach ungarischer Mode perforiert. Freunde haben sie mir von der Rampe mitgebracht.

»Die habe ich im Lager gekriegt, zusammen mit diesem Hemd.« Ich deute auf mein Seidenhemd, für das ich ein gutes Kilo Tomaten hergegeben habe.

»Solche Schuhe kriegt man bei euch? Schau, wie ich herumlaufe.«

Er zeigt auf seine Schuhe, die brüchig und an mehreren Stellen gerissen sind. Auf der Spitze des rechten ein Flicken. Ich nicke verständnisvoll.

»Willst du mir deine Schuhe nicht verkaufen?«

Mit grenzenloser Verwunderung schaue ich ihn an.

»Wie könnte ich Ihnen etwas verkaufen, das dem Lager gehört? Wie könnte ich?«

Der Posten lehnt den Karabiner an die Bank und kommt näher heran. Er beugt sich über das Wasser, in dem sich seine Gestalt spiegelt. Ich trübe das Bild mit meinem Spaten.

»Man kann alles, es darf bloß keiner sehen. Du kriegst Brot von mir, ich hab's im Brotbeutel.«

Was das Brot angeht, habe ich diese Woche sechzehn Laibe aus Warschau bekommen. Außerdem sind solche Schuhe bestimmt einen halben Liter Wodka wert. Nachsichtig lächele ich ihn an.

»Danke, aber die Rationen im Lager sind so groß, daß ich keinen Hunger habe. Brot und Speck habe ich genug. Wenn der Herr Posten Brot übrig hat, soll er es doch den Juden geben, die dort am Wall arbeiten. Oh, der dort, der die Soden trägt«, sage ich und zeige auf einen schmächtigen kleinen Juden mit triefenden Augen, »das ist ein anständiger Kerl. Außerdem sind die Schuhe nicht gut, die Sohle geht schon ab.« Tatsächlich tut sich in der Sohle ein Spalt auf, den man gut gebrauchen kann: mal verstecke ich dort ein paar Dollars, mal ein paar Mark, mal einen Brief. Der Posten beißt sich auf die Lippen und schaut mich mit gerunzelten Brauen an.

»Weshalb haben sie dich eingesperrt?«

»Ich ging die Straße entlang und geriet in eine Razzia. Sie haben mich festgenommen, eingesperrt und hierhergebracht. Vollkommen unschuldig.«

»Das sagt ihr alle!«

»O nein, nicht alle. Meinen Freund haben sie eingesperrt, weil er falsch gesungen hat. Verstehen Sie, Herr Posten, falsch gesungen.«

Der Spaten, den ich die Zeit über den Grund des schlammigen Grabens führe, ist an etwas Festem hängengeblieben. Ich ziehe – es ist Draht. Ich fluche häßlich vor mich hin, und der Posten schaut mich blöde an.

»*Was falsch gesungen?*«

»Ach, das ist eine lange Geschichte. Es war in Warschau, als die anderen beim Gottesdienst Kirchenlieder sangen, stimmte mein Freund die Nationalhymne an. Und weil er ganz falsch sang, haben sie ihn eingesperrt. ›Erst wenn du die Noten gelernt hast, wirst du entlassen‹, sagten sie. Sie haben ihn auch noch geschlagen, aber lassen wir das, wahrscheinlich wird er bis Kriegsende sitzen, weil er vollkommen unmusikalisch ist. Einmal hat er sogar einen deutschen Marsch mit einem Marsch von Chopin verwechselt.«

Der Posten zischt irgendwas und geht zurück zu der Bank. Er setzt sich, greift versonnen nach dem Gewehr und läßt den Verschluß immer wieder repetieren. Dann blickt er auf, als wäre ihm etwas wieder eingefallen.

»Du, Warschauer, komm, ich geb dir Brot, und du gibst es den Juden«, sagt er und greift zu seinem Beutel.

Ich lächele so freundlich, wie ich kann.

Auf der anderen Seite des Grabens verläuft die Sicherheitslinie, wo die Posten auf Menschen schießen dürfen. Pro Kopf kriegen sie drei Tage Urlaub und fünf Mark.

»Wir dürfen dort leider nicht hin, Herr Posten. Aber wenn Sie wollen, werfen Sie das Brot rüber, ich fange es ganz bestimmt.«

Ich stehe in abwartender Haltung da, aber plötzlich läßt der Posten den Brotbeutel zur Erde sinken, springt auf und meldet dem vorbeikommenden Postenführer, daß es »keine besonderen Vorkommnisse« gegeben habe.

Janek, der neben mir arbeitet, ist so ein netter Warschauer Junge, der vom Lager nichts versteht und wohl nie verstehen wird. Er holt fleißig den Schlamm aus dem Graben und befördert ihn gleichmäßig und sorgfältig auf die andere Seite, fast direkt vor die Füße des Postens. Der Postenführer tritt näher und betrachtet uns, wie man zwei Pferde, die einen Wagen ziehen, oder grasendes Vieh betrachtet. Janek grinst ihn an und nickt verständnisinnig.

»Wir säubern den Graben, Herr Rottenführer, sehr viel Schlamm.«

Der Rottenführer zuckt zusammen und blickt den sprechenden Häftling so erstaunt an, wie man ein Zugpferd anschaut, das plötzlich zu sprechen beginnt, oder eine grasende Kuh, die einen modischen Tango anstimmt.

»Komm mal her«, sagt er zu Janek.

Janek legt die Schaufel weg, springt über den Graben und geht zu ihm hin. Da holt der Rottenführer aus und schlägt ihm mit voller Kraft ins Gesicht. Janek taumelt, versucht sich an einem Himbeerstrauch festzuhalten und rutscht in den Schlamm. Das Wasser gluckst, und ich ersticke vor Lachen. Der Rottenführer sagt:

»Es interessiert mich einen Scheißdreck, was du

machst. Von mir aus brauchst du nichts zu tun. Aber wenn du zu einem ss-Mann sprichst, hast du die Mütze abzunehmen und die Hände an die Hosennaht zu legen.« Der Rottenführer geht davon. Ich helfe Janek aus dem Schlamm.

»Aber wofür habe ich sie bekommen, wofür, wofür?« fragt er verwundert und versteht nichts.

»Dräng dich einfach nicht vor«, erwidere ich, »und jetzt mach dich sauber.«

Wir sind gerade mit der Entschlammung des Grabens fertig, als der Bursche des Kapo kommt. Ich greife zu meinem Brotbeutel, hole einen kleinen Laib Brot, Speck und eine Zwiebel hervor. Dann eine Zitrone. Von drüben schaut der Posten schweigend zu.

»Bursche, komm her. Ich hab was, du weißt, für wen.«

»Ist gut, Tadek. Hör mal, hast du nicht was zu essen? Aber etwas Süßes. Oder Eier. Nein, nein, ich hab keinen Hunger, ich habe auf dem Hof gegessen. Ich hab von Frau Haneczka etwas Rührei gekriegt. Eine fabelhafte Frau! Sie will bloß alles über Iwan wissen. Du weißt, wenn der Kapo auf den Hof geht, geben sie ihm nichts.«

»Wenn er aufhört, die Leute zu schlagen, kriegt er was.«

»Sag du's ihm!«

»Wozu bist du denn sein Bursche? Du kannst nicht organisieren. Schau, hier sind Leute, die Gänse fangen und abends im Block braten, und dein Kapo frißt

Wassersuppe. Haben die Brennesseln ihm gestern geschmeckt?«

Der Bursche schaut mich fragend an. Er ist jung, aber sehr gewitzt. Ein Deutscher, war bei der Wehrmacht, obwohl er erst sechzehn ist. Er ist hier wegen Schmuggelei.

»Tadek, sag schon, wir verstehen uns doch. Gegen wen willst du mich aufhetzen?«

Ich zucke die Achseln.

»Gegen niemand. Aber schau dich genau um und achte auf die Gänse!«

»Weißt du, gestern ist wieder eine Gans verschwunden, und der Unterscharführer hat dem Kapo eins in die Fresse gegeben und ihm vor Wut noch die Uhr abgenommen. Ich geh jetzt mal und schau.«

Wir gehen zusammen, denn inzwischen ist Mittagspause. An den Kesseln pfeifen sie ohrenbetäubend und fuchteln mit den Armen. Jeder läßt sein Werkzeug fallen, wo er gerade steht. Die Schaufeln stecken in den Erdhaufen. Langsam strömen die erschöpften Männer von allen Seiten her zu den Kesseln, sie möchten den seligen Augenblick vor dem Essen, den Hunger, den sie gleich stillen werden, noch etwas verlängern. Iwans Gruppe folgt als Nachzügler den anderen Gruppen. Iwan ist am Graben bei »meinem« Posten stehengeblieben und spricht lange mit ihm. Der Posten deutet auf etwas hin. Iwan nickt. Die Rufe treiben ihn zur Eile an. Als er an mir vorbeikommt, stößt er hervor:

»Heute wirst du wohl nichts mehr fangen.«

»Der Tag ist noch lang«, erwidere ich.

Er wirft mir von der Seite einen gehässigen und herausfordernden Blick zu.

V

Im leeren Inkubator wischt der Bursche die Hocker ab und deckt den Tisch. Der Schreiber des Kommandos, ein griechischer Linguist, krümmt sich in die Ecke, um sich ganz klein zu machen und möglichst nicht aufzufallen. Durch die offene Tür sieht man sein krebsrotes Gesicht und die Augen, die so wässerig sind wie Froschlaich. Draußen, auf dem kleinen Platz, der rings von einem hohen Erdwall umgeben ist, sitzen die Häftlinge. Und zwar so, wie sie vorher gestanden haben, in Fünferreihen und in Gruppen. Sie sitzen aufrecht, mit gekreuzten Beinen, die Arme hängen an der Seite herab. Während der Essensausgabe dürfen sie sich nicht bewegen. Später dürfen sie sich nach hinten lehnen, den Kopf auf die Knie des Hintermannes legen, aber wehe ihnen, wenn sie gegen die vorgeschriebene Ordnung verstoßen. An der Seite, im Schatten der Aufschüttung, sitzen in ungezwungener Haltung ss-Männer, die Maschinenpistolen lässig auf den Knien. Aus ihren Taschen und Brotbeuteln holen sie Brot und Margarine hervor, bestreichen aufmerksam die Schnitten und essen langsam und bedächtig. Zu einem von ihnen hat sich Rubin gesetzt, ein Jude vom Kanada, und spricht leise mit ihm.

Er verhandelt über ein Geschäft – für sich und seinen Kapo. Der Kapo selbst, ein rotgesichtiger Riese, steht am Kessel.

Wir tragen die Schüsseln aus wie langgediente Kellner. Unter ehernem Schweigen teilen wir die Suppe aus, unter ehernem Schweigen entreißen wir gewaltsam das Kochgeschirr den Händen, die vom leeren Boden noch etwas herauskratzen, die die Essenszeit noch verlängern, die Schüssel noch einmal ablecken, mit dem Finger heimlich über den Boden fahren möchten. Plötzlich eilt der Kapo vom Kessel fort und dringt in die Reihen der Sitzenden ein: er hat etwas gesehen. Mit einem Tritt ins Gesicht wirft er einen Mann um, der seine Schüssel ausgeleckt hat, tritt ihm noch zweimal in den Unterleib und geht weg, achtlos auf Knie und Hände tretend, während er denen, die noch essen, vorsichtig ausweicht.

Alle Augen sind angespannt auf das Gesicht des Kapos gerichtet. Noch zwei Kessel: der Nachschlag. Jeden Tag genießt der Kapo diesen Augenblick. Mit zehn Jahren Lager hat er sich diese Machtfülle über Menschen verdient. Er deutet mit dem Ende der Suppenkelle auf diejenigen, die einen Nachschlag bekommen sollen. Er irrt sich nie. Einen Nachschlag bekommen die, die besser arbeiten, die Stärkeren, Gesünderen. Der kranke, geschwächte, ausgemergelte Mensch hat kein Recht auf eine zweite Schüssel Wasser mit Brennesseln. An Menschen, die bald in den Kamin wandern werden, darf keine Nahrung verschwendet werden.

Den Vorarbeitern stehen offiziell zwei Schüsseln

Suppe zu, mit Kartoffeln und Fleisch, vom Boden des Kessels geschöpft. Mit der Schüssel in der Hand blicke ich mich unschlüssig um. Ich spüre, daß mich jemand unablässig anstarrt. In der ersten Reihe sitzt Beker, seine hervorstehenden Augen begierig auf meine Suppe geheftet.

»Da, iß, vielleicht wird dir das endlich den Rest geben.«

Schweigend nimmt er mir die Schüssel aus der Hand und beginnt gierig zu essen.

»Und stell die Schüssel dann neben dich, damit der Bursche sie einsammeln kann, sonst kriegst du vom Kapo eins in die Fresse.«

Die zweite Schüssel überlasse ich Andrzej. Dafür bringt er mir Äpfel. Er arbeitet im Obstgarten.

»Rubin, was hat der Posten gesagt?« frage ich gedämpft, als ich auf dem Weg in den Schatten an ihm vorbeigehe.

»Der Posten sagt, sie hätten Kiew eingenommen«, erwidert er leise.

Verwundert bleibe ich stehen. Er bedeutet mir mit einer ungeduldigen Handbewegung, weiterzugehen. Ich gehe in den Schatten und breite die Jacke unter mir aus, damit das Seidenhemd nicht schmutzig wird. Ich lege mich bequem hin, um zu schlafen. Jeder ruht sich aus, so gut er kann.

Der Kapo ist in den Inkubator gegangen und hat sich, nachdem er zwei Schüsseln Suppe gegessen hat, schlafen gelegt. Da holt der Bursche ein Stück gekochtes

Fleisch aus der Tasche, schneidet es in Scheiben und legt sie aufs Brot. Dann beginnt er vor den Augen der hungrigen Menge ostentativ zu essen, und zu dem Fleisch beißt er in eine Zwiebel, als wäre sie ein Apfel. Die Leute haben sich in engen Reihen einer neben dem anderen hingelegt und versinken, die Jacken über den Kopf gebreitet, in einen schweren, unruhigen Schlaf. Wir liegen im Schatten. Gegenüber lagert das Mädchenkommando mit weißen Kopftüchern. Aus der Ferne rufen sie uns etwas zu und erzählen in Gebärdensprache ganze Geschichten. Der eine oder andere nickt, zum Zeichen, daß er verstanden hat. Eines der Mädchen kniet abseits von den anderen und hält mit hochgereckten Armen einen großen, schweren Balken über den Kopf. Der SS-Mann, der das Kommando bewacht, läßt alle Augenblicke den Hund von der Leine. Der Hund stürzt auf sie los und belfert ihr wütend ins Gesicht.

»Eine Diebin?« vermute ich träge.

»Nein. Sie haben sie mit Peter im Maisfeld erwischt. Peter ist abgehauen«, erwidert Andrzej.

»Wird sie fünf Minuten durchhalten?«

»Bestimmt. Das Mädchen ist zäh.«

Sie hält nicht durch. Die Arme knicken ein, der Balken fällt zu Boden, und das Mädchen wirft sich laut aufschluchzend auf die Erde. Andrzej wendet sich ab und schaut mich an.

»Hast du ne Zigarette, Tadzik? Schade, so ist das Leben!«

Dann hüllt er den Kopf in seine Jacke, streckt sich

bequem aus und schläft ein. Auch ich lege mich schlafen, als mich der Bursche hochreißt:

»Du sollst zum Kapo kommen. Vorsicht, er ist fuchtig.«

Der Kapo ist wach, reibt sich die geröteten Augen und stiert ins Leere.

»Du« – drohend tippt er mir mit dem Finger an die Brust –, »warum hast du die Suppe abgegeben?«

»Ich hab was anderes zu essen.«

»Was hat er dir dafür gegeben?«

»Nichts.«

Ungläubig schüttelt er den Kopf. Seine riesigen Kiefer mahlen wie bei einer wiederkäuenden Kuh.

»Morgen kriegst du gar keine Suppe. Deine Portion kriegen die, die nichts anderes zu essen haben. Verstanden?«

»Jawohl, Kapo.«

»Warum hast du nicht vier Tragen gemacht, wie ich dir befohlen habe? Vergessen?«

»Ich hatte keine Zeit. Sie haben selbst gesehen, was ich am Vormittag gemacht habe.«

»Du wirst sie am Nachmittag machen. Und paß auf, daß du nicht selbst auf einer liegst. Ich kann dafür sorgen.«

»Kann ich nun gehen?«

Erst jetzt schaut er mich an. Sein Blick ist leblos, leer, wie bei einem Menschen, den man aus tiefen Gedanken gerissen hat.

»Was willst du hier noch?« fragt er mich.

VI

Von den Kastanien her höre ich den erstickten Schrei eines Menschen. Ich packe das Werkzeug zusammen, lege die Tragbahren aufeinander und sage zu Janek:

»Janek, nimm den Kasten mit, sonst wird Mama böse.« Dann gehe ich zur Straße hinüber.

Auf dem Boden liegt Beker, röchelt und spuckt Blut, und Iwan tritt ihn überallhin, in die Fresse, in den Bauch, in den Unterleib …

»Schau, was dieser *hadiuka* gemacht hat! Das ganze Mittagessen hat er dir weggefressen, der verdammte Dieb!«

Neben Beker liegt die Schüssel von Frau Haneczka, mit einem Rest Grütze darin. Beker ist ganz mit Grütze beschmiert.

»Ich habe ihn mit der Fresse hineingestoßen«, sagt Iwan keuchend. »Mach ihn fertig, ich muß weiter.«

»Wasch die Schüssel aus«, sage ich zu Beker, »und stell sie unter den Baum. Paß auf, daß der Kapo dich nicht erwischt. Ich habe gerade vier Tragbahren gemacht. Du weißt, was das bedeutet.«

Ein Stück weiter auf der Straße exerziert Andrzej mit zwei Juden. Sie konnten nicht marschieren, und da hat der Kapo zwei Knüppel auf ihren Köpfen zerbrochen und Andrzej befohlen, es ihnen beizubringen. Andrzej hat ihnen einen Stock an jedes Bein gebunden und erklärt, so gut er kann: *»czortowe wy dieti, taj dywyś, ce lewa a ce prawa, links, links«*. Die Griechen marschieren mit weit aufgerissenen Augen im Kreis herum, vor Angst scharren sie mit ihren Füßen über den Boden. Eine gewaltige Staubwolke erhebt sich von der Straße. Am Graben, wo der Posten steht, der, der mich nach den Schuhen fragte, arbeiten unsere Jungen, »planieren« den Boden, stampfen ihn fest und glätten ihn zart mit den Schaufeln, als wäre es Teig. Sie schreien, wenn einer darüber geht und tiefe Spuren hinterläßt.

»Tadek, was gibt's Neues?«

»Ach, nichts. Sie haben Kiew eingenommen.«

»Stimmt das?«

»Alberne Frage!«

Aus vollem Halse grölend gehe ich seitlich an ihnen vorbei und weiter am Graben entlang. Plötzlich höre ich jemanden hinter mir rufen:

»Halt, halt, du, Warschauer!« Und kurz darauf unerwartet auf polnisch: *»Stój, stój!«*

Auf der anderen Seite des Grabens rennt »mein Posten« hinter mir her, den Karabiner gesenkt wie zum Sturmangriff. Er ist sehr erregt. *»Stój, stój!«*

Ich bleibe stehen. Der Posten bahnt sich einen Weg durch das Brombeergeranke und entsichert das Gewehr.

»Was hast du gerade gesagt über Kiew? Ihr verbreitet hier politische Gerüchte! Ihr habt hier eine Geheimorganisation! Deine Nummer! Sag mir deine Nummer!«

Zitternd vor Wut und Empörung zieht der Posten einen Fetzen Papier hervor, sucht lange nach einem Bleistift. Ich spüre, wie mir der Schweiß ausbricht, aber dann fasse ich mich wieder.

»Verzeihung, Herr Posten, aber das haben Sie nicht richtig verstanden. Sie verstehen nicht genug Polnisch. Ich habe nicht von *Kiew* gesprochen, sondern von *Kije*, von den Stöcken, die Andrzej den Juden auf der Straße ans Bein gebunden hat. Und daß das urkomisch ist.«

»Ja, Herr Posten, genau das hat er gesagt«, bestätigt der Chor einmütig.

Der Posten holt mit dem Karabiner aus, als wolle er mich über den Graben hinweg mit dem Kolben schlagen.

»Du bist doch verrückt! Ich melde dich heute noch bei der politischen Abteilung! Deine Nummer, los!«

»Hundertneunzehn. Hundert...«

»Zeig her!«

»Hier.«

Ich strecke ihm meinen Arm entgegen, auf dem die Nummer eintätowiert ist, und bin sicher, daß er sie auf die Entfernung nicht erkennen kann.

»Komm näher!«

»Ich darf nicht. Sie können Meldung machen, aber ich bin nicht der ›weiße Waniek‹.«

Der »weiße Waniek« war vor ein paar Tagen auf eine Birke geklettert, die an der Sicherheitslinie wuchs, um Zweige für einen Besen abzuschneiden. Für Besen kann man im Lager Brot oder Suppe kriegen. Ein Posten legte an und schoß, die Kugel ging schräg durch die Brust und kam hinten am Nacken heraus. Wütend gehe ich davon, aber gleich an der Ecke holt Rubin mich ein.

»Tadek, was hast du gemacht? Was kommt da noch auf uns zu?«

»Was soll denn auf uns zukommen?«

»Du wirst sicher alles erzählen, daß ich ... Ach, was hast du da bloß angestellt! Wie kann man nur so grölen? Du willst mich vernichten.«

»Wovor hast du Angst? Bei uns wird nicht gepetzt.«

»Das weiß ich, und du weißt es. Aber *sicher ist sicher*. Vielleicht gibst du dem Posten doch deine Schuhe. Er ist bestimmt zugänglich. Nu, ich werd versuchen, mit ihm zu reden. Ich laß es mich auch was kosten. Ich hab schon mit ihm Geschäfte gemacht.«

»Prima, dann kannst du ja auch darüber mit ihm reden.«

»Tadek, ich sehe schwarz für uns. Gib du ihm die Schuhe, und ich rede mit ihm. Er ist ein Pfundskerl.«

»Nur lebt er schon zu lange. Die Schuhe gebe ich nicht her, täte mir leid um sie. Aber ich habe eine Uhr. Sie geht nicht, und das Glas ist gesprungen, aber dafür gibt's ja dich. Du kannst ihm übrigens auch deine geben, hat dich ja nichts gekostet.«

»Ach, Tadek, Tadek ...«

Rubin steckt die Uhr ein, ich höre von weitem:

»Eisenbahner!«

Ich laufe quer übers Feld. Der Blick des Kapos verheißt nichts Gutes, in seinen Mundwinkeln steht Schaum. Seine Arme, riesige Gorilla-Arme, pendeln hin und her, und die Finger krampfen sich nervös zusammen:

»Was hast du da für ein Geschäft mit Rubin gemacht?«

»Das haben Sie doch gesehen, Kapo, Sie sehen doch alles. Ich habe ihm meine Uhr gegeben.«

»Waas?« Die Hände heben sich langsam zu meinem Hals.

Ich versteinere vor Angst. Ohne die leiseste Bewegung (das ist ein wildes Tier, schießt es mir durch den Kopf) und ohne ihn aus den Augen zu lassen, stoße ich atemlos hervor:

»Ich habe ihm die Uhr gegeben, weil der Posten mich bei der Politischen anzeigen will wegen Geheimarbeit.«

Allmählich entkrampfen sich die Hände des Kapos, die Arme sinken herab. Sein Mund ist leicht geöffnet, wie bei einem Hund, dem es zu heiß ist. Während er mir zuhört, fuchtelt er unschlüssig mit dem Schaufelstiel.

»Geh an die Arbeit. Ich glaube, daß man dich heute ins Lager tragen wird.«

Im selben Augenblick macht er eine blitzschnelle Bewegung, nimmt Habtachtstellung an und zieht die Mütze. Er springt zur Seite, weil ihn ein Fahrrad von hinten angefahren hat. Ich reiße die Mütze herunter. Der Unterscharführer, Herr in Harmenzy, steigt vom Rad, rot vor Aufregung:

»Was ist bei diesem verrückten Kommando denn jetzt schon wieder los? Warum sind den Leuten, die dort herumlaufen, Stöcke an die Beine gebunden? Wir haben Arbeitszeit!«

»Sie können nicht marschieren.«

»Wenn sie das nicht können, dann tötet sie. Wissen Sie übrigens, daß wieder eine Gans verschwunden ist?«

»Was stehst du noch rum wie ein dummer Hund?« schreit der Kapo mich an. »Andrzej soll mit ihnen aufräumen. *Los!*«

Ich schieße davon.

»*Andrej, konczaj ich!* Befehl vom Kapo.«

Andrzej packt sich einen Knüppel und schlägt drauflos. Ein Grieche versucht sich mit erhobenem Arm zu schützen, heult auf und stürzt. Andrzej legt ihm den Knüppel quer über den Hals, stellt sich darauf und beginnt zu wippen.

Ich gehe rasch weiter.

Von weitem sehe ich, wie der Kapo und der ss-Mann zu meinem Posten gehen und lange mit ihm reden. Der Kapo gestikuliert heftig, den Schaufelstiel in der Hand. Die Mütze hat er sich wieder aufgesetzt. Als die beiden weg sind, geht Rubin zum Posten. Der erhebt sich von der Bank, nähert sich dem Graben, tritt schließlich auf den Damm. Nach einer Weile gibt Rubin mir ein Zeichen:

»Bedank dich beim Herrn Posten, daß er keine Meldung macht.«

Rubin trägt keine Uhr am Handgelenk.

Ich bedanke mich und gehe in Richtung Werkstatt. Unterwegs spricht mich ein alter Grieche an, der von Iwan.

»*Camerade*, *camerade*, dieser ss-Mann ist doch aus dem Lager, nicht wahr?«

»Ja, und?«

»Dann gibt es heute also wirklich eine Auslese?«

Und mit seltsamer Exaltiertheit läßt der grauhaarige dürre Grieche, ein Kaufmann aus Saloniki, die Schaufel fallen und hebt seine Arme zum Himmel:

»Nous sommes les hommes misérables. O Dieu, Dieu!«

Seine blassen blauen Augen schauen zum Himmel hinauf, der genauso blau und blaß ist.

VII

Wir heben eine Lore an. Voll mit Sand beladen, ist sie entgleist, gleich neben der Drehscheibe. Vier Paar magerer Arme schieben die Lore mal vorwärts, mal rückwärts, schaukeln sie. Wir heben die Vorderräder an und setzen sie auf die Gleise. Wir legen etwas unter die Räder, und fast steht die Lore schon auf den Schienen, als wir sie plötzlich loslassen und uns aufrichten.

»Appell!« rufe ich von weitem und pfeife.

Die Lore sackt träge von den Schienen, und ihre Räder wühlen sich in den Boden. Jemand wirft eine nicht benötigte Stange weg, wir schütten den Sand aus der Lore direkt auf die Scheibe. Ohnehin werden wir morgen Ordnung schaffen.

Wir gehen zum Antreten. Erst nach einer Weile merken wir, daß es noch zu früh ist. Noch steigt die Sonne. Bis zum Wipfel des Baumes, auf den sie sich zur Zeit des Appells mit der Nase stützt, ist es noch ein ganzes Stück. Es ist höchstens drei Uhr. Besorgt und fragend schauen die Leute drein. Wir stellen uns in Fünferreihen auf, richten die Reihen aus, schnallen unsere Beutel und Gürtel enger.

Der Schreiber zählt uns immer wieder.

Vom Hof her kommen die ss-Männer und unsere Posten. Sie umzingeln uns. Wir bleiben stehen. Am Ende des Kommandos zwei Tragbahren mit Toten.

Die Straße ist belebter als sonst. Beunruhigt über unseren verfrühten Aufbruch, laufen die Leute von Harmenzy hin und her. Aber für die erfahrenen Lagerinsassen ist die Sache klar: Heute wird es eine Auslese geben.

Mehrmals huscht das helle Kopftuch von Frau Haneczka vorüber.

Die Frau richtet ihre frgenden Blicke auf uns. Sie stellt einen Korb zu Boden, lehnt sich an die Scheune und schaut. Ich folge ihrem Blick. Er ist ängstlich auf Iwan gerichtet.

Alsbald kommen in Begleitung von ss-Männern der Kapo und der Kümmerling von Kommandoführer angerückt.

»Auseinandertreten und Hände hoch!« sagt der Kapo.

Da begreifen alle: Leibesvisitation. Wir knöpfen die Jacken auf, öffnen die Beutel. Der ss-Mann ist geschickt und schnell. Er tastet uns ab, greift in die Beutel. Außer Brotresten, ein paar Zwiebeln und einem vergammelten Stück Speck habe ich noch Äpfel, unzweifelhaft aus dem Obstgarten.

»Woher hast du das?«

Ich blicke auf: »mein« Posten.

»Aus einem Paket, Herr Posten.«

Ironisch läßt er seinen Blick auf mir ruhen.

»Dieselben Äpfel hatte ich heute zum Mittagessen.«

Sie kramen noch allerlei aus den Taschen hervor: Sonnenblumenkerne, Maiskolben, Kräuter, Sauerampfer, Äpfel. Jedesmal ertönt ein kurzer menschlicher Schrei: sie schlagen.

Plötzlich tritt der Unterscharführer zwischen uns und zerrt den alten Griechen mit der vollgestopften Tasche aus der Reihe.

»Aufmachen!« befiehlt er knapp.

Mit zitternden Händen macht der Grieche die Tasche auf. Der Unterscharführer blickt hinein und ruft den Kapo herbei.

»Schau, Kapo, unsere Gans.«

Und er zieht die Gans mit ihren riesigen, ausgebreiteten Flügeln aus der Tasche.

Der Bursche, der ebenfalls herbeigeeilt ist, ruft dem Kapo triumphierend zu:

»Da ist sie! Hab ich's nicht gesagt?«

Der Kapo holt mit dem Knüppel aus.

»Nicht schlagen!« sagt der ss-Mann und fällt ihm in den Arm.

Er zieht seine Pistole und wendet sich mit einer eindeutigen Geste an den Griechen:

»Woher hast du das? Wenn du nicht antwortest, erschieße ich dich.« Der Grieche schweigt. Der ss-Mann hebt die Waffe. Ich blicke zu Iwan hinüber. Er ist leichenblaß. Unsere Blicke treffen sich. Er kneift die Lippen zusammen und tritt aus der Reihe. Er geht zu dem ss-Mann, zieht die Mütze und sagt:

»Ich habe ihm die Gans gegeben.«

Alle Blicke ruhen auf Iwan. Der Unterscharführer hebt langsam die Peitsche und schlägt sie ihm einmal, zweimal, dreimal übers Gesicht. Dann schlägt er auf den Kopf. Die Peitsche schwirrt, Blut strömt über das Gesicht des Häftlings, aber er fällt nicht. Er steht da, die Mütze in der Hand, aufrecht, die Hände an der Hosennaht. Er beugt nicht den Kopf, nur der ganze Körper schwankt.

Der Unterscharführer läßt den Arm sinken.

»Nummer aufschreiben, Meldung erstatten. Kommando, Abmarsch!«

Wir marschieren ab, mit gleichmäßigem, militärischem Tritt. Zurück bleibt ein Haufen Sonnenblumenkerne, Kräuterbüschel, Lumpen und Beutel, zerdrückte Äpfel, und obendrauf liegt die große Gans mit dem roten Kopf und den ausgebreiteten weißen Flügeln. Am Schluß des Kommandos geht Iwan, von niemandem gestützt. Hinter ihm zwei mit Zweigen bedeckte Leichen auf den Tragbahren.

Als wir an Frau Haneczka vorbeikommen, blicke ich sie an. Sie steht da, blaß und aufrecht, die Hände an die Brust gepreßt, mit bebenden Lippen. Sie hebt den Blick und schaut mich an. Da sehe ich, daß ihre großen dunklen Augen voller Tränen sind.

Nach dem Appell hat man uns in den Block getrieben. Wir liegen auf den Pritschen, spähen durch die Ritzen und warten auf das Ende der Auslese.

»Ich habe das Gefühl, an dieser ganzen Auslese schuld zu sein. Jedes Wort kann hier verhängnisvolle Folgen haben. Schon ein einziges böses Wort kann sich in diesem verfluchten Auschwitz erfüllen.«

»Reg dich ab«, antwortet Kazik, »gib mir lieber was zu dieser Pastete.«

»Hast du keine Tomaten?«

»Alle Tage ist kein Sonntag.«

Ich weise die belegten Brote zurück.

»Ich kann nichts essen.«

Draußen ist die Auslese zu Ende. Der ss-Arzt nimmt die Liste mit den notierten Nummern mit und geht zum nächsten Block. Kazik macht Anstalten zu gehen.

»Ich gehe Zigaretten holen. Weißt du, Tadek, du bist ein Schlappschwanz. Hätte mir einer die Grütze weggegessen, hätte ich ihn zu Brei geschlagen.«

In diesem Augenblick taucht von unten ein großer, grauer Schädel am Rand unserer Pritsche auf. Verlegen blinzelnde Augen schauen uns an. Dann erscheint das Gesicht Bekers, zerknittert und noch älter geworden.

»Tadek, ich habe eine Bitte an dich.«

»Schieß los!« sage ich und beuge mich vor zu ihm.

»Tadek, ich komme in den Kamin.«

Ich beuge mich noch weiter hinunter und blicke ihm aus der Nähe in die Augen: sie sind gefaßt und leer.

»Tadek, ich war so lange hungrig. Gib mir was zu essen. Für diesen letzten Abend.«

Kazik schlägt mir mit der Hand aufs Knie.

»Kennst du diesen Juden?«

»Das ist Beker«, erwidere ich leise.

»Du, Jud, komm hierherauf auf die Pritsche und friß. Wenn du dich vollgefressen hast, nimm den Rest mit in den Kamin. Komm rauf. Ich schlafe hier nicht, die Läuse überlasse ich dir.«

»Tadek«, sagt er und faßt mich am Arm, »komm! Ich hab im Block einen herrlichen Apfelkuchen, direkt von der Mama.«

Beim Herunterklettern berührt er mich mit der Schulter.

»Schau«, flüstere ich.

Ich blicke zu Beker. Er tastet mit geschlossenen Augen wie ein Blinder vergeblich nach den Brettern, um hinaufzusteigen.

Bitte, die Herrschaften zum Gas

Das ganze Lager läuft nackt herum. Wir haben die Entlausung schon hinter uns und auch die Kleider zurückbekommen aus den Bottichen, die gefüllt sind mit in Wasser gelöstem Zyklon, das Läuse in Kleidern genauso einwandfrei vergiftet wie Menschen in der Gaskammer, und nur die von uns durch spanische Reiter getrennten Blocks haben ihre Kleider noch nicht »gefaßt«. Dennoch läuft man auf beiden Seiten nackt herum: es ist entsetzlich heiß. Das Lager ist hermetisch abgesperrt. Kein Mensch, keine Laus untersteht sich, sein Tor zu durchqueren. Die Arbeit der Kommandos ist eingestellt. Tausende nackter Menschen strömen den ganzen Tag über die Wege und Appellplätze, lagern an den Wänden und auf den Dächern. Man schläft auf den nackten Brettern, weil Strohsäcke und Decken in der Desinfektion sind. Von den letzten Blocks aus ist das FKL zu sehen – dort wird ebenfalls entlaust. Achtundzwanzigtausend Frauen, die man nackt aus den Blocks gejagt hat, ballen sich auf den »Wiesen«, Wegen und Plätzen.

Seit dem frühen Morgen wartet man auf das Mittagessen, ißt man, was mit den Päckchen gekommen ist, besucht man Freunde. Die Stunden fließen träge dahin, wie es bei Hitze so ist. Sogar die gewohnte Abwechslung fehlt: die breiten Wege zu den Krematorien liegen verlassen da. Seit einigen Tagen kommen keine Transporte mehr. Das Kanada-Kommando wurde teilweise aufgelöst und einem anderen Kommando zugeteilt. Die Leute in Harmenzy gerieten in eines der schwersten, weil sie fett und ausgeruht waren. Im Lager herrscht nämlich eine neidvolle Gerechtigkeit: Wenn ein Reicher fällt, sorgen die Freunde dafür, daß er möglichst tief fällt. Kanada, unser Kanada, duftet zwar nicht wie das Fiedlersche nach Harz, sondern nur nach französischen Parfüms, doch werden dort wohl nicht so viele hohe Kiefern wachsen, wie es hier versteckte Brillanten und Münzen gibt, die aus ganz Europa zusammengetragen wurden.

Wir sitzen gerade zu mehreren auf der Pritsche und baumeln sorglos mit den Beinen. Wir teilen das extra durchgebackene Weißbrot unter uns auf, das leicht krümelt und zerbröselt und etwas scharf schmeckt, dafür aber wochenlang hält und nicht schimmelt. Noch vor einer Woche hatte meine Mutter es in den Händen. Ach Gott, lieber Gott ...

Wir holen den Speck und Zwiebeln hervor, machen eine Büchse Kondensmilch auf. Henri, groß und triefend von Schweiß, träumt laut von französischem Wein, den Transporte aus Straßburg, aus der Pariser Gegend und aus Marseille mitbringen ...

»Hör mal, *mon ami*, wenn wir wieder an die Rampe gehen, bringe ich dir echten Champagner mit. Du hast sicher noch nie welchen getrunken, stimmt's?«

»Nein. Aber den bringst du sowieso nicht durchs Tor, also gib nicht so an. Organisier mir lieber ein Paar Schuhe, solche mit perforiertem Oberleder und Doppelsohle. Ich rede schon gar nicht von dem Hemd, das du mir vor Ewigkeiten versprochen hast.«

»Geduld, Geduld, sobald die Transporte kommen, bringe ich dir alles. Dann gehen wir wieder an die Rampe.«

»Es könnte aber sein, daß keine Transporte für den Kamin mehr kommen«, warf ich boshaft ein. »Du siehst doch, wie mild die Vorschriften im Lager geworden sind: Du kannst unbegrenzt viele Pakete kriegen, und Schlagen ist verboten. Ihr habt sogar Briefe nach Hause geschrieben ... Angeblich sollen neue Verordnungen kommen, du selbst hast es erwähnt. Im übrigen gehen uns sowieso bald die Leute aus!«

»Red keinen Quatsch!« Der Dicke aus Marseille (er ist mein Freund, aber ich weiß nicht, wie er heißt), dessen Gesicht durchgeistigt ist wie auf einer Miniatur von Cosway, spricht mit vollem Mund – es ist ein Sardinenbrot –; dann sagt er noch mal: »Red keinen Quatsch!«, nachdem er es doch noch mit Mühe geschafft hat, die Sardinen runterzuschlucken (»Endlich ist es durch, verdammt!«). »Red keinen Quatsch! Daß uns die Leute ausgehen, darf einfach nicht sein. Dann würden wir hier im Lager verrecken. Von dem, was sie mitbringen, leben wir doch alle.«

»Alle vielleicht doch nicht. *Wir* kriegen immerhin Pakete ...«

»Ja, du und dein Kollege und vielleicht noch zehn von euch Polen, ihr kriegt welche, aber auch nicht alle von euch. Aber was ist mit uns Juden und Russen? Angenommen, wir hätten nichts zu essen und auch von den Transporten ließe sich nichts organisieren. Ja, glaubst du denn, wir würden euch dann in aller Seelenruhe eure Pakete verzehren lassen? Nie und nimmer!«

»Das würdet ihr schon. Oder ihr würdet verhungern wie die Griechen. Im Lager hat der die Macht, der was zu fressen hat.«

»Na gut, ihr habt also was und wir auch. Wozu dann der Streit?«

Zum Streit ist natürlich gar kein Anlaß. Ihr habt was und ich hab was, wir essen zusammen, schlafen auf derselben Pritsche. Henri schneidet Brot, macht Tomatensalat. Mit dem Senf aus der Kantine schmeckt er vorzüglich.

Im Block unter uns wimmelt es von nackten, schweißgebadeten Menschen. Sie drücken sich in den Gängen zwischen den Pritschen herum, an dem riesigen, intelligent gebauten Ofen, inmitten der Verbesserungen, die aus dem ehemaligen Pferdestall (an der Tür hängt noch ein Schild, wo die *»verseuchten Pferde«* abzustellen sind) ein gemütliches Heim für mehr als ein halbes Tausend Menschen gemacht haben. Auf den unteren Pritschen hausen sie zu acht, zu neunt, nackt, knochig, nach Schweiß und Ausscheidungen stinkend, mit tief eingefallenen Wangen. Unter mir, ganz zuunterst, liegt ein Rabbiner. Er liest, den Kopf mit einem Teil der abgerissenen Decke bedeckt, laut und monoton in einem hebräischen Gebetbuch (davon gibt es hier genug).

»Den sollte man mal beruhigen. Der reißt ja das Maul auf, als hätte er Gottes Fuß erwischt.«

»Ich habe keine Lust, herunterzuklettern. Soll er doch schreien, um so schneller wandert er in den Kamin.«

»Religion ist Opium fürs Volk. Ich rauche sehr gern Opium«, wirft der links von mir liegende Marseiller sentenziös ein, der Kommunist und zugleich Rentier ist. »Wenn sie nicht an Gott und das ewige Leben glauben würden, hätten sie längst die Krematorien niedergerissen.«

»Weshalb tun Sie es denn nicht?«

Die Frage ist nur metaphorisch gemeint, aber der Marseiller geht dennoch darauf ein. »Idiot!« sagt er und schiebt sich eine Tomate in den Mund. Es scheint, als wolle er noch etwas sagen, aber er ißt weiter und schweigt. Wir sind gerade mit dem Fressen fertig, als an der Tür des Blocks heftige Bewegung entsteht. Die Muselmänner springen davon und flüchten sich zwischen die Pritschen. Ein Laufbursche eilt zur Bude des Blockältesten. Kurz darauf tritt der Blockälteste majestätisch heraus.

»Kanada! *Antreten!* Aber dalli! Es kommt ein Transport!«

»O mein Gott!« schreit Henri und springt von der Pritsche.

Der Marseiller verschluckt sich an der Tomate,

schnappt seine Jacke, ruft denen, die unten sitzen, »Raus!« zu, und schon sind alle aus der Tür. Auch auf den anderen Pritschen regt es sich. Kanada geht an die Rampe.

»Henri, denk an die Schuhe!« rufe ich ihm nach.

»Keine Angst!« ruft er von draußen zurück.

Ich packe das Essen ein, binde eine Schnur um den Koffer, in dem Zwiebeln und Tomaten aus dem väterlichen Garten in Warschau sich den Platz mit Sardinen aus Portugal, dem Bauchspeck von der Lubliner Firma »Bacutil« (der ist von meinem Bruder) und echtem Naschwerk aus Saloniki teilen. Ich binde die Schnur zu, ziehe mir eine Hose an und klettere herunter.

»Platz!« brülle ich und dränge mich zwischen den Griechen durch. Sie treten zur Seite. An der Tür stoße ich auf Henri.

»Allez, allez, vite, vite!«

»Was ist los?«

»Willst du mit uns an die Rampe?«

»Warum nicht?«

»Dann los, nimm deine Jacke! Es fehlen ein paar Leute, ich hab schon mit dem Kapo gesprochen.« Damit schob er mich aus dem Block.

Wir stellen uns in einer Reihe auf, jemand notiert unsere Nummern, von vorn ruft jemand »Marsch, marsch!«, wir rennen zum Tor, begleitet von den Schreien der vielsprachigen Menge, die schon wieder mit Ochsenziemern in die Blocks zurückgetrieben wird. Nicht jeder darf an die Rampe … Wir haben uns von ihnen verabschiedet und stehen am Tor. *»Links zwei, drei, vier, Mützen ab!«* Aufrecht, die Hände stramm an der Hosennaht, gehen wir durch das Tor, munter, federnd, beinahe graziös. Ein schläfriger SS-Mann mit einer großen Tafel in der Hand zählt uns ab und teilt uns mit einer trägen Fingerbewegung in Gruppen zu je fünf Mann ein.

»Hundert«, schreit er, als die letzte Gruppe an ihm vorbei ist.

»Stimmt!« ruft von vorn eine heisere Stimme.

Wir marschieren schnell, fast im Laufschritt. Viele Posten sind da, junge Leute mit Maschinenpistolen. Wir kommen an allen Abschnitten des Lagers II B vorbei, dem unbewohnten Lager C, dem tschechischen Lager, der Quarantäne, dann geht es zwischen den Birnen- und Apfelbäumen des Truppenlazaretts hindurch; deren Grün hat sich in den sonnigen Tagen der letzten Woche wunderbar entfaltet und erscheint uns so unwirklich, als wäre es vom Mond gefallen. Wir umgehen in großem Bogen einige Baracken und gelangen, nachdem wir eine lange Postenkette passiert haben, im Laufschritt auf die Chaussee. Wir sind da. Noch dreißig, vierzig Meter, und wir erreichen die von Bäumen umstandene Rampe.

Es ist eine idyllische Rampe, wie man sie von abgelegenen Provinzbahnhöfen kennt. Ein kleiner kiesbestreuter Platz, eingerahmt vom Grün hoher Bäume. Etwas abseits, an der Straße, duckt sich eine winzige Holzbaracke, häßlicher und schludriger als die häßlichste und schludrigste Bahnhofsbude, und dahinter große Stapel Schienen, Eisenbahnschwellen, Massen von Brettern, Barackenteile, Ziegel, Steine, Brunnenringe. Von hier wird alles nach Birkenau gebracht: Material zum Ausbau des Lagers und Menschen für das Gas. Ein gewöhnlicher Arbeitstag: Lastwagen fahren vor und laden Bretter, Zement und Menschen …

Die Posten verteilen sich längs der Gleise, auf Balken, im grünen Schatten der schlesischen Kastanien, sie umstellen die Rampe in einem dichten Kreis. Sie wischen sich den Schweiß von der Stirn, trinken aus Feldflaschen. Es ist ungeheuer heiß, die Sonne steht reglos im Zenit. »Rührt euch!« Wir sitzen im schmalen Schatten unterhalb der Gleisanlagen. Die hungrigen Griechen (einige haben sich hierher verirrt, weiß der Teufel, wie sie das geschafft haben) stöbern zwischen den Gleisen herum, der eine findet eine Konservendose, der andere verschimmelte Brötchen, angebissene Sardinen. Sie essen alles.

»Schweinedreck«, sagt ein junger, hochgewachsener Posten mit üppigen blonden Haaren und verträumten blauen Augen und spuckt nach ihnen. »Gleich werdet ihr soviel zu fressen haben, daß ihr platzt. Danach werdet ihr lange nichts mehr essen wollen.« Er rückt die MP zurecht und wischt sich das Gesicht mit dem Taschentuch ab.

»Das sind Tiere«, bestätigen wir einmütig.

»Du, Dicker!« Die Schuhspitze des Posten berührt leicht Henris Hals. »*Paß mal auf*, möchtest du was trinken?«

»Möchte schon, hab aber keine Mark«, sagt der Franzose, der sich auskennt.

»Schade.«

»Aber *Herr Posten*, gilt mein Wort nichts mehr? Haben wir nicht schon Geschäfte miteinander gemacht? *Wieviel?*«

»Hundert. *Gemacht?*«

»Gemacht.«

Wir trinken das abgestandene, fade Wasser, auf die Rechnung von Leuten, die noch nicht da sind.

»He, paß auf!« sagt der Franzose und wirft die leere Flasche weg, die irgendwo auf den Schienen zerplatzt. »Nimm kein Geld, denn es könnte eine Leibesvisitation geben. Außerdem nutzt dir Geld gar nichts, und zu essen hast du ja genug. Nimm keinen Anzug, das erweckt Fluchtverdacht. Ein Hemd kannst du nehmen, aber nur ein seidenes und mit Kragen. Darunter ein Turnhemd. Und ruf mich nicht, wenn du was zu trinken findest. Darum kümmere ich mich schon. Und sieh zu, daß du nichts abkriegst.«

»Schlagen sie?«

»Das ist üblich. Man muß hinten Augen haben. *Arschaugen.*«

Um uns herum sitzen die Griechen und mahlen gierig mit den Kiefern. Wie große, unmenschliche Insekten verschlingen sie verschimmelte Brotreste. Sie sind verwirrt, wissen nicht, welche Arbeit sie erwartet. Besorgt schauen sie auf die Balken und die Schienen. Schwere Lasten heben sie nicht gern.

»Was wir arbeiten?« fragen sie.

»Nix. Transport *kommen, alles* Krematorium, compris?«

»Alles verstehen«, antworten sie im Krematoriums-Esperanto. Sie beruhigen sich: sie werden weder Schienen auf Lastwagen laden noch Balken schleppen.

Derweil geht es auf der Rampe immer lebhafter zu. Die Vorarbeiter teilen Gruppen ein, die einen zum Öffnen und Entladen der erwarteten Waggons, die anderen für die Holztreppe, deren Funktionsweise sie erklären. Es ist eine fahrbare, bequeme, breite Treppe, wie ein Aufgang zu einer Tribüne. Auf knatternden Motorrädern kommen SS-Unteroffiziere vorgefahren, überhäuft mit silbern blinkenden Abzeichen, kräftige, dickleibige Männer mit blankpolierten Offiziersstiefeln und glänzenden, ordinären Gesichtern. Einige kommen mit Aktentaschen, andere mit dünnen, biegsamen Gerten. Das verleiht ihnen ein amtliches, energisches Aussehen. Sie gehen zur Kantine – die elende Baracke ist nämlich ihre Kantine –, und dort trinken sie etwas: im Sommer Mineralwasser der Marke *»Sudetenquelle«*, im Winter wärmen sie sich mit Glühwein auf. Erst begrüßen sie sich staatlich nach römischer Art mit ausgestrecktem Arm, dann schütteln sie sich herzlich die Hände, sprechen über Briefe, die sie bekommen haben, über Neuigkeiten von daheim, über ihre Kinder, zeigen einander Fotos. Einige gehen mit gemessenen Schritten auf dem Platz hin und her, der Kies knirscht, die Stiefel knirschen, die silbernen Kragenspiegel blinken, die Bambusstöcke pfeifen ungeduldig durch die Luft.

Die Menge in der unterschiedlich gestreiften Häftlingskleidung lagert im schmalen Schatten der Böschung, atmet schwer und unregelmäßig, redet in unterschiedlichen Sprachen, richtet ihre Blicke träge und gleichgültig auf die majestätischen Gestalten in den grünen Uniformen, auf das Grün der Bäume, die nah und doch unerreichbar sind, auf den Kirchturm in der Ferne, von dem ein verspätetes Angelus-Läuten herüberklingt.

»Der Transport kommt!« sagt jemand, und alle springen erwartungsvoll auf. Aus der Kurve tauchen Güterwagen auf, der Zug fährt rückwärts ein, der Eisenbahner im Bremserhäuschen beugt sich heraus, winkt mit dem Arm, pfeift. Die Lokomotive antwortet mit einem durchdringenden Pfiff, schnauft, der Zug schiebt sich langsam in die Station. In den vergitterten Fensterchen sieht man menschliche Gesichter, blaß, zerknautscht, wie unausgeschlafen, zerzaust – erschrokkene Frauen und Männer, die – für hier etwas Exotisches – noch Haare haben. Langsam gleiten sie vorüber, betrachten stumm die Station. Da beginnt sich in den Waggons etwas zu regen, dumpf klopft es gegen die hölzernen Wände.

»Wasser! Luft!« hören wir erstickte, verzweifelte Schreie.

An den Fenstern drängen sich menschliche Gesichter, offene Münder schnappen verzweifelt nach Luft.

Kaum haben sie etwas Luft geschöpft, verschwinden sie wieder, andere drängen sich an ihre Stelle und verschwinden ihrerseits wieder. Das Schreien und Röcheln wird immer lauter.

Ein Mann in grüner Uniform, mit mehr Silber überhäuft als die anderen, verzieht angewidert das Gesicht. Nach einem letzten Zug an der Zigarette wirft er sie mit einer plötzlichen Bewegung weg, nimmt die Aktentasche aus der rechten in die linke Hand und winkt einem Posten. Der nimmt langsam die Maschinenpistole von der Schulter, legt an und bestreicht die Waggons mit einer Feuergarbe. Es wird still. Derweil sind Lastwagen an die Waggons herangefahren, Trittstufen werden vor die Ladefläche gestellt, die Belegschaft nimmt Aufstellung an den Waggons. Der Riese mit der Aktentasche hebt die Hand.

»Wer Gold oder sonst etwas nicht Eßbares nimmt, wird als Dieb von Reichseigentum erschossen. *Verstanden?*«

»Jawohl!« brüllt die Menge uneinheitlich und individuell, aber guten Willens.

»*Also los!* An die Arbeit!«

Riegel knarren, Waggons werden geöffnet. Frische Luft wogt hinein, trifft die Menschen wie ein Schlag, als wäre es Kohlenmonoxid. Maßlos erschöpft, erdrückt von der ungeheuren Menge des Gepäcks, der Koffer, Köfferchen und Taschen, der Rucksäcke, der Bündel jeglicher Art (denn sie hatten alles mitgenommen, was ihr bisheriges Leben ausgemacht hatte und den Beginn ihres künftigen Lebens ausmachen sollte), zusammengepfercht in schrecklicher Enge, fallen sie vor Hitze in Ohnmacht, ersticken sie und bringen andere in Bedrängnis. Jetzt ballt sich alles an den offenen Türen, japst nach Luft wie auf den Strand geworfene Fische.

»Achtung: Aussteigen und alles mitnehmen. Sämtliche Klamotten neben dem Waggon auf einen Haufen legen! Mäntel abgeben! Es ist Sommer. Nach links marschieren! Verstanden?«

»Mein Herr, was wird aus uns?« Die ersten springen auf den Kies, besorgt, erregt.

»Wo seid ihr her?«

»Sosnowitz, Bendzin. Mein Herr, was wird aus uns?« Hartnäckig wiederholen sie die Fragen, gespannt in fremden, müden Augen forschend.

»Ich weiß nicht, kann kein Polnisch.«

Es ist ein Gesetz des Lagers, daß die Menschen, die in den Tod gehen, bis zum letzten Moment getäuscht werden. Das ist die einzige zulässige Form von Mitleid. Es ist ungeheuer heiß. Die Sonne steht im Zenit, der glühende Himmel bebt, die Luft flimmert, und wenn gelegentlich ein Wind über uns hingeht, ist es heiße, flüssige Luft. Die Lippen sind schon gesprungen, im Mund spürt man den salzigen Geschmack von Blut. Vom langen Liegen in der Sonne ist der Körper schlapp und schwer. Trinken, ach, trinken ...

Aus dem Waggon ergießt sich eine bunte Woge, bepackt, wie ein kopfloser, blinder Strom, der sich ein neues Bett sucht. Doch noch ehe sie zur Besinnung kommen, von der frischen Luft und dem Duft des Grüns wie geschlagen, reißt man ihnen ihr Gepäck aus den Händen, zieht man ihnen die Mäntel aus, entreißt man den Frauen ihre Handtaschen, nimmt ihnen die Schirme ab.

»Mein Herr, der schützt mich doch vor der Sonne, ich kann nicht ...«

»Verboten«, zischt es durch zusammengepreßte Zähne. Hinter uns steht ein SS-Mann, ruhig, beherrscht, professionell.

»*Meine Herrschaften*, werfen Sie die Sachen nicht so hin. Sie müssen schon etwas guten Willen zeigen.« Er sagt das begütigend, doch die dünne Gerte biegt sich nervös in seinen Händen.

»So ist es, so ist es«, antworten sie in vielen Stimmen und gehen rascher an den Waggons entlang. Eine Frau bückt sich schnell nach ihrer Handtasche. Die Gerte saust durch die Luft, die Frau schreit auf, stolpert und fällt unter die Füße der Menge. Das Kind, das hinter ihr läuft, wimmert: »Mamele!« Es ist so ein kleines, strubbeliges Mädchen ...

Es wächst der Haufen der Dinge, der Koffer, Bündel, Rucksäcke, Kleider, Handtaschen, die beim Fallen aufgegangen sind und aus denen Geldscheine in allen Regenbogenfarben, Gold und Uhren hervorquellen; vor der Tür der Waggons häufen sich Stapel von Brot, sammeln sich Gläser mit bunten Marmeladen und Mus, wachsen die Halden von Schinken und Würsten, rieselt Zucker in den Kies. Lastwagen, vollgepfropft mit Menschen, fahren unter höllischem Getöse davon, während Frauen laut klagend ihren Kindern nachweinen und plötzlich vereinsamte Männer betäubt schweigen. Diejenigen, die nach rechts gegangen sind, die Jungen und Gesunden, kommen ins Lager. Dem Gas werden sie nicht entgehen, aber vorher werden sie arbeiten.

Die Lastwagen fahren weg und kommen wieder, pausenlos, wie an einem ungeheuren Fließband. Das auf die Motorhaube gemalte, riesige blutrote Kreuz zerfließt in der Sonne. Unablässig fährt der Krankenwagen des Roten Kreuzes: mit ihm wird Gas befördert, das Gas, mit dem diese Menschen vergiftet werden.

Die vom Kanada-Kommando, die an der Treppe stehen, haben keine Verschnaufpause, trennen die fürs Gas bestimmten von denen, die ins Lager kommen, schubsen die ersteren auf die Treppe, pfropfen sie in die Lastwagen, in jeden plus/minus sechzig.

Daneben steht ein junger, glattrasierter Herr, ein ss-Mann, der in einem Notizbuch für jeden Wagen einen Strich macht; wenn sechzehn Wagen weg sind, macht das plus/minus tausend. Der Herr ist ruhig und genau. Kein Auto fährt weg ohne seine Kenntnis und seinen Strich: *Ordnung muß sein*. Die Striche schwellen an zu Tausenden, die Tausende zu ganzen Transporten, für die man abgekürzt sagt: »aus Saloniki«, »aus Straßburg«, »aus Rotterdam«. Von diesem wird man schon heute sagen: »aus Bendzin«. Aber auf die Dauer bekommt er den Namen »Bendzin-Sosnowitz«. Wer aus diesem Transport ins Lager kommt, erhält die Nummern 131-132. Das sind natürlich die Tausender, aber abgekürzt sagt man eben 131-132.

Die Zahl der Transporte wächst von Woche zu Woche, von Monat zu Monat, von Jahr zu Jahr. Am Ende des Krieges wird man die Verbrannten zählen. Man wird auf viereinhalb Millionen kommen. Das ist die blutigste Schlacht des Krieges, der größte Sieg des ordentlichen, geeinten Deutschland. *Ein Volk, ein Reich, ein Führer* – und vier Krematorien. In Auschwitz wird es aber bald sechzehn Krematorien geben, die täglich fünfzigtausend verbrennen können. Das Lager wird erweitert, und die vom Elektrozaun umgrenzte Fläche wird bis an die Weichsel reichen, dreihunderttausend Menschen in gestreifter Häftlingskleidung werden dort wohnen, und man wird es *»Verbrecherstadt«* nennen. Nein, an Menschen wird es nicht fehlen. Sie werden die Juden verbrennen, sie werden die Polen verbrennen, sie werden die Russen verbrennen, und dann werden Menschen aus dem Westen und dem Süden kommen, vom Kontinent und von den Inseln. Es werden Menschen in gestreifter Häftlingskleidung kommen, sie werden die zerstörten deutschen Städte wiederaufbauen, die brachliegende Erde pflügen, und wenn sie bei der erbarmungslosen Arbeit, bei dem ewigen *»Bewegung, Bewegung!«* ermatten, werden sich die Türen der Gaskammern öffnen. Die Kammern werden besser, sparsamer und besser getarnt sein. Wie die in Dresden, über die bereits Legenden kursieren.

Inzwischen sind die Waggons leer. Ein magerer,

pockennarbiger ss-Mann schaut ruhig hinein, schüttelt angewidert den Kopf, umfaßt uns mit einem Blick und deutet auf das Wageninnere.

»*Rein*. Säubern!«

Wir springen hinein. In den Ecken, zwischen Kot und verlorenen Uhren, liegen erstickte, totgetretene Säuglinge, nackte Monstren mit riesigen Köpfen und aufgetriebenen Bäuchen. Wir tragen sie hinaus wie Hühner, zwei in jeder Hand.

»Bring sie nicht auf den Lastwagen. Gib sie den Frauen«, sagt der ss-Mann und steckt sich eine Zigarette an. Er ist ganz von seinem Feuerzeug in Anspruch genommen, das nicht zünden will.

»Nehmt die Kinder, um Gottes willen!« platzt es aus mir heraus, als die Frauen vor mir zurückweichen und schützend die Arme vor den Kopf halten.

Es ist eigentlich überflüssig, hier den Namen Gottes zu beschwören, denn Frauen mit Kindern kommen ohnehin auf den Lastwagen, alle, ausnahmslos. Wir wissen genau, was das bedeutet, und schauen uns voller Haß und Entsetzen an.

»Was, ihr wollt sie nicht nehmen?« fragt der ss-Mann mit einem erstaunten und vorwurfsvollen Unterton. Langsam macht er seinen Pistolenhalfter auf.

»Sie brauchen nicht zu schießen, ich nehme sie.«

Eine hochgewachsene, grauhaarige Frau nimmt mir die Säuglinge ab und schaut mir gerade in die Augen.

»Kindchen, Kindchen«, flüstert sie lächelnd. Dann stolpert sie davon über den Kies.

Ich lehne mich an die Wand des Waggons. Ich bin ganz erschöpft. Jemand packt mich am Arm.

»Komm, ich geb dir was zu trinken. Du siehst aus, als müßtest du kotzen. *En avant*, wir setzen uns auf die Böschung, komm!«

Ich schaue auf, das Gesicht tanzt mir vor den Augen, verschwimmt, riesenhaft, durchsichtig, mit den unbeweglichen Bäumen, die aus unerfindlichen Gründen schwarz sind, mit der sich vorbeischiebenden Menge ... Ich kneife die Augen zusammen und erkenne Henri.

»Hör mal, Henri, sind wir gute Menschen?«

»Was soll die dumme Frage?«

»Schau, mein Freund, in mir wächst eine ganz unverständliche Wut auf diese Menschen, weil ich ihretwegen hier sein muß. Ich habe kein Mitgefühl mit ihnen, weil sie ins Gas gehen. Soll sich doch die Erde unter ihnen auftun und sie alle verschlingen! Ich könnte mit Fäusten auf sie losgehen. Das ist doch krankhaft, ich verstehe es nicht.«

»Ganz im Gegenteil, das ist normal, das ist so vorgesehen und kalkuliert. Die Rampe macht dich fertig, ruft Abscheu in dir hervor, und das einfachste ist, seine Wut am Schwächeren auszulassen. Und das sollst du auch. Eine ganz nüchterne Berechnung, *compris*?« sagt der Franzose mit leichter Ironie, als er sich bequem auf die Böschung setzt. »Sieh dir die Griechen an, die verstehen die Gelegenheit zu nutzen. Sie fressen alles, was ihnen unter die Finger kommt. Einer hat neben mir ein ganzes Glas Marmelade leer gefressen.«

»Das sind Tiere. Morgen wird die Hälfte von ihnen an Dünnschiß krepieren.«

»Tiere? Du hast auch mal Hunger gehabt.«

»Tiere«, wiederhole ich verbissen. Ich schließe die Augen, höre die Schreie, spüre das Beben der Erde und die schwüle Luft auf meinen Augenlidern. Meine Kehle ist ganz ausgedörrt.

Die Menschen strömen unaufhörlich, die Lastwagen knurren wie wütende Hunde. Vor meinen Augen schieben sich die Leichen vorbei, die aus den Waggons geholt werden, die totgetretenen Kinder, die Krüppel, die mit den Leichen auf einen Haufen geworfen werden, und die Menge, die Menge, die Menge ... Die Waggons rücken weiter, es wachsen die Berge der Lumpen, der Koffer und Rucksäcke, Menschen kommen heraus, blinzeln in die Sonne, atmen auf, betteln um Wasser, steigen auf die Lastwagen, fahren weg. Wieder neue Waggons, wieder neue Menschen ... Ich spüre, wie sich die Bilder in mir vermengen, weiß nicht, ob dies Wirklichkeit ist oder ein Traum. Ich sehe plötzlich grüne Bäume, die mit der ganzen Straße, mit der bunten Menge schwanken. Das ist doch die Allee! Das ist doch Warschau! Mir dröhnt der Kopf, ich fühle, daß ich mich gleich übergeben werde.

Henri reißt mich am Arm.

»Schlaf nicht ein, wir gehen jetzt Klamotten aufladen.«

Es sind keine Menschen mehr da. In der Ferne rollen

die letzten Lastwagen über die Chaussee und wirbeln gewaltige Staubwolken auf, der Zug ist weggefahren, auf der verlassenen Rampe schreiten würdevoll SS-Männer einher, mit blitzenden Kragenspiegeln. Die Stiefel glänzen, die geröteten Gesichter leuchten. Unter ihnen eine Frau, erst jetzt wird mir klar, daß sie die ganze Zeit hier war, ausgedörrt, ohne Brüste, knochig. Das schüttere, farblose Haar ist glatt nach hinten gekämmt und zu einem »nordischen« Knoten geschlungen, die Hände stecken in einem weiten Hosenrock. Sie geht von einem Ende der Rampe zum anderen, auf ihren dürren Lippen hängt ein rattenhaftes, verbissenes Lächeln. Sie haßt weibliche Schönheit mit dem Haß einer häßlichen Frau, die weiß, wie häßlich sie ist. Richtig, ich habe sie des öfteren gesehen und mir genau eingeprägt: es ist die Kommandantin des FKL. Sie ist hier, um sich ihren Zuwachs anzuschauen, denn ein Teil der Frauen wurde nicht auf die Lastwagen geladen und geht zu Fuß ins Lager. Unsere Jungs, die Friseure von der Sauna, werden sie gänzlich ihrer Haare berauben und großen Spaß haben an der Scham, die die Frauen aus der Freiheit mitgebracht haben.

Wir laden also Klamotten auf. Wir heben die schweren, geräumigen, vollgepackten Koffer hoch und wuchten sie auf die Lastwagen. Dort werden sie übereinandergestapelt, hineingerammt, hineingepfropft und nach Belieben aufgeschlitzt, zum Vergnügen und auf der Suche nach Schnaps und Parfüm, das man direkt über sich ausgießt. Einer der Koffer springt auf, heraus fallen

Anzüge, Hemden, Bücher... Ich greife nach einem schweren Bündel, mache es auf: Gold, zwei gute Handvoll, Kuverts, Armbänder, Ringe, Colliers, Brillanten ...

»*Gib her*«, sagt der ss-Mann und hält mir seelenruhig eine offene Tasche hin, die voll ist mit Gold und bunten Geldscheinen in fremder Währung. Er schließt die Tasche und gibt sie dem Offizier, nimmt eine neue, leere, und lauert bei einem anderen Lastwagen auf Beute. Das Gold wandert ins Reich.

Es ist heiß, ungeheuer heiß. Die Luft steht unbewegt, eine glühende Säule. Die Kehle ist ausgetrocknet, jedes gesprochene Wort tut weh. Hätte man nur etwas zu trinken. Fieberhaft arbeiten wir, um nur schnell fertig zu werden, um nur in den Schatten zu kommen und uns auszuruhen. Als wir fertig sind und die letzten Lastwagen wegfahren, sammeln wir emsig alle Papierfetzen auf, die zwischen den Gleisen liegen, graben wir aus dem feinen Kies allen Schmutz hervor, der nicht von hier ist, sondern vom Transport stammt, »damit von diesem widerwärtigen Zeug keine Spur zurückbleibt«, und als der letzte Lastwagen hinter den Bäumen verschwindet und wir – endlich! – gehen wollen, um uns auszuruhen und etwas zu trinken (vielleicht kauft der Franzose wieder einen Schluck Wasser vom Posten), ertönt hinter der Kurve der Pfiff eines Eisenbahners. Langsam, unendlich langsam schieben sich die Waggons heran, die Lokomotive antwortet mit einem gellenden Pfiff, aus den Fenstern schauen zerknautschte, blasse Gesichter, flach, wie aus Papier ausgeschnitten, mit riesigen, fiebrig glänzenden Augen. Gleich sind die Lastwagen wieder da, auch der ruhige Herr mit dem Notizbuch, und aus der Kantine kommen die ss-Männer mit Taschen für das Gold und das Geld. Wir öffnen die Waggons.

Nein, jetzt hat man sich nicht mehr in der Gewalt. Den Menschen werden brutal die Koffer aus den Händen gerissen, mit einem Ruck werden ihnen die Mäntel ausgezogen. Geht schon, verschwindet! Sie gehen, verschwinden. Männer, Frauen, Kinder. Einige von ihnen wissen Bescheid.

Da kommt rasch eine Frau, beschleunigt kaum merklich, aber fieberhaft ihren Schritt. Ein kleines Mädchen mit den rosigen Pausbäckchen eines Engelchens läuft ihr nach, kann nicht Schritt halten, streckt die Ärmchen aus und jammert: »Mama! Mama!«

»Frau, nimm doch das Kind auf den Arm!«

»Das ist nicht mein Kind!« schreit die Frau hysterisch, bedeckt ihr Gesicht mit den Händen und rennt. Sie möchte sich verbergen, möchte die Gruppe derer erreichen, die nicht mit dem Lastwagen wegfahren werden, die zu Fuß gehen werden, die leben werden. Sie ist jung, gesund, hübsch, sie möchte leben.

Aber das Kind läuft hinter ihr her, schreit so laut es kann:

»Mama, Mama, lauf nicht weg!«

»Das ist nicht meins, nicht meins, nein!«

Da stürzt Andrej, der Matrose aus Sewastopol, sich

auf sie. Schnaps und Hitze haben seinen Blick getrübt. Er stürzt sich auf sie, schlägt sie mit einem wuchtigen Schlag zu Boden, packt sie noch im Fallen an den Haaren und zieht sie wieder hoch. Mit wutverzerrtem Gesicht schreit er:

»Du *jebit twoju mat', blad' jewrejskaja*! Deinem Kind wegzulaufen! Dir werd' ich's geben, du Hure!« Er packt die Frau um die Taille, drückt ihr mit der anderen Hand die Kehle zu, weil sie schreien wollte, und schleudert sie wie einen schweren Sack Getreide mit Schwung auf den Lastwagen.

»Da, das kriegst du auch noch, du Hündin!« Mit diesen Worten wirft er ihr das Kind vor die Füße.

»*Gut gemacht*, so müssen Rabenmütter bestraft werden«, sagt der SS-Mann, der neben dem Lastwagen steht. »*Gut, gut*, Ruski.«

»Schweig!« knurrt Andrej mit zusammengebissenen Zähnen und geht zurück zu den Waggons. Unter einem Haufen Kleider zieht er eine Feldflasche hervor, dreht den Verschluß auf und setzt die Flasche erst sich und dann mir an die Lippen. Der Sprit brennt mir in der Kehle. Mir ist schwindlig im Kopf, die Knie werden weich, gleich muß ich mich erbrechen.

Aus dieser Menschenmenge, die sich wie ein von einer unsichtbaren Kraft vorwärtsgetriebener Strom in Richtung der Lastwagen drängt, taucht plötzlich ein Mädchen auf, springt leichtfüßig aus den Waggon in den Kies und blickt sich forschend um, wie jemand, der sich sehr über etwas wundert.

Das üppige helle Haar fällt ihr in einer sanften Welle auf die Schultern, sie wirft es mit einer ungeduldigen Bewegung zurück. Reflexartig fährt sie sich mit den Händen über die Bluse, streicht sie glättend über den Rock. Einen Moment lang steht sie so da. Dann löst sich ihr Blick von der Menge und wandert über unsere Gesichter, so als suche sie jemanden. Unbewußt versuche ich ihren Blick einzufangen. Schließlich treffen sich unsere Blicke.

»Hör mal, sag, wo bringt man uns hin?«

Ich schaue sie an. Vor mir steht ein Mädchen mit wunderschönem hellem Haar, mit hübschen Brüsten unter einem sommerlichen Batistblüschen, mit einem klugen, reifen Blick. Sie steht da, schaut mir direkt in die Augen und wartet. Was soll ich ihr sagen? Daß dort die Gaskammer ist: der gemeinsame Tod, widerlich und häßlich? Und dort das Lager: der Kopf kahlgeschoren, bei der Hitze in einer wattierten sowjetischen Hose, der widerliche, übelkeiterregende Geruch des schmutzigen, erhitzten Frauenkörpers, der tierische Hunger, die unmenschliche Arbeit und dann doch die gleiche Gaskammer, nur ist der Tod dann noch widerlicher, noch häßlicher, noch schrecklicher. Wer hier einmal hineingeraten ist, der bringt nichts, nicht einmal seine eigene Asche, an der Postenkette vorbei nach draußen, der kehrt nicht mehr in das Leben draußen zurück.

»Wozu hat sie das hergebracht, man wird es ihr ohnehin abnehmen«, denke ich, als ich an ihrem Handgelenk eine schöne Uhr an einem feinen, goldenen Armband entdecke. Tuśka hatte auch so eine, nur an einem schmalen, schwarzen Lederband.

»Sag schon!«

Ich schweige. Sie preßt die Lippen zusammen.

»Ich weiß schon Bescheid«, sagt sie mit einem Unterton herrischer Verachtung. Sie wirft den Kopf in den Nacken und geht entschlossen in Richtung der Lastwagen. Jemand will sie aufhalten, aber sie schiebt ihn entschlossen zur Seite und springt die Stufen hinauf, auf den fast schon vollen Lastwagen. Ich sehe aus der Ferne nur noch die üppigen blonden Haare, mit denen der Fahrtwind spielt.

Ich gehe wieder in die Waggons, trage tote Kinder heraus, werfe Gepäckstücke nach draußen. Ich fasse die Toten an, aber irgendwann überwältigt mich die wachsende wilde Angst. Ich laufe vor ihnen davon, aber sie liegen überall: wie eine Jagdstrecke aneinandergereiht auf dem Kies, an der Bahnsteigkante aus Zement, in den Waggons. Kleinkinder, abstoßende nackte Frauen, von Krämpfen zusammengekrümmte Männer. Ich laufe davon, so weit ich kann. Jemand zieht mir die Gerte über den Rücken, aus dem Augenwinkel sehe ich den fluchenden SS-Mann, ich entziehe mich ihm und mische mich unter die Männer des Kanada-Kommandos in ihrer gestreiften Häftlingskleidung. Endlich kann ich mich wieder auf der Böschung niederlassen. Die Sonne steht tief über dem Horizont und taucht die Rampe in das blutrote Licht ihres Untergangs. Die Schatten der Bäume sind jetzt gespenstisch lang; in der Stille, die sich gegen Abend über die Natur senkt, steigt immer lauter und eindringlicher ein menschlicher Schrei zum Himmel.

Erst von hier, von der Böschung aus ist die Hölle der brodelnden Rampe voll zu ermessen. Ich sehe ein Paar, das zu Boden gefallen ist, in einer verzweifelten Umarmung ineinandergekrallt. Er hat seine Finger krampfhaft in ihren Körper gegraben, mit den Zähnen ihr Kleid gepackt. Sie schreit hysterisch, flucht, lästert, bis sie, von einem Stiefel niedergedrückt, röchelt und verstummt. Man reißt sie auseinander, als wären sie Holz, und treibt sie wie Vieh auf den Lastwagen. Vier vom Kanada-Kommando versuchen die aufgedunsene Leiche einer ungeheuer dicken Frau aufzuheben, fluchen und schwitzen vor Anstrengung, verscheuchen mit Fußtritten verirrte Kinder, die weinend auf der Rampe umherlaufen und wie Hunde heulen. Die Männer pakken sie, am Hals, am Kopf, an den Armen, und werfen sie auf die Lastwagen. Sie schaffen die dicke Frau nicht und rufen andere zu Hilfe. Mit vereinten Kräften wird der Fleischberg endlich auf die Ladefläche gewuchtet. Von überall her werden Leichen herbeigeschleppt, große, geschwollene, aufgedunsene Körper. Krüppel, Gelähmte, Erdrückte, Ohnmächtige werden auf denselben Haufen geworfen. Der Berg der Leichen bewegt sich, wimmert, heult. Der Fahrer läßt den Motor an, fährt weg.

»Halt! Halt!« schreit von weitem ein ss-Mann. »Stehenbleiben, verdammt noch mal!«

Ein alter Mann im Frack mit einer Armbinde wird herbeigeschleift. Sein Kopf schlägt auf dem Kies auf, auf den Steinen, er stöhnt und wiederholt monoton: »Ich will mit dem Herrn Kommandanten sprechen.« Mit dem Eigensinn eines Greises wiederholt er das während des ganzen Weges. Er wird auf den Wagen geworfen, von jemandem zu Boden getreten, fast erstickt, aber er röchelt noch immer: *»Ich will mit dem ...«*

»Mann, sei endlich still!« ruft der junge ss-Mann ihm laut lachend zu. »In einer halben Stunde wirst du mit dem obersten Kommandanten sprechen. Vergiß nur ja nicht, *›Heil Hitler!‹* zu ihm zu sagen.«

Zwei andere tragen ein Mädchen herbei, das nur noch ein Bein hat; sie tragen es an den Armen und dem einen Bein. Tränen laufen ihr über das Gesicht, kläglich flüstert sie: »Meine Herren, das tut weh ...« Man wirft sie zu den Leichen. Sie wird mit ihnen verbrannt, bei lebendigem Leibe.

Der Abend senkt sich herab, es wird kühl, die Sterne erscheinen am Himmel. Wir liegen an den Gleisen, es ist unendlich still. An den hohen Pfosten brennen schwache Lampen, jenseits ihres Lichtkegels herrscht undurchdringliche Dunkelheit. Ein einziger Schritt ins Dunkel, und der Mensch verschwindet auf Nimmerwiedersehen. Aber die Posten stehen aufmerksam Wache, die Maschinenpistolen sind schußbereit.

»Hast du dir neue Schuhe besorgt?« fragt mich Henri.

»Nein.«

»Warum nicht?«

»Mann, ich hab's satt, bis obenhin!«

»Nach dem ersten Transport schon? Stell dir vor, ich ... Seit Weihnachten sind wohl Millionen Menschen durch meine Hände gegangen. Am schlimmsten sind die Transporte aus der Pariser Gegend – immer wieder trifft man Bekannte.«

»Und was sagst du ihnen?«

»Daß sie zuerst baden gehen und wir uns hinterher im Lager sehen werden. Was würdest du ihnen denn sagen?«

Ich schweige. Wir trinken Kaffee, vermischt mit Sprit. Jemand macht eine Dose Kakao auf, rührt Zucker darunter. Das schleckt man aus der Hand, der Kakao verklebt uns den Mund. Danach wieder Kaffee mit Sprit.

»Henri, worauf warten wir?«

»Ein Transport soll noch kommen, ist aber nicht sicher.«

»Falls er kommt, mach ich nicht mehr mit, ich schaff es nicht.«

»Hat dir wohl ganz schön zugesetzt, was? Kanada ist doch prima!« Henri lächelt begütigend und verschwindet in der Dunkelheit. Kurz darauf ist er wieder da.

»Gut. Gib nur acht, daß dich kein SS-Mann erwischt. Bleib hier ruhig sitzen. Ich beschaff dir Schuhe.«

»Laß mich mit den Schuhen in Frieden.«

Ich möchte gern schlafen. Es ist tiefe Nacht.

Wieder antreten, wieder ein Transport. Aus der Dunkelheit tauchen Waggons auf, rollen durch den Lichtkegel und verschwinden wieder im Dunkeln. Die Rampe ist klein, aber noch kleiner ist der Lichtschein der Lampen. Noch einmal geht es ans Ausladen. Irgendwo brummen Motoren, gespenstisch schwarze Lastwagen fahren an die Treppe heran, Scheinwerfer strahlen die Bäume an. *»Wasser! Luft!«* Wieder dasselbe, eine Spätvorstellung des Films, den wir schon kennen: eine MP-Garbe wird abgefeuert, in den Waggons wird es still. Ein kleines Mädchen lehnt sich zu weit aus dem Fenster, verliert das Gleichgewicht und fällt auf den Kies. Eine Weile liegt es betäubt da, dann erhebt es sich und beginnt, im Kreis zu laufen, immer schneller, schwenkt ungelenk die Arme, wie bei der Gymnastik, schnappt laut nach Luft, wimmert monoton vor sich hin. Als sie keine Luft mehr bekam, ist sie wahnsinnig geworden. Das geht auf die Nerven, und so eilt ein SS-Mann zu ihr, versetzt ihr mit dem genagelten Stiefel einen Tritt in den Rücken. Sie fällt. Er drückt sie mit dem Fuß zu Boden, zückt seine Waffe und schießt, einmal, zweimal. Die Beine strampeln noch, dann erstarrt sie. Der erste Waggon wird geöffnet.

Wieder bin ich bei den Waggons. Ein warmer, süßlicher Geruch schlägt uns entgegen. Ein Berg menschlicher Leiber füllt den Waggon bis zur Mitte, unbeweglich, ineinander verhakt, aber er dampft noch.

»Ausladen!« schreit ein SS-Mann, der aus dem Dunkel auftaucht. Ein tragbarer Scheinwerfer hängt ihm auf der Brust. Er leuchtet hinein.

»Was steht ihr so dämlich herum? Ausladen!« Er läßt

seinen Knüppel über unsere Rücken sausen. Ich greife nach der Hand eines Toten, die sich krampfhaft um meine Hand schließt. Schreiend reiße ich mich los und renne davon. Mein Herz hämmert, ich kriege keine Luft mehr. Gleichzeitig wird mir übel. Vor dem Waggon zusammengekrümmt, übergebe ich mich. Taumelnd stehle ich mich davon, zur Böschung.

Ich liege auf gutem, kühlem Eisen und träume von der Rückkehr ins Lager, von der Pritsche ohne Strohsack, von ein bißchen Schlaf unter den Gefährten, die nachts nicht ins Gas gehen. Auf einmal erscheint mir das Lager wie ein Hafen des Friedens. Unablässig sterben andere, selber lebt man noch einigermaßen, man hat was zu essen, hat die Kraft zum Arbeiten, hat eine Heimat, ein Zuhause, ein Mädchen ...

Gespenstisch flackern die Lichter, der Menschenstrom fließt unaufhörlich, verworren, fiebernd, betäubt. Diese Menschen glauben, im Lager werde ein neues Leben beginnen, sie stellen sich seelisch darauf ein, daß sie schwer um ihr Überleben kämpfen werden. Sie wissen nicht, daß sie gleich sterben werden, daß das Gold, das Geld, die Brillanten, die sie vorsorglich in den Falten und Nähten ihrer Kleider, in den Absätzen ihrer Schuhe, in ihren Leibeshöhlen versteckt haben, ihnen nichts mehr nützen werden. Fachkundige, routinierte Leute werden in ihren Eingeweiden stöbern, werden das Gold unter ihren Zungen, die Brillanten aus der Scheide und dem Enddarm hervorholen. Die Goldzähne werden sie ihnen ausbrechen.

In dichtvernagelten Kisten schicken sie sie dann nach Berlin.

Ruhig, sachkundig marschieren die schwarzen Gestalten der ss-Männer auf und ab. Der Herr mit dem Notizbuch macht seine letzten Striche, rechnet die Zahlen zusammen: fünfzehntausend.

Viele, viele Lastwagen sind zum Krematorium gefahren.

Gleich ist Schluß. Ein letzter Lastwagen sammelt die auf der Rampe herumliegenden Leichen ein. Die Klamotten sind inzwischen verladen. Bepackt mit Broten, Marmelade, Zucker, duftendem Parfüm und sauberer Wäsche, stellt das Kanada-Kommando sich zum Abmarsch auf. Der Kapo hat Gold, Seidenstoffe und schwarzen Kaffee in den Teekessel gestopft. Das ist für die Wachtposten am Tor, damit sie das Kommando unkontrolliert durchlassen. Ein paar Tage lang wird das Lager von diesem Transport leben: Schinken und Würste, Konfitüren und Obst verzehren, seine Schnäpse und Liköre trinken, in seiner Wäsche gehen, mit seinem Gold und seinen Bündeln Handel treiben. Vieles werden die Zivilisten aus dem Lager fortschaffen, nach Schlesien, Krakau und weiter. Dafür werden sie Zigaretten, Eier, Schnaps und Briefe von daheim mitbringen.

Ein paar Tage wird das Lager von dem Transport »Sosnowitz-Bendzin« sprechen. Es war ein guter, reicher Transport.

Als wir im Lager ankommen, beginnen die Sterne zu verblassen, der Himmel wird immer durchsichtiger, hebt sich über uns, die Nacht hellt sich auf. Ein schöner, heißer Tag kündigt sich an.

Von den Krematorien steigen mächtige Rauchsäulen auf und vereinigen sich in der Höhe zu einem gewaltigen, schwarzen Strom, der sich unendlich langsam am Himmel über Birkenau dahinwälzt und jenseits der Wälder in Richtung Trzebinia verschwindet. Der Transport aus Sosnowitz brennt bereits.

Wir passieren eine ss-Einheit, die mit Maschinenpistolen zum Wachwechsel marschiert. Sie marschieren im Gleichschritt, Mann an Mann, eine Masse, ein Wille.

»Und morgen die ganze Welt ...«, singen sie aus vollem Hals.

»Rechts ran!« ertönt der Befehl von vorn.

Wir gehen ihnen aus dem Weg.

Tod eines Aufständischen

Neben dem Graben, hinter einem schmalen Streifen Grün, lag ein Rübenfeld. Wenn man sich über den frisch aufgeworfenen, braunen Damm vorbeugte, sah man zum Greifen nah das fleischige grüne Kraut und darunter die weißen, rötlich geäderten Futterrüben, die sich in der feuchten Erde breitmachten. Das Feld zog sich den Hang hinauf und endete vor der Wand des schwarzen Waldes, der in einem leichten Dunst verschwamm. Am Waldrand stand ein Posten. Er streckte wie eine lächerliche Kopie den Lauf eines langen, angeblich dänischen Gewehrs in die Höhe. Ein paar Dutzend Meter links von ihm hatte sich ein weiterer Posten unter einen dürren Pflaumenbaum gesetzt und schaute, dicht in einen grauen Fliegermantel gehüllt, unter seiner bis über die Ohren und in die Stirn heruntergezogenen Feldmütze hervor ins Tal hinab, so als blickte er in eine Wanne.

Ein Stückchen weiter am Hang, dort, wo der Wald durch Gruppen junger Weiden ins Tal hinabreichte, zwischen dem unerwartet lebhaften Flüßchen und der Chaussee, die das Tal durchquerte, fuhren riesige Traktoren und lockerten mit Pflügen die Erde, die, von Baggern ausgehoben, von Männern auf Feldloren aus dem

Tal heraufgeschoben wurde. Es war dort gefährlich, laut und eng. Die Männer schoben die Loren, trugen Schwellen und Schienen, rissen Grassoden aus für die Tarnung von Bauten, unter denen der Traktor erst den Boden nivellierte.

Am Boden der Wanne hoben wir einen Graben aus. Der Graben, vorausschauend in guten Zeiten angelegt, als die Sonne schien und unter den Bäumen eine Menge reifer, vom Wind herabgeschüttelter Pflaumen lag, begann, wenn es stark regnete, abzurutschen und drohte ganz einzustürzen, denn man hatte uns befohlen, die Wände für die Wasserleitung senkrecht zu graben und nicht abzuschrägen, weil man nicht vorhergesehen hatte, daß die Norweger, die die Rohre für die Wasserleitung verlegen sollten, schon nach den ersten zehn Kilometern solidarisch bis auf den letzten Mann wegsterben würden. Deshalb wurden wir eiligst herbeordert, um Schienen zu tragen und die Stahlstäbe, die auf dem Bahnhof wild durcheinanderlagen, herauszuziehen, und man trieb uns auf den Boden der Wanne, um den Graben auszubessern, der sich unanständig nah am Meerrettichfeld hinzog.

»Man könnte meinen, so ein Graben, das ist doch nichts«, sagte ich zu Romek, der als Saboteur bei Radom gefaßt worden war und seit zwei Jahren in den Lagern bei den Deutschen abarbeitete, was er ihnen in Polen kaputtgemacht hatte. Wir arbeiteten zusammen, seit dieses lausige Lager am Rande einer kleinen Wiese unterhalb einer württembergischen Anhöhe gegründet worden war, und wir hatten im Ausheben von Gräben eine gewisse Übung erlangt. Er zerkrümelte die weiche Erde mit der Spitzhacke, und ich schaufelte sie auf den aufgeschütteten Damm. Wenn er sich träge an der Hakke zu schaffen machte, lehnte ich mich an die feuchte, rissige Grabenwand oder setzte mich auf die geschickt untergelegte Schaufel. Wenn ich am Schaufeln war, übernahm er meine Funktion, und stützte den Graben. Aus der Ferne sah es so aus, als sei ein Mann im Graben, der langsam, aber eifrig und ohne zu rasten arbeitet.

»Was ist das schon, ein Graben?« setzte Romek das Gespräch fort, ohne Eifer auf die Hacke gestützt. Die Kunst, ein Gespräch zu führen und über den ganzen Tag hinzuziehen, war fast so wichtig wie das Essen. »Er ist halt abgerutscht. Wenn wir ihn ausbessern, kommen wir weiter«, sagte er, die Worte rhythmisch mit Schlägen der Hacke unterbrechend. »Bloß nicht Schienen oder Schwellen tragen wie die da vom Aufstand. Bei Schaufel und Hacke ist es noch auszuhalten. Aber wenn du was sagen willst, dann sag es direkt, ohne Umschweife.«

Er musterte den Horizont. Er hatte blaue, fast ausgebleichte Augen und ein gutmütiges, sehr abgemagertes Gesicht mit stark hervorstehenden Wangenknochen.

»Von der Sonne ist nichts zu sehen«, sagte er besorgt. »Was meinst du, gibt es Regen?« Er kauerte sich in die Nische, die er umsichtig aus dem Lehm herausgehauen hatte. Dort war es trocken und ein bißchen wärmer. Oben ging ein böiger Herbstwind und trieb unruhige, regenschwere Wolken vor sich her, aber hier unten war es still.

»Blöder Regen«, erwiderte ich leichthin. »Ist das für uns was Neues? Schau, der Graben, als wir damit anfingen, waren es von uns Alten tausend Leute. Jeder hatte schon das eine oder andere Lager hinter sich, hatte schon so manches gesehen.«

Ich fuchtelte ein paarmal mit der leeren Schaufel und fing die Klumpen auf, die von der Aufschüttung herunterrutschten.

»Wir haben den Graben ausgehoben, ein bißchen hat die Sonne geschienen, ein bißchen hat es geregnet, ein bißchen ist der Graben abgerutscht – und jetzt ist noch die Hälfte von uns übrig. Aber von denen dort« – ich deutete mit dem Kopf hinter die Biegung des Grabens, wo der Rest unserer Gruppe arbeitete, die vom Aufstand – »weiß ich nicht, ob auch nur die Hälfte noch am Leben ist. Es hieß, die Leichenträger hätten gestern jeder zwei Laibe Brot gekriegt, weil sie fünfzig Tote in der Kiste weggeschleppt haben. Und ein Jude ist mitten im Lager im Schlamm ertrunken. Deshalb haben wir gestern so lange Appell gestanden. Bei uns im Block war die Suppe schon kalt.«

Der ehemalige Saboteur erhob sich aus der Nische und griff nach der Hacke.

»Nicht zwei, nicht zwei Laibe – jeder Leichenträger bekam bloß einen halben Laib und etwas Margarine als Belohnung. Und weißt du, um die dort, die Aufständischen, wie du sagst, tut es mir überhaupt nicht leid. Ich hab ihnen nicht gesagt, sie sollten hierherkommen. Sie haben's selber gewollt. Es sind Freiwillige, die gegen Kriegsende aus freien Stücken kamen, um das Lager aufzubauen, das Land zu industrialisieren«, fügte er bissig hinzu und schloß mit einem Fluch.

»Bestimmt haben sie schon den ganzen Graben in Ordnung gebracht, denn man hört sie gar nicht mehr über Politik streiten. Sie sind wahrscheinlich weitergegangen. Sie rackern sich von früh bis spät wie die Idioten ab, glauben, Meister Batsch gibt ihnen ein Stück Brotrinde.«

»Das tut er auch! Keine Bange, unser Kroate paßt gut auf, er rechnet, und erst dann gibt er's dir, als wäre es eine Wurst! Er hat sein System, er versteht es, die Leute zur Arbeit anzutreiben, er schlägt nicht, sondern lockt mit den Brotrinden. Er versteht es, die Leute anzustacheln, und du Idiot arbeitest. Wer verrecken will, soll erst mal auf die Brotrinden warten. Mir ist es lieber, weniger zu essen und nichts zu tun.«

»Da müht sich einer wie der andere ab für einen ganzen Laib, und was er kriegt, ist ein Stück Rinde«, bestätigte ich eilfertig. »Ich glaub, ich hol mir mal ne Rübe. Was zwischen die Zähne, wär doch nicht schlecht. Jetzt ist es günstig, weil der Meister ins Dorf gegangen ist.«

»Ja, prima. Du bist auch dran. Ich hab gestern und vorgestern welche geholt. Aber paß auf den Kapo auf, der ist dort beim Bagger zugange«, warnte Romek. »Bring zwei mit, vielleicht kann man da was tauschen.

Die Dummen werden nicht alle. Bloß nichts verschenken.«

»Wo denkst du hin! Der Alte wird bestimmt kommen. Er ißt ja sein Brot nie auf, sondern stopft sich lieber mit Grünzeug voll, Hauptsache, es ist viel. Was der alles ißt! Gänsedistel und wilden Knoblauch und Petersilie aus der Wiese. Ich sag dir, der kratzt bald ab.«

Ich stieß die Schaufel fest in die Erde, damit sie nicht umfiel und im Schlamm versank, und schlich mich am Graben entlang zwischen den Pfützen vom letzten Schauer hindurch.

Das Problem war, daß man die Rüben nicht aus dem Feld ziehen durfte, das wir direkt vor der Nase hatten, sondern aus dem anderen, näher an den Traktoren, näher an dem Geschrei der Leute, die die mit Erde beladenen Loren schoben, näher an dem Kapo, der nervös war wie ein Fisch am Haken, ja, und an dem Posten, bei dem es schon mal vorkam, daß er aus Langeweile einen erschoß. Für das Rausziehen von Rüben drohten nämlich unzweideutige Sanktionen. Waren denn die ruhigen Dörfler von Württemberg daran schuld, daß unverhofft eine Bande von Häftlingen auf ihrem Land aufkreuzte und zwischen Stuttgart und Balingen kleine Lager aufschlug, um aus Steinen Öl zu machen? Sie hatten sowieso schon genug zu leiden, und dann wurden ihnen auf gemeine Art die Wiesen weggenommen, ihre Weiden verschwanden unter Feldfabriken, und die Soldaten und Meister der Arbeitsarmee Todt machten sich mit Vorliebe in den Gärten und Obstgärten und noch mehr bei den Verlobten der Ortsansässigen zu schaffen, die *zur Zeit* an der Front weilten.

Hinter der Biegung des Grabens, in einem gewissen Abstand von uns, arbeitete eine Gruppe älterer Herren aus dem Warschauer Aufstand, die einheitlich in gestreiften Häftlingsanzügen steckten, wobei es jedoch individuelle Abweichungen gab. Der eine hatte die Jacke in die Hose gestopft, einem anderen lugte ein Zementsack unter der Jacke hervor, ein hervorragender Schutz vor Regen und Wind, und ein anderer hatte sich einen Pappkarton übergestülpt, in den er Löcher für den Kopf und die Arme geschnitten hatte.

»Meine Herren, lassen Sie mich durch, viel Glück bei der Arbeit«, sagte ich höflich. »Und Sie, Aufständischer, könnten die Pappe herunternehmen. Haben Sie gestern nicht gesehen, wie der ss-Mann den Juden erschlagen hat, weil der sich Stroh unter die Jacke gestopft hatte?«

»Bin ich etwa ein Jude? Juden mögen sie ja erschlagen, aber doch keine Arier. Kümmern Sie sich gefälligst um Ihren eigenen Kram. Wenn ich drei Hemden hätte, wäre ich auch so schlau und würde ohne Pappe gehen.«

»Sie, gehen Sie etwa Rüben holen?« fragte mich der mit den beschmutzten, vormals eleganten Schuhen.

»Und wenn, was wäre dann?«

»Dann könnten Sie eine für uns mitbringen.«

»Rüben sind schädlich für den Magen, wissen Sie das nicht? Davon kriegen Sie *Durchfall* und kratzen im

Handumdrehen ab. Wäre es nicht besser, dies zu überleben?«

»Man möchte doch was essen. Wenn man Hunger hat, ist einem am Überleben nicht viel gelegen«, erwiderte der Alte, durchaus vernünftig.

Ich schaute mir den alten Muselmann genau an. Er hatte sich die Jacke mit einer groben, zusammengestückelten Schnur zugebunden und dick mit Stroh vollgestopft, das ihm aus dem schmalen, hochgestellten Kragen herausragte, so als könne dieses Stück mit Feuchtigkeit vollgesogenen, aus Brennesseln gefertigten Tuches ihn wärmen. Andererseits war es ihm nicht eingefallen, die Hose in die einstmals eleganten, noch aus Warschau stammenden Schuhe zu stopfen. An ihnen haftete eine dicke, längst angetrocknete Schicht Schmutz, über die sich eine neue, dichte Schmiere aus Lehm gelegt hatte.

»He, Alter«, sagte ich verächtlich, »Sie sollten mehr auf sich halten. Man muß sich schon ein bißchen um sich selbst kümmern, sich ein bißchen saubermachen, das Lager ist schließlich kein Pensionat, wo einem alles fertig serviert wird, das ist nicht wie bei Mama zu Hause. Wenn Sie sich den Schmutz abwischen und sich ein wenig bewegen, dann ist das für Sie gleich gesünder, als wenn Sie eine Scheibe Brot essen würden. Aber wenn Sie nur Rüben essen und sich dazu täglich für eine halbe Schüssel Suppe eine Zigarette kaufen, was glauben Sie, was dann passiert? Daß Sie durchhalten? Man wird Sie in die Kiste schmeißen und wegtragen, und das war's dann für Sie. Sie sehen ja so schon aus wie ein Häufchen Unglück.«

»Wenn Sie bloß einen Liter Wassersuppe und eine Scheibe Brot bekämen, sähen Sie auch so aus wie wir«, unterbrach der, der sich die Pappe übergestülpt hatte, meinen Redeschwall.

»Kriege ich etwa mehr zu essen als ihr?« empörte ich mich aufrichtig. »Ich bin bloß nicht an die Delikatessen gewöhnt wie ihr aus Warschau. Und ich weiß auf mich zu halten.«

»Und wer hat gestern ein Kochgeschirr mit Suppe aus unserem Block fortgeschafft, wenn nicht du? Willst du etwa behaupten, das stimmt nicht?«

»Ich hab dem Blockältesten von eurem Block gestern einen Besen verkauft, und dafür hat er mir eine Schüssel Suppe gegeben. Wir haben alle dort gearbeitet, wo das Weidengebüsch steht. Habe ich euch daran gehindert, Besen zu machen? Ihr habt mittags faul herumgelegen, als ich Weidenruten geflochten habe.«

»Nu mal langsam. So schlau bin ich auch. Meinst du, der Blockälteste würde mir einen abkaufen? Lieber gibt er die Suppe einem von euch aus Auschwitz umsonst.«

»Wenn du ein paar Jährchen abgesessen hast wie wir alle, dann geben sie auch dir eine zweite Schüssel Suppe, überall«, erwiderte ich wütend und lief, mich wegen der unnötigen Verzögerung verfluchend, zum Rübenfeld.

Rund hundert Meter weiter machte der Graben einen Knick in Richtung des schwarzen Vierecks, wo die Traktoren und Bagger die Erde aufgewühlt hatten. Direkt vor der Biegung war die Aufschüttung am Graben beseitigt worden, und in die Grabenwand waren zwei flache Löcher gegraben worden, in die haargenau ein Fuß hineinpaßte. Ich setzte den Fuß in die Vertiefung und zog mich mit Mühe am Grabenrand hoch, ohne darauf zu achten, daß dabei der ganze Anzug verschmutzt wurde. Dann schlich ich mich vorsichtig ins Rübenfeld. Hier, ein wenig durch das Rübenkraut verdeckt, fühlte ich mich etwas sicherer. Ich suchte mir die dickste Knolle aus, riß das Kraut ab und wuchtete sie aus dem Boden. Ich schaute mich auf dem Rübenfeld um, bemerkte aber nichts außer den bauchigen, weißrötlichen Rübenköpfen. Ich nahm also noch eine Rübe, stopfte beide unter die Jacke und zog mich, ein paar Rübenblätter als Sichtschutz vor dem Kapo oder dem Posten in der Hand, zum Graben hin zurück. Als ich mich endlich zwischen die rissigen, feuchten Grabenwände fallen ließ, atmete ich erleichtert auf.

Ich reinigte Jacke und Hose mit einem Holzschäufelchen, das ich in der Tasche mitgenommen hatte, kratzte sehr sorgfältig Hände und Schuhe sauber und lief, die Rüben unter der Jacke versteckt, rasch zu meinen Leuten. Ich war ein bißchen aufgeregt und japste wie ein erschöpfter Hund.

»Sie, geben Sie uns eine, geben Sie uns ein Stückchen«, bestürmten mich die Aufständischen, als ich an ihnen vorbeikam.

»Leute, laßt mich in Ruhe!« rief ich fast verzweifelt und preßte die unangenehm feuchten Rüben an den

Bauch. »Holt euch doch selber welche! Dort wachsen Rüben für alle! Was kann denn ich allein ausrichten?«

»Ihnen fällt es leichter, weil Sie jung sind«, sagte der mit dem Pappkarton.

»Wenn ihr alt seid und Angst habt, müßt ihr eben krepieren. Hätte ich Angst gehabt, wüchse längst Gras über mir!«

»Dann erstick doch, du Hurensohn!« schrie der Herr mit der Pappbedeckung mir unfreundlich nach.

Ich gelangte zu dem ehemaligen Saboteur. Romek hockte im Graben und hielt sich am Hackenstiel fest.

»Es guckt sowieso keiner, wieso sollte ich mich abschuften?« sagte er, sehr vernünftig.

Ich holte die Rüben unter der Jacke hervor. Der Saboteur hieb mit der Hacke eine kleine Grube in den Boden des Grabens, kramte aus einer versteckten Tasche etwas unschätzbar Wertvolles, ein Taschenmesser, hervor und schälte die Rüben; die Schalen warf er in die Grube.

»Weißt du, wir waren einmal unweit von Radom in einem Dorf, um den Gemeindevorsteher zu bearbeiten«, sagte er, während er die ädrigen, für den verwöhnteren Gaumen ungenießbaren Teile aus den Rüben herausschnitt. »Es hieß Jeżyny oder Dzierżyny. Wir umstellten eilig das Haus und Wilk« – in allen Schilderungen Romeks spielte Wilk die erste Geige – »stieg durch das Fenster ein. Wir warten draußen, bis die Sache erledigt ist. Aber er kommt nicht, sondern ruft mich hinein. Ich also rein und schau mich um, weil es ein bißchen dunkel ist, und da liegt der Gemeindevorsteher mit seiner Alten im Bett und will nicht raus. ›Komm zum Verhör‹, sagt Wilk. ›Ich lasse ihn nicht fort, verhört ihn im Bett‹, sagt die Alte. Der Gemeindevorsteher ist stumm vor Angst. Hau aufs Bett, sage ich, was tut man nicht alles fürs Vaterland. Wir schlugen zu zweit auf den Kerl ein, daß die Federn bis zur Decke flogen. Denkst du, die Alte hätte wegen ihm großes Geschrei gemacht? Weit gefehlt. ›Ihr seid mir vielleicht mal Partisanen‹, sagt sie, ›das Kissen und das Federbett habt ihr mir gründlich ruiniert!‹«

»Alles fauler Zauber«, entschied ich und klopfte mit der Schaufel die Grube mit den Schalen fest. »Aber was hat der Gemeindevorsteher mit den Rüben zu tun?«

»Viel, sehr viel sogar«, sagte der Saboteur und reichte mir die in Stücke geschnittene Rübe, die ich umgehend in der Tasche verschwinden ließ. »In der Speisekammer erwischten wir nämlich so einen Ring Wurst.« Er deutete mit der Hand die Größe an.

»Was für eine Wurst, wenn ich fragen darf? Ich kenne mich ein wenig mit Wurstwaren aus«, meldete sich überraschend der Alte mit den verschmutzten, einstmals eleganten Schuhen. Er hatte sich unbemerkt herangeschlichen und lauschte, auf seine Schaufel gestützt, andächtig den Geschichten des Saboteurs, wobei er nicht minder andächtig das Zerschneiden der Rüben beobachtete.

»Was für eine Wurst? Bestimmt keine Dampfwurst. Eine normale Bauernwurst mit Knoblauch«, gab Romek unwirsch zurück. »Jedenfalls besser als diese Rüben. Das könnt ihr euch vorstellen!«

Er reichte mir eine Scheibe Rübe und schnitt sich selbst eine ab. Sie hatte die langweilige, beißende Süße von Sacharin, und es strahlte von ihr eine unangenehme Kälte auf den Körper aus. Deshalb aßen wir sie vorsichtig und in kleinen Bissen.

»Mein Herr, geben Sie mir ein Stück, seien Sie nicht so.«

Der Mann mit den Schuhen stand immer noch mit seniler Starrköpfigkeit am Grabenrand.

»Die müssen Sie sich schon selbst ziehen«, sagte Romek. »Ihr wollt bloß, daß einer für euch seinen Arsch hinhält, wie in Warschau, stimmt's? Selber seid ihr zu feige, was?«

»Wie hätte ich denn in Warschau kämpfen sollen, wo die Deutschen mich doch sofort deportiert haben?«

»Gehen Sie, gehen Sie an die Arbeit und placken Sie sich weiter ab, dann wird Meister Batsch Ihnen vielleicht ein Stück Brotrinde geben«, erwiderte ich höhnisch, und als er nicht ging, weil er seinen Blick nicht von den Rübenscheiben lösen konnte, an denen wir lässig knabberten, fuhr ich ungeduldig fort: »Hören Sie, Alter, Rüben sind schädlich für den Magen. Sie enthalten zuviel Wasser. Und Sie fressen die ganzen Knollen. Tun Ihnen nicht die Füße weh?«

»Ach wo! Bei mir sind sie bloß geschwollen«, sagte er unerwartet lebhaft und zog die verschmutzten Hosenbeine hoch. Aus den mit Schlamm bedeckten, einstmals eleganten Schuhen, aus den unglaublich verdrehten Fußlappen ragten geschwollene, krankhaft weiße, fast blaue Waden hervor.

Ich beugte mich vor und drückte mit dem Finger auf die Haut. Der Saboteur machte sich desinteressiert mit der Hacke zu schaffen. Beine mochten noch so geschwollen sein – das imponierte ihm nicht.

»Sehen Sie, Alter, der Finger dringt in den Körper ein wie in einen Rührteig. Und wissen Sie warum? Wasser, nichts anderes als Wasser. Wenn es aus den Beinen bis zum Herzen aufsteigt, sind Sie kaputt. Da darf man nichts trinken, nicht einmal Kaffee. Und selbstverständlich darf man auch kein Grünzeug essen. Aber Sie wollen Rüben essen?«

Der Alte betrachtete kritisch seine Wade und blickte mich dann ausdruckslos an.

»Ich geb euch ein Stück Brot, aber für die ganze Rübe«, sagte er tonlos und holte ein Stück Brot aus der Tasche, das in einen schmutzigen Lappen gewickelt war, ziemlich genau, wie ich blitzschnell und fachkundig urteilte, noch die halbe Scheibe vom Frühstück.

Der Saboteur stützte sich auf die Hacke, die andere Hand stemmte er in die Seite.

»Hören Sie, Alter, ihr bleibt euch doch immer gleich. Jeden Tag ist es mit euch dasselbe. Sie hätten erst das Brot herausholen und dann Ihren Spruch aufsagen müssen. Daß Sie das vom Frühstück bis jetzt ausgehalten haben ...«, fügte er mit einer Mischung aus Verachtung, Anerkennung und Neid hinzu.

»Wenn's doch sein muß. Von so einer Rübe kriegt der Mensch wenigstens mal den Bauch voll. Gebt schnell her, ich muß wieder an die Arbeit. Wir reden und reden, und die anderen müssen für mich graben.«

»Das ist ja nun wirklich wenig Brot für ne ganze Rübe«, bemerkte Romek aus Prinzip. »Na ja, von mir aus, damit Sie nicht weiterquengeln.«

Er nahm das Brot und legte es in die Nische, dann holte er die Rübenstücke aus der Tasche und setzte sie zusammen, damit der Alte sah, daß es kein Schwindel ist und er die ganze, ungeschmälerte Rübe bekam, und reichte sie dem Alten, der sie einsteckte und, die Schaufel hinter sich herschleifend, eilends hinter der Biegung des Grabens verschwand.

Dann langte Romek in die Nische, nahm das Brot heraus, zerschnitt es gerecht in zwei genau gleiche Teile und gab mir meine Hälfte. Wir begannen zu kauen, wobei wir das Brot sorgsam einspeichelten und es ohne Hast hinunterschluckten. Schließlich holte Romek zwei zerdrückte, schrumplige Pflaumen aus der Tasche. Mit einem verschmitzten Lächeln warf er mir eine zu, und ich fing sie in der Luft auf.

»Man muß, wie du merkst, Geduld haben und das Fressen so lange aufschieben können, bis man Zeit dafür hat. Ich habe die Pflaumen heute morgen gefunden, als wir zum Schuppen gingen, die Werkzeuge holen. Ich könnte das Brot auch so lange aufbewahren ... Aber du würdest es sofort verschlingen.«

»Natürlich«, antwortete ich wahrheitsgemäß. Wortlos wandten wir uns wieder dem vertrauten Arbeitssystem zu. Er machte sich an der Hacke zu schaffen und zerkrümelte die Reste der Klumpen, die von der Aufschüttung heruntergerutscht waren, und ich saß müßig in der Nische, wo es etwas wärmer zu sein schien als im ungeschützten Graben, vielleicht deshalb, weil der Wind über den Graben strich und man hier etwas Erde als Dach über sich hatte.

»Weißt du, als ich in Auschwitz Pakete bekam, habe ich die Kondensmilch auf einen Zug ausgetrunken«, sagte ich verträumt. »Ich konnte es nie einteilen. Auch hier esse ich die Rationen sofort auf. Hast du jemals erlebt, daß ich Brot bei mir hatte? Ruck, zuck aufessen, etwas Kaffee trinken, aber nicht viel, und dann den ganzen Tag an der Schaufel stehen. Hauptsache, sich nicht überarbeiten.«

»Das beste System ist, kein Essen in der Tasche zu haben. Was man im Bauch hat, kann kein Dieb stehlen, kann kein Feuer verbrennen, und darauf können keine Steuern erhoben werden. Wer sich das Essen einteilt, darin herumstochert, umständlich und voller Andacht seine Portion verzehrt, geht schnell ein. Das ist das jüdische System.«

»Und das Warschauer«, fügte ich hinzu, im Hinblick auf die soeben stattgehabte Transaktion.

»Stimmt«, pflichtete der ehemalige Saboteur bei.

Er stieß die Hacke in den Boden und lehnte sich an die Grabenwand. Der Graben war schmal, aber unverhältnismäßig tief. Die feuchte Erde strömte den Leichengeruch faulenden Grases aus. Auf der einen Seite des Grabens erhob sich die Aufschüttung, und dahinter kam das Rübenfeld und weiter weg die Traktoren, die Postenkette und der Wald. Auf der anderen Seite war eine Wiese, auf der hier und da wilde Pflaumenbäume standen. Die Bäume reichten bis ans Dorf heran, das ganz auf dem Talgrund lag, unterhalb des Bodens der Wanne. Von hier aus sah man die Spitze des Kirchturms, der sich in der Dorfmitte erhob, an dem Wasserfall des im Herbst angeschwollenen Flüßchens, und die sich immer tiefer herabsenkenden Dächer der Häuser. Dahinter stieg eine junge Fichtenwaldung am Berghang empor. Hinter dem Wald lag unser kürzlich geschaffenes kleines Lager, in dem innerhalb von zwei Monaten dreitausend Mann starben. Vom Wald her erstreckte sich das weiße Band des Weges und verschwand im Dorf.

In der Ferne kam, den Weg verlassend, quer durch die Wiese der Meister heran; er hob sich durch die grelle Farbe der Uniform der Organisation Todt von dem feuchten Grün des Grases ab. Er war ein großer Fachmann für die Installation von Wasserleitungen, das Tragen von Schienen und das Verladen von Zementsäcken sowie ein hervorragender, selbst von den Auschwitzern unerreichter Organisator von Eßbarem jeglicher Art in den umliegenden Dörfern. Er sorgte für seine Leute, und er hatte zwanzig von uns. So sammelte er bei seinen Kollegen die Brotrinden ein und verteilte sie an diejenigen, die am eifrigsten arbeiteten.

Ich nahm die Schaufel in die Hand und begann, die krümelige Erde schwungvoll aus dem Graben zu werfen. Der ehemalige Saboteur griff zur Hacke, entfernte sich ein paar Meter von mir, damit wir einander nicht im Wege waren, und hob die Hacke hoch über den Grabenrand, so daß sie von selbst in den Graben sank.

»Hattest du nicht angefangen, etwas über den Graben zu sagen?« fragte er, als das Schweigen sich bedenklich in die Länge zog. Man mußte sich den ganzen Tag unterhalten, damit man das Zeitgefühl verlor und nicht in Versuchung kam, destruktiven Träumen vom Essen nachzuhängen. »Sag doch was! Wie war das noch?« Und wieder hob er die Hacke, eifrig darauf bedacht, daß man sie über dem Grabenrand sehen konnte.

»Schau, da müht man sich ab, gräbt für die Deutschen, mal in Schlesien, irgendwo unterhalb der Beskiden, mal in Württemberg, dann wieder an der Schweizer Grenze, und dauernd stirbt einer der Kumpel, worauf sie neue herbeitreiben, und so geht das immer weiter. Ein Ende ist nicht abzusehen. Und wenn erst der Winter kommt ...«

»Red kein Blech! Leg mal das Ohr an die Wand, da hörst du, wie die Erde von der Artillerie dröhnt. Sie hämmern auf die Erde ein, dort im Westen ...«

»Schon seit einem Monat hämmern sie so. In dieser Zeit sind bei uns wenig Leute gestorben. Wir haben eine Menge Kalk, Ziegel, Zement, Schienen, Eisen und was nicht alles herbeigeschafft, Gräben gegraben, Gruben ausgehoben, die Feldbahn gebaut, und was ist dabei herausgekommen? Nur der Hunger und die Kälte haben zugenommen. Und immer öfter regnet es. Irgendwie hat man ja noch die Hoffnung aufrechterhalten, einmal heimzukehren, aber jetzt: zu wem? Vielleicht müssen sie auch irgendwo Gruben ausheben, wie diese Aufständischen. Aber selbst wenn nicht – glaubst du, daß du imstande sein wirst zu leben? Entweder wirst du dich ständig vor irgendwelchen Schrecken fürchten, oder du wirst mit beiden Händen plündern, was sich gerade bietet, denn woran wirst du noch glauben? Ich denke, ehrlich gesagt, den ganzen Tag ans Essen. Und nicht an irgendwelche Herrlichkeiten, von denen man in den Romanen liest. Sondern einfach an satt Brot mit dick Butter drauf.«

»An das, was einmal sein wird, denke ich gar nicht«, erwiderte der Saboteur scharf. »Hauptsache, ich überlebe den heutigen Tag. Ich möchte heim zu meiner Frau, meinem Kind, ich hab genug gekämpft in der Welt. Vermutlich geht es einem dann besser als jetzt, oder? Aber du möchtest ja vielleicht bis an dein Lebensende so weitermachen«, sagte er mit höhnischem Lachen.

»Schwing die Hacke, Mensch«, warnte ich ihn. »Der Meister steht am Graben, siehst du ihn nicht?«

Wir taten so, als hätten wir ihn nicht bemerkt, und arbeiteten eifrig, scheinbar ins Gespräch vertieft. Ich warf volle, anständige Schaufeln bis auf den Kamm der Aufschüttung und stöhnte vor Anstrengung. Meister Batsch stand eine Weile über uns, die Hände auf dem Rücken verschränkt, schaute wie aus unermeßlicher

Höhe auf uns herab und ging langsam am Graben entlang, mit blitzblanken schwarzen hohen Stiefeln. Der Saum seines Soldatenmantels war grob verschmutzt.

»Kapo, Kapo«, schrie er in meine Richtung, als er bei der Gruppe der Aufständischen angekommen war, »komm her! Warum liegt dieser Mann am Boden? Warum arbeitet er nicht?«

Für die Meister war jeder, der Deutsch konnte, ein Kapo. Das erheiterte die ganz alten Auschwitzer, ja, es empörte sie, ehrlich gesagt, denn ein Kapo war für sie nur, wer ein Kapo war.

Ich lief durch den Graben dorthin. Hinter der Biegung saß am Boden ein zusammengekauerter Alter, der mit den verschmutzten, einstmals eleganten Schuhen, und hielt sich stöhnend den Bauch. Der Meister hockte oben am Grabenrand und schaute dem Häftling besorgt, aber mit Abstand ins Gesicht.

»Krank?« fragte er.

In der Hand hielt er ein ansehnliches, in Zeitungspapier gehülltes Paket. Auf dem schrecklich blassen Gesicht des alten Aufständischen zeigten sich vereinzelte Schweißtropfen. Er hatte die Augen geschlossen. Dann und wann zitterten die Lider. Ihm mußte heiß sein, denn er hatte den Kragen aufgeknöpft. Das Stroh ragte aus der offenen Jacke und stand vor seinem Gesicht.

»Na, Alter, wie es scheint, haben die Rüben euch geschadet«, sagte ich mitfühlend.

Sein Kamerad mit der Spitzhacke, der mit der Pappbedeckung, warf mir einen haßerfüllten Blick zu und sagte zu Meister Batsch:

»*Krank*. On jest chory, chory », wiederholte er, in der Hoffnung, daß der Meister Polnisch versteht. »Hunger, verstehen?«

»Das ist ja völlig klar«, setzte ich eilends hinzu, »er hat zuviel Rüben gefressen, und jetzt hat er Bauchschmerzen. Er ist noch nicht lange im Lager, und daher weiß er nicht, daß Grünzeug schädlich ist. Gegen Verfressenheit und Hunger kann man nicht viel tun, Herr Meister.«

»Rüben? Von dem Feld dort? Oh, das ist sehr schlecht. *Klauen*, nicht wahr?« Meister Batsch machte die internationale Geste, wie man sich heimlich etwas in die Tasche steckt.

»Dazu ist er nicht fähig«, sagte ich mit geringschätziger Verachtung. »Er tauscht täglich Brot gegen Rüben.«

Meister Batsch hatte verstanden und nickte. Traurig blickte er vom Grabenrand wie vom Rande des Jenseits auf den Aufständischen herab. Der Kamerad des Alten, der mit der Pappe, meldete sich besorgt zu Wort.

»Sagen Sie ihm, daß dieser Mann zum Lager geschafft werden muß, er ist doch krank, schwerkrank.«

»Schwerkrank?« sagte ich verwundert. »Dann haben Sie aber noch nicht viel von der Welt gesehen. Das hat Zeit bis zum Abend. Wissen Sie denn nicht, daß jetzt kein Posten hier weggehen würde? Sie sind wohl zum ersten Mal auf Kommando. Und nehmen Sie diese Pappe herunter, sonst kriegen Sie noch Prügel. Ich hab's schon mal gesagt. Später heißt es dann, wir seien schlecht, wir hätten nicht gewarnt.«

Damit kehrte ich zurück zu meiner Schaufel. Der Saboteur hatte den Umstand, daß der Meister mit etwas anderem beschäftigt war, genutzt, um sich ruhig in die Nische zu hocken, und stützte sich gekonnt auf die Hacke. Als ich zur Schaufel griff, kam er aus der Nische und nahm ebenfalls Arbeitshaltung an.

»Der Alte, stimmt's?« fragte er ohne wirkliches Interesse.

»Der wird den Abend nicht mehr erleben«, sagte ich. »Solche hab ich zu Hunderten gesehen. Dicke Beine, Durchfall, und jetzt hat er sich auch noch mit Rüben vollgefressen. Ich sehe schwarz für ihn.«

»Wieder einer weniger... Ich hab ihm nicht befohlen, daß er herkommen soll. Sie hätten doch Warschau verteidigen können, wenn sie schon damit begonnen hatten, oder?«

»Natürlich hätten sie gekonnt. Als sie nach Auschwitz fuhren, wurden sie doch gar nicht bewacht. Sie dachten, es ginge zur Arbeit. Jetzt stürzen sie sich wie die Verrückten in die Arbeit.«

Vor Wut wuchtete ich einen ganzen Klumpen Erde auf die Aufschüttung, so daß sich der Schaufelstiel bog.

»Mach dir um den keine Sorgen. Wenn einer den Deutschen unbedingt nützlich sein will, geschieht es ihm recht«, sagte der Saboteur. »In Auschwitz haben sie geschrieen, sie seien keine Politischen, und jeder dritte rühmte sich, einen Onkel zu haben, der *Volksdeutscher* ist, und hier geht es ihnen schlecht, weil sie wenig zu essen kriegen. Sind erst sechs Wochen da und möchten schon drei Schüsseln Suppe bekommen!«

»Hast du heute mehr als eine Ration gegessen?« fragte ich neugierig. Wann immer wir besonders erregt waren, kam die Sprache aufs Essen.

»Was hab ich schon gegessen?« entrüstete sich der ehemalige Saboteur aus der Gegend von Radom. »Gestern hab ich was gegessen. In der Früh eine Ration Brot – was gab es noch dazu?«

»Margarine und Käse«, sagte ich.

»Margarine und Käse. Den ganzen Tag nichts. Gegen Abend haben wir den Juden die Rübe verkauft. Das gab eine halbe Scheibe für zwei. Und am Abend noch die Suppe für deinen Besen. Und dann kriegte ich noch Suppe in der Küche, weil ich die Kessel weggebracht habe.«

»Hättest du damit nicht zu mir kommen können?« fragte ich bedauernd.

»Nein, ich mußte sie in der Küche essen. Und heute«, fuhr er fort, »eine Scheibe in der Frühe, ein Würfel Margarine für dreißig Mann, dann ein paar Pflaumen, dann dieses Brot und etwas Rübe. Wenn es noch so ...«

Er brach ab und griff zur Hacke. Über uns stand schweigend Meister Batsch. Wohlwollend betrachtete er unser gutes Einvernehmen und unsere geschickte Arbeitsweise. Dann warf er ein in Zeitung gewickeltes Päckchen hinunter. Vor unseren Füßen fielen die Brotrinden heraus.

»Daran hab ich gerade gedacht«, sagte Romek mit Nachdruck.

Und schwungvoll hob er die Hacke in die Höhe, eifrig darauf bedacht, daß man sie über dem Grabenrand sehen konnte, während ich mich eilfertig zu Boden bückte.

Die Schlacht von Grunwald

Der weite, sonnenüberflutete Hof der ehemaligen ss-Kaserne glich dem Grund eines tiefen, in die steinernen Wände der Gebäude gegrabenen Brunnens, und über diesen Hof schritt, mit den Füßen verbissen den Takt auf dem Beton schlagend, das Bataillon und sang. Seine Arme, gekleidet in grüne, von den Soldaten ererbte Ärmel ehemaliger ss-Jacken, hoben sich kraftvoll und sanken mit zornigem, einheitlichem Schwung herab, so als marschierte nicht das Bataillon, sondern als schritte da ein auf seine Kraft vertrauender und vom Singen heiser gewordener vervielfältigter Mensch. Nur die bunt zusammengewürfelten Beine des Bataillons, hier und da mit den weißen Flecken von Filztretern durchsetzt, störten die militärische Eindeutigkeit des Bildes.

Das Bataillon, von oben drei Raupen mit getigertem, runzligem Rücken und reglosem Rumpf ähnelnd, schritt steif über den Hof, erdrückt von der zitternden Sonnensäule, vorbei an der Kolonne großer amerikanischer Lastwagen, die aus ihrem Inneren wie aus einem Sack voll Lumpen eine grelle Masse Menschen und Gepäck herausschütteten; das Bataillon stampfte eifriger auf den Beton unter dem schlanken, frisch bemalten

Mast, weil der Wind es wie an einer Angel mit dem bunten Nationalfetzen überschüttete; es lockerte sich vor dem Haufen von Planken, von Bäumen, von denen die Nadeln junger Fichten herabrieselten, von Bänken und Stühlen, die für das abendliche Herdfeuer bereitstanden; es machte einen scharfen Schwenk vor der einstmals verglasten Halle, in der bis vor kurzem patriotische ss-Versammlungen stattgefunden hatten; es schritt knirschend über das Glas der sorgfältig herausgeschlagenen Scheiben; es hörte mittendrin zu singen auf und schob sich wie in einen Tunnel in das dämmrige Innere der Halle hinein, die vom Platz abgegrenzt war durch das grelle Sonnenlicht und das fleischige, schwarz erscheinende Grün frisch geschnittener Zweige. Die blendendweiße Staubschlange, die sich hinter dem Bataillon herschleppte, ballte sich vor dem Eingang zur Halle, ergraute, sank zu Boden und blähte sich durch eine plötzliche Bö auf, platzte, erhob sich in die Luft und löste sich spurlos in ihr auf.

Ich saß, die Knie zum Kinn hochgezogen, auf dem schmalen, harten Fensterbrett im dritten Stock einer der Brunnenwände und wärmte mich, nackt, in der Sonne wie ein räudiger Hund; schläfrig dehnte ich mich, gähnte anerkennend und legte das Buch, das ich mir in einer der Offiziersstuben organisiert hatte, zur Seite; es handelte sich um die Geschichte von den heldenmäßigen, fröhlichen und glorreichen Abenteuern Till Ulenspiegels und Lamme Goedzaks.

»Meine Herren Soldaten«, sagte ich, mich zum Saal

umwendend, damit mein Rücken Sonne bekam. »Das Bataillon ist zur Messe des Erzbischofs in die Kirche marschiert. Gut habt ihr eure Pflicht gegenüber dem Vaterland erfüllt, das überall auf der Welt dort ist, wo ihr seid. Ihr dürft weiterschlafen.«

Der Saal stank, wie bei Soldaten üblich, nach dem alten, salzigen Schweiß ungewaschener Genitalien. An den nicht verputzten, mit patriotischen Hitlersprüchen verzierten Wänden standen zwei Reihen eiserner Etagenbetten, in der Mitte grob zusammengezimmerte Tische, unter denen ein paar Hocker ohne Lehne herumlungerten und ein Emaille-Spucknapf wie ein verlorenes Kind umherirrte. In der Luft schwirrten karg genährte, träge Fliegen umher, und die schlaftrunkenen Männer atmeten schwer.

»Und wie sind sie marschiert? Wie Soldaten? Denn bei den Übungen schleichen sie herum wie ein Muselmann im Schlamm«, meldete sich Unterfähnrich Kolka, der an der türseitigen Wand schlief.

Riesig und sehnig, paßte er nicht in das kurze Bett. Obwohl er sich bei der Aufteilung der deutschen Jacken mit den Offizieren gestritten und beschlossen hatte, das Militär zu boykottieren, legte er doch nie die Uniform aus Tuch ab; er trug sie sogar, wenn er den ganzen Tag auf dem Bett lag, erstickte fast vor Hitze und klopfte mit den beschlagenen Schuhen gegen das eiserne Gestell, und bei jeder Bewegung regnete ein Haufen Stroh aus dem morschen Strohsack auf das untere Bett, in dem ich schlief. Sein pickliges Gesicht starrte unverwandt in Richtung des Fensters, und während er gedankenlos die Untiefe des Fensterbretts betrachtete, lauschte er begierig auf den Gesang und das Getrampel des Bataillons.

»Die polnische Infanterie marschiert gut, wenn sie von polnischen Offizieren zum Ruhm des Vaterlandes geführt wird«, rief ich und sprang vom Fensterbrett. Am Rücken war es so heiß geworden, als wenn mir jemand mit glühenden Nadeln darübergefahren wäre. »Im Lager sind sie sechs Jahre lang in Fünferreihen rumgeschlichen, und jetzt, nach zwei Monaten Erholung, trotten sie, Gott und dem Vaterland sei Dank, wieder in Viererreihen rum, und statt der Kapos gehen Offiziere vorneweg. Marschieren lernen, das können sie, aber beim Küchendienst Fressen für die Jüdinnen mitnehmen, das nicht«, fügte ich, gleichgültig in die Leere blickend, hinzu.

»Das war wohl eine Stichelei gegen mich, wenn ich es richtig verstanden habe«, knurrte der Fähnrich flegelhaft; er las ein deutsches Buch über Katyn, und nachdem er die Hornbrille von der Nase genommen hatte, blinzelte er mit dem verschlafenen Blick des Kurzsichtigen in meine Richtung. Dauernd lief er in engsitzenden, blitzsauberen Slips durch die Gegend, um seinen muskulösen Körper zu zeigen. Er war von Kopf bis Fuß mit verblaßten Tätowierungen bedeckt, wie ein verstaubter irdener Teller. Auf dem rechten Oberschenkel deutete ein dicker, gekrümmter Pfeil in die Leistengegend, und eine rote Inschrift gab den unmißverständlichen Hinweis: »Nur für Damen«.

»Wenn einer Küchendienst hat, muß er dafür sorgen, daß nichts geklaut wird. Der Fähnrich paßt auf, ob der Koch es schafft, für die schwangeren Jüdinnen was zu klauen«, warf von der Tür her Stefan ein, der Englisch lernte und flüsternd die Wörter nachsprach. Er knallte das Buch auf den Tisch und ging mit laut hallenden Schritten ans Fenster. »Die Hurensöhne kochen schon wieder mit Kohle«, sagte er, nachdem er den Kopf aus dem Fenster gesteckt hatte. »Die haben doch Elektroherd, Kessel und alles, was sie für uns brauchen. Was kochen sie denn da auf dem Kohleherd? Natürlich, das Mittagessen für die Offiziere. Angeblich sind sie ja alle Märtyrer aus dem Lager, Brüder, Kollegen, aber nur, wenn wir zur Messe marschieren, nicht beim Essen. Und was hältst du von einem Kontrolleur, der das weiß und Bücher mit Bildchen drin liest? Wenn er dem Obersten in den Arsch kriecht, kommt er erst aus dem Arsch des Oberleutnants wieder raus.«

Ich brach in ein kurzes, zustimmendes Gelächter aus. Der Fähnrich erhob sich auf dem Bett, stieß mit dem Kopf an die scharfe Kante des oberen Bettes, stieß einen ordinären Fluch aus, strich sich über die schütteren, drahtigen grauen Haare und sagte angewidert:

»Laß mich in Ruhe, du bolschewistischer Abschaum, ich will ja auch nichts von dir. Wenn dir das nicht paßt, hast du beim Militär nichts verloren.« Seine Brustwarzen, verziert mit einem Paar eintätowierter Ohren und blauen Pünktchen in der Mitte, die Augen darstellen sollten, bebten spasmatisch, wie das Mäulchen eines

Häschens. »Sie klauen, sie klauen! Bell nicht, wenn du keinen geschnappt hast. Ein guter Hund bellt nicht, sondern schnappt zu und beißt.«

»Richtig, richtig, beißen Sie nur, Herr Fähnrich. Sie sind ein Greifhund. Der Oberst führt Sie an der Leine.« »Wauwau«, bellte Stefan heiser und kniff boshaft seine kleinen Glupschaugen zusammen. Hinter den nervös verzogenen Lippen blitzten seine Zähne, ebenmäßig und weiß wie bei einem Hund. Er lief dicht an den Tischen entlang, als wäre er an seine Hütte gekettet.

Der Fähnrich erhob sich langsam vom Bett. Unterfähnrich Kolka regte sich, weil die Sache ihn interessierte, und zog die Hand unter dem Kopf hervor. Der Strohsack raschelte, und auf das untere Bett rieselte Stroh. Mißbilligend runzelte ich die Stirn.

Von Hof her ertönte das Geräusch eines fortfahrenden Lastwagens. Plötzlich drangen Fetzen eines zänkischen Stimmengewirrs zu uns und erstarben wie abgeschnitten.

Durch die plötzliche Stille erregt, richtete sich der kranke Zigeuner, den ich auf dem Transport nach Dachau im Kampf um den besseren Platz im Waggon beinahe erschlagen hätte, stöhnend auf seinem Bett auf.

»Oh Leute, ihr seid so unruhig, man bekommt direkt Lust, euch zu schlagen«, winselte er und zog weinerlich die Nase hoch. »Reicht es euch noch nicht, daß euch das Unglück geschlagen hat? Aber unser Pole, unser Bruder, bleibt dumm, wie er ist. In einem Löffel Wasser möchte er seinen Bruder ertränken.« Und er legte das bläuliche, ausgemergelte Gesicht auf das mit roten Mohnblumen verzierte Kissen, das er von einem nächtlichen Besuch bei den Bauern mitgebracht hatte. Er litt seit einigen Tagen an einem schweren Durchfall, nachdem er sich den Bauch mit rohem Hammelfleisch vollgeschlagen hatte. Reglos lag er da, geduldig wie ein krankes Tier. Lieber wollte er verrecken, als ins Spital zu gehen, denn er erinnerte sich gut an das Spital in dem kleinen KZ Dautmergen.

Der Fähnrich setzte sich steif aufs Bett. Pedantisch stopfte er einen herausragenden Zipfel des Bettuchs hinein, nebenbei des einzigen in diesem Saal. Nervös zuckte er mit seinen Zehen. Er griff nach dem Buch, blätterte raschelnd ein paar Seiten um und starrte stumpfsinnig auf die Fotos der Gräber in Katyn.

»Das gibt keinen Zoff«, dachte ich enttäuscht und beugte mich zum Fenster heraus.

Vor den steinernen Wänden der Kasernen, auf den schmalen Grünstreifen, zwischen den wüsten Abfallhaufen, die mit ihrem Gestank den ganzen Hof verpesteten, rankten sich dürre Ahornbäumchen in die Höhe, und direkt an den Betonplatten wuchs dicht eine rotblühende Hecke. Oberhalb der Bäumchen und der Hecke hingen vor den vielen Reihen gleichartiger Fenster bunte Wäschefetzen an Leinen, und an Bindfäden baumelten frisch bemalte Holzköfferchen, die an der Sonne tocknen sollten.

Im Parterre, wo die Prominenten wohnten, gab es gleichmäßig verglaste dreiteilige Fenster, die unten im dichten Schatten versanken und mit dem Oberteil in der Sonne badeten wie in einem goldenen Waschblau. Im Parterre, in den Stockwerken und stellenweise sogar auf dem Dachboden plärrten unentwegt Radios.

Jenseits des Tores, das von fremden Soldaten bewacht wurde, zogen auf der Autobahn Wagenkolonnen entlang, floß unaufhörlich ein schmaler Strom von Fahrrädern, huschten zwischen den üppigen, fest in der Erde wurzelnden Platanen bunte Sommerkleider vorbei.

Dort war die Welt, in die man hinausgelassen wurde für ein gutes Marschieren, für eine Anzeige von disziplinarischen Verfehlungen, für das Wischen des Korridors, für Loyalität, für Unbeugsamkeit, aber auch für das Vaterland …

Und im mittleren Flügel des Gebäudes, im zweiten Stock, wo sich die Küchen des Militärverbandes Allach befanden, drang aus einem kleinen, rostbraunen Rohr, das nonchalant aus dem Oberlicht ragte, still und leise ein zartes, zitterndes blaues Rauchfähnchen und löste sich unbemerkt in der Luft auf.

»Brüder, schön ist es auf der Welt«, seufzte ich mit gekünstelter Wehmut, »aber du sitzt, verdammt, eingesperrt wie unter den Deutschen; einen Passierschein für draußen kriegst du nicht, weil du es nicht verstehst, dich einzuschmeicheln, durch das Loch in der Mauer gehst du besser nicht, weil sie dich erschießen, denn du bist ja ein Häftling. Und wie geht es dir? Wenn einem der Sohn ein Lamm bringt oder eine Deutsche zuführt, läßt es sich aushalten. Aber du sitzt, hungrig und fern der Heimat. Wenn wenigstens nicht geklaut würde! Es wäre leichter zu ertragen, wenn alle das gleiche Schicksal teilten ... Aber vorläufig ...«

Die ganze Zeit betrachtete ich unter gesenkten Lidern den Fähnrich. Unruhig bewegte er sich auf dem Bett, seine Lippen zitterten unheilverheißend. Aber er sagte nichts. Er holte die Uniform aus dem Spind und begann sich anzuziehen, wobei er leicht durch die Nase schnaufte. Er preßte die Lippen zusammen und schaute zu Boden.

»Der Herr Fähnrich geht wohl zur Grunwald-Messe?« fragte Kolka gleichmütig vom anderen Ende des Saals.

»Nein, Herr Unterfähnrich. Ich gehe in der Küche nachschauen. Aber wehe euch, wenn ich das Lamm nicht finde!« knurrte er unheilverkündend durch die zusammengebissenen Zähne.

»Sie finden's, Herr Fähnrich, Sie finden's«, verkündete Stefan. »Passen Sie nur auf, daß Ihr Söhnchen nicht erwischt wird, denn wer gibt Ihnen dann zu essen? Der Oberst wird Ihnen kein Lamm bringen.«

»Und du, Tadziu« – Unterfähnrich Kolka verlagerte seine auf dem Geländer des Bettes ruhenden Beine –, »gehst du nicht zu *Grunwald*?«

»Hab keine Lust. Vielleicht gehe ich ins Theater. Es heißt, sie bereiteten was Überraschendes vor. Gibt's in der Messe vielleicht was Interessantes?«

»Geh zur Messe«, redete Kolka mir ohne Eifer zu. Er zog die Hände aus der Hosentasche und kratzte sich angelegentlich. »Geh zur Messe, dann kannst du mir erzählen, was da los war, und dem Herrn Redakteur für seine Zeitschrift etwas darüber schreiben. Vielleicht bringt's dir ein Gulasch? Gulasch gibt's heute zu Mittag.«

»Das kriege ich auch so. Suppe krieg ich jeden Tag.«

»Du könntest dir die Mädchen anschauen ... Und hättest du nicht Lust, den Erzbischof zu sehen?«

»Was haben wir miteinander gemein?« Emphatisch breitete ich die Arme aus. »Unsere Lebenserfahrungen sind so unterschiedlich! Er war den ganzen Krieg über irgendwo in der weiten Welt, na, du weißt schon, Heldentum und Vaterland und ein bißchen Gott. Wir, wir haben woanders gewohnt, mit Steckrüben, Wanzen und Geschwüren. Er ist bestimmt satt, ich habe keine Lust zum Essen. Er betrachtet die heutige Feier unter dem Blickwinkel Polens, ich unter dem Blickwinkel des Gulaschs und der Fastensuppe morgen. Seine Gesten werden für mich unverständlich sein und meine für ihn zu dutzendmäßig, und beide werden wir einander ein wenig verachten. Und *Grunwald*? Geht es mir hier etwa schlecht auf dem Fensterbrett? Die Sonne wärmt, die Fliege summt, man unterhält sich angenehm mit den Nachbarn« – ich verneigte mich in Richtung des Fähnrichs – »und sieht alles wie auf dem Theater. Übrigens«, fügte ich sachlich hinzu, »ist er noch nicht da. Soeben begibt sich die Generalität würdevoll und in Marschordnung zur heiligen Messe, und über der Generalität schwebt der Rauch und der Duft des Essens, das für sie bereitet wird.«

An der Spitze schritt der Oberst in einer Uniform, die von örtlichen Schneidern nach englischer Mode aus einer Decke von der Farbe welken Laubes gefertigt wurde. Stark verkürzt betrachtet, ähnelte der Oberst einem massigen Klotz mit einem von der Sonne polierten Kopf und steifen Beinen, denn er glitt würdevoll und aufrecht dahin, und mit Mühe simulierte er einen straffen militärischen Schritt. Neben ihm schritt der Major, gehüllt in das jungfräuliche Grün einer deutschen Offiziersuniform. Er streckte dem Oberst seine Hände entgegen, offenbar versuchte er ihm wie ein Prediger etwas zu erklären, möglicherweise über die umstürzlerischen Unruhen im Militärverband Allach. Hinter ihnen tummelte sich, wie eine Schar ungebärdiger Kinder hinter ihrem Lehrer, eine undifferenzierte Herde grüner und schwarzer Jacken, gestikulierender Hände, über denen bunte Köpfe mit Käppis hüpften, reichlich überschüttet mit den Nationalfarben.

»Daß die Deutschen es nicht geschafft haben, sie totzuschlagen!« Stefan stützte sich versonnen aufs Fensterbrett und schaute wütend in den Hof hinunter. Die strubbeligen schwarzen Haare glänzten wie das Fell eines Hundes. »Sie werden bis ans Ende der Welt so bleiben. Polen, o du Polen, für Polen. Wenn sie nur, fern der Heimat, zwei Schüsseln Suppe haben! Wie blöd war ich, wie blöd!« Er richtete sich vom Fensterbrett auf und schlug sich mit der flachen Hand an die Stirn. »Du hast ja selber gesehen, wie ich dieses Lumpenpack in meinem Block habe leben lassen, wie ich sie durchgefüttert und mich für sie eingesetzt habe; ich habe den blöden Zigeunern das Fressen geklaut.«

»Gib nicht so an, Blockältester«, fiel ihm scharf Unterfähnrich Kolka ins Wort, worauf Stefan sich zum Saal umdrehte. »Wir waren schließlich in demselben Lager. Wenn du geklaut hast, dann Butter und Brot für dich selbst und für sie allenfalls Suppe.«

»Und wer hat ihnen Platz im Block verschafft? Saubere Pritschen, saubere Decken, frisch gestopfte Strohsäcke? Ist das nichts? Hätten sie sonst die Kommandos überstanden?«

»Die Luft wäre rein geworden, wenn sie verreckt wären«, warf ich belustigt ein, denn es amüsierte mich, wie Stefan, der ehemalige Kollege, der Pfleger aus Birkenau, später Läufer und Bursche eines SS-Manns in der kleinen Bude des Kommandoführers, von dem ich, als ich ihm nicht rasch genug aus dem Weg ging, ordentlich eins in die Fresse bekam, und schließlich Blockältester im reichsten, dem Schonungsblock, aus dem die Suppe kesselweise und das Brot zu Dutzenden von Laiben ins Lager wanderte, auf der Suche nach Zigaretten, Obst und Fleisch für den Blockältesten – wie dieser Stefan sich jetzt damit brüstete, daß er einer Handvoll polnischer Offiziere vom Aufstand das Leben gerettet hatte, und die wollen ihm dafür heute nicht mal Suppe geben.

»Und erinnerst du dich noch an den Obersten in Allach?« fuhr er verbittert fort. »Man brachte ihm eine Kaffeemühle, er bettelte jemandem etwas Weizen ab, setzte sich auf die Pritsche und kannte fortan nichts anderes mehr, nur die Mühle und Fladen backen. Hier, verstehst du, bricht eine Welt zusammen, die ss-Artillerie im Lager, ein paar Frauen verschmorten, die Dörfer ringsum in Flammen, die Jungs gingen mit dem Messer auf Plünderung, die Amerikaner kommen, Wahnsinn, Verbrüderung der Völker, der Krieg ist zu Ende! Aber der – die Mühle, die Fladen und rennt zur Latrine. Und jetzt ist er so ein hohes Tier …«

Ich hob beide Arme hoch. Stefan hielt verwirrt inne. Da begann ich, die Gelegenheit nutzend, zu deklamieren:

Die Hierarchien festigen sich,
der Bruder erkennt endlich den Bruder.
Es dreht die Mühle und mahlt Mehl
unser Oberst, der Herr Kuriata.

Eine zweite Schüssel Suppe bekam er,
und so fühlte er sich groß an Macht.
Ich, ich darf schon zum Dienst,
sie sollen mir bloß was zu essen geben.

Herr Oberst, zielen Sie genau!
Herr Oberst, mahlen Sie Mehl!
Wenn Sie mit Macht dreinschlagen,
sind wir Ihr Regiment mitsamt Kasino,

für jeden neuen Schlachtensieg
gibt's Suppe satt, und zwar vier Liter!

»So war es, du hast recht, Stefan«, lobte ich. »Das ist mein Gedicht, Herr Fähnrich. Gut, was?«

Der Fähnrich war inzwischen fertig angezogen. Er musterte mich mit ruhigem Blick.

»Ich wundere mich über Sie, Sie Intellektueller«, sagte er bitter. »In so einer Zeit solche Dummheiten … Wo es geboten ist, zusammenzuhalten und nicht Unfrieden zu stiften! Die Zanksucht stürzt uns ins Verderben! Durch sie gehen wir zugrunde!«

»In Katyn, wie? In Katyn? Tut das dem Herrn Fähnrich leid?« blaffte Stefan, der dem Fähnrich gegenüberstand, in gehässigem Ton. »Büchlein hat der Herr Fähnrich gelesen, Büchlein, Suppe hat er gegessen, eine kleine Deutsche hat er befingert, und dann ruft er uns zu Eintracht auf … In Katyn, wie?«

»Natürlich in Katyn, du Bankert! Weißt du, um was es geht? Es waren deine geliebten Landsleute aus dem Osten, es war dein Polen, du Lump, verfluchter!« stieß der Fähnrich plötzlich hervor und trat ebenfalls an den Tisch. Er krallte sich dermaßen an der schwarzen Platte fest, daß ihm das Blut aus den Fingernägeln wich.

»Polen gefällt euch wohl nicht, wie? Der Herr Fähnrich möchte ein anderes Polen. Wo er dann die Fahne trägt, wie? Wo das Söhnlein nachts Lämmer holt und kleine Mädchen herbeischafft, wie? Ihr schafft es noch, euch ein Polen zu machen, daß man kotzen muß.«

»Geh du doch in dein Polen, geh schon!« zischte der Fähnrich. Seine bleich gewordenen Lippen begannen zu zittern. »Niemand hält dich hier fest. Spion!«

»Keine Bange, ich werde gehen«, sagte Stefan sanft, »ich habe Zeit. Ich bleibe nur noch, um euch ein bißchen anzuschauen, um euch nicht zu vergessen. Ich geh und werde auf euch warten, ja, das werde ich.«

Unterfähnrich Kolka ließ sich schwer aufs Bett fallen und baumelte mit den Beinen, wobei ein Haufen Dreck auf meine Pritsche runterkam. Er winkte mir fröhlich zu, tippte sich mehrmals an die Schläfe und simulierte die schiefe Kopfhaltung von Idioten. Der schwarze Zigeuner auf seinem Kopfkissen mit roten Mohnblumen stöhnte vor Schmerz. Ich lächelte Kolka zu und wiegte zur Antwort meinen Kopf, so als wolle ich feststellen, ob nicht Wasser in ihm herumschwappt.

»Geh in dein Polen, zu jenen Polen, die Katyn angerichtet haben, geh!« schrie der Fähnrich, puterrot vor Erregung.

Der Fähnrich riß am Tisch, stürzte ihn krachend um und fuhr Stefan an die Gurgel.

In der verglasten und mit frisch geschnittenen Zweigen geschmückten Halle ertönte silbern ein Glöckchen; die vor der Halle versammelte Menge strömte hinein, und gleichzeitig trat ein Priester in Violett, umgeben von einem engen Ring schwarzer und grüner Priester, aus der reich mit Rot und Weiß geschmückten Galatür der Kommandantur und steuerte auf die Halle zu.

»He, laßt das!« kreischte ich und eilte Kolka zu Hilfe, der die Kämpfenden zu besänftigen suchte. »Kloppt euch nicht, ihr Hurensöhne! Der Erzbischof geht zur heiligen Messe!«

II

Der am Altar stehende Erzbischof wandte sich um. Zu seinen Füßen ragten die schimmernden grauen Häupter der Offiziere über die Stuhllehnen. Unter ihnen befand sich, reglos wie ein Monument, der Vorsitzende des Komitees. Der massive Stierkopf, kurzgeschoren, erhob sich aus einem schneeweißen Hemd mit Schillerkragen und begab sich ernst zum Altar. Ein Stück von ihm entfernt posierte auf seinem Stuhl der Schauspieler. Er fühlte sich nicht wohl in dem gestohlenen Zivilanzug, der ihm zu groß und zu steif war, zappelte nervös und richtete mit seiner blitzenden Brille einen fragenden Blick an die Zuschauer, die mit zusammengezogenem Mund und herabhängenden fleischigen Wangen dasaßen. Neben ihm ergoß sich aus einem karmesinroten Kleid die Sängerin auf den braunen Plüsch des Sessels; von ihr hieß es, in den Hungertagen vor Kriegsende habe ganz Dachau sie besessen. Derzeit (so ein anderes Gerücht) besaß sie der Schauspieler. Auf ihrem Schoß lag ein amerikanischer Helm aus Pappe. Der First Lieutenant, der eigentliche Kommandant des Lagers, hatte die Beine übereinandergeschlagen, malmte lässig an seinem Kaugummi und starrte, fremdartig glänzend mit seiner Brillantine, mit stumpfem Blick auf die Schenkel der Sängerin.

Hinter den Stuhlreihen stand dichtgedrängt die Menge, klebte an den Fenstern der Halle, betrachtete andächtig das Birkenkreuz, die aus Papier ausgeschnittenen Adler, die man mit Nadeln an die großen, aus Betttüchern zusammengenähten Nationalfahnen geheftet hatte, und schaute aus den offenen Türen, hinter denen sich der Efeu wiegte und ein heiterer Himmel vibrierte, sah zu und schwieg. Neben den Bänken stand reglos das Bataillon.

»Wenn du *Ulenspiegel* ausgelesen hast, gib ihn mir«, flüsterte der Redakteur. »Kommst du zum Gulasch zu uns? Wir gehen nämlich früh ins Theater.« Er ließ sich auf ein Knie nieder und schlug sich mit der Faust an die Brust.

»Ich komme«, versicherte ich ihm eifrig und fiel ebenfalls auf die Knie.

Der Erzbischof betrachtete die Menge zu Füßen des Altars und nickte unmerklich. Der bisher untätig neben dem Sessel stehende Priester aus Dachau sprang lebhaft herbei und setzte ihm die Mitra auf. Mit einer ungeduldigen Bewegung rückte der Erzbischof sie zurecht (sie drückte ihn offensichtlich), und erst dann segnete er uns mit einem ratlosen Ausbreiten der Arme. Über die eilfertig gesenkten Häupter strömte das schwache Geflüster des Gebets hinweg.

Auf der anderen Seite des betonierten Hofes, auf dem ganz schmalen Fetzen Grün unter den anämischen Platanen, lagerte sich ein Transport, der von amerikanischen Lastwagen ausgespuckt worden war. Im Grün wurden Federbetten ausgebreitet, Lagerstatt für stillende Frauen, schreiende Blagen, die von der Gluthitze ohnmächtig wurden, und Mädchen, denen alles gleichgültig war und deren Leiber durch die fadenscheinigen Kleidchen durchschimmerten. Männer in schweißnassen Hemden wachten aufmerksam bei den Bündeln, strichen vor dem Gebäude umher, gafften in die Halle, und die Kräftigeren gingen die Stuben betrachten, in denen der Transport wohnen sollte.

»Aha, der Dichter. Sie sind nicht in der Messe? Sind Sie vor dem nationalen und göttlichen Mysterium ausgerissen? Sie bauen nicht mit am Fundament des Schaffes des nationalen Banners, das aus dem Geiste der Gefallenen und anderer geschaffen wird?«

Hoch oben auf einem Haufen mit Schnüren umwickelter Koffer, Kopfkissen und Bettdecken saß ein Mädchen mit ungewöhnlichen Augen. Statt eines Kreuzes baumelte an ihrem Hals eine sonderbare längliche Kapsel, die an eine kleine Pfeife erinnerte. Unter dem Batiströckchen zeichneten sich kräftige, feste Schenkel ab. Weich lagerten ihre hübschen Beine auf dem Federbett. Unterhalb des Haufens hockte rittlings auf einem Koffer in langschäftigen Stiefeln der Professor, der mich durch seine Brille wie über einen Graben hinweg ironisch anlächelte. Es konnte ihm nicht entgangen sein, daß mir vor Begierde die Kiefer zitterten.

»Biologisch habe ich es überlebt. Jetzt schaffe ich die Grundlage für die Rückkehr nach Polen. Aus der geistigen Lethargie kehre ich ein in den lebendigen Leib der Nation«, erwiderte ich ausweichend. Wir mußten beide lachen. Wir zitierten die treffendsten Passagen aus dem von Geistlichen herausgegebenen, hektographierten Lagerblättchen.

»Diese Dame« – der Professor deutete nach oben und berührte dabei ungewollt die Beine des Mädchens – »ist soeben in den lebendigen Leib der Nation geflüchtet. Der ganze Transport kam aus Pilsen. Sie haben Polen über die grüne Grenze verlassen.«

Ich hob vielsagend die Brauen. Das Mädchen entblößte als Antwort die Zähne. Sie setzte sich auf dem Federbett zurecht. Ihre allzu vollen Brüste wogten unter der Bluse.

»Vor den Waldbanden?« vermutete ich. Wenn ich auf der Suche nach Lammfleisch durch andere Stuben ging, hörte ich Radiosendungen aus Warschau. Zwischen den Suchmeldungen nach Verwandten wurde dort immer noch über die Waldbanden geklagt.

»Ganz im Gegenteil. Vor den unseren. Sie ist Jüdin. Sie sind geflohen, als seien sie Kühe, die eine bessere Weide suchen. Sie kamen zu uns wie in ein verbotenes Getreidefeld. Aber das hier ist ein Brachfeld, mein Fräulein!« Er lehnte sich nach hinten, berührte ihr Knie und ließ ganz unverhüllt seine Hand über die Wade des Mädchens gleiten.

Ich gab dem Mädchen die Hand. Sie blinzelte, vielleicht wegen der Sonne, die ihr in diesem Moment direkt in die Augen schien.

»Hören Sie nicht hin. Das ist die Verbitterung der Kuh, die, obwohl sie die halbe Welt durchstreift hat, keine bessere Weide fand.«

»Wir sind aus demselben Haus«, sagte das Mädchen, »aus dem Ghetto.« Sie lächelte, als wolle sie sich entschuldigen. »Und jetzt haben wir uns wieder in demselben Haus getroffen« – sie deutete mit einer Handbewegung auf die Steine der Kaserne – »in einem Haus der ss.«

»Als wenn es den Krieg nicht gegeben hätte«, fügte der Professor bissig hinzu und lachte selbstzufrieden laut auf. Er rieb sich die faltigen Hände und klopfte auf die bayerische Lederhose, die fleckig war wie die Schürze eines Schlachters. »Denken Sie an die Kühe, Sie gescheiterter Dichter«, setzte er hinzu und betrachtete seine haarigen Knie.

»Um eine bessere Weide zu suchen?« fragte das Mädchen vom Federbett herab. Mit den Fingerspitzen streifte sie die Haare des Mannes. Ich preßte ironisch die Lippen zusammen, als ich ihren schrägen Blick auffing.

»Nein«, erwiderte der Professor unwillig. »Um seine eigene Weide zu haben und nicht Botschafter seiner Herde auf fremden Wiesen zu sein.«

»Und wo ist unsere Wiese?«

»In Palästina. Im Gefängnis Akko bei Jerusalem. Dort habe ich ein halbes Jahr wegen unerlaubter Einwanderung gesessen. Während des Krieges, hahaha.« Er brach in donnerndes Gelächter aus, erhob sich wortlos und ging über den betonierten Hof zur Halle hinüber. Der Gottesdienst war beendet, die Leute strömten heraus und erfüllten den Hof mit ihrem Lärm wie eine Schüssel. Der Schwarm der Prominenten, der den Erzbischof umschwirrte, strömte in Richtung Kommandantur und versickerte hinter der Tür im Parterre, wo der Oberleutnant wohnte.

»Das ist der lebendige, asketische Leib der Nation. Eine polnische Mistel auf einer deutschen Eiche.« Verächtlich deutete ich auf den Platz. »Und dennoch sind sie eine Kraft. Weil wir für eine Idee kämpfen! Und was ist dort, in eurem Polen?«

Ich ging nicht fort, die Hose aus rauhem Tuch kratzte unaufhörlich an meinen Schenkeln. Das Mädchen ließ sich sanft von dem Federbett herabgleiten und landete auf dem Boden, wobei sie sich wie eine Katze an meinem Körper rieb. Wieder wogte die allzu üppige Brust unter der Bluse.

»Denken Sie, ich sei ein bedauernswerter Fahrgast, der aus einer Straßenbahn gestiegen ist, in der die eine Hälfte sitzt und die andere zittert? Wegen der Krone des Adlers? Sie kennen doch die polnischen Witze? So ist es keineswegs!« rief sie erregt aus. »Überhaupt nicht deswegen!«

Sie griff energisch nach dem Koffer. Während sie sich vorbeugte, schimmerten unter dem rosa Kleidchen ihre Schenkel hervor. Der Transport begann, sein Gepäck in fieberhafter Eile in die Kaserne zu tragen. Ich schnappte mir zwei Bündel, stapfte mit männlichem Schritt über den Hof und schleppte sie zitternd die Treppen hinauf. Die ganze Zeit starrte ich auf den Nakken des Mädchens, das, mit den Betten bepackt, vor mir latschte. Irgendwelche Tanten oder Betreuerinnen empfingen sie kreischend, griffen mit zitternden Händen nach den Betten und wiesen uns den Weg.

Wir legten die Lasten in einem Saal im Erdgeschoß ab und eilten unter fröhlichem Geschrei und leisen Flüchen zurück, weitere Gepäckstücke zu holen. Im Durchgang streifte ich das Mädchen abermals und fing ihren amüsierten Blick auf.

Im Saal, der in einigen Stunden bezogen werden sollte, machten sich Männer an der teilweise eingedrückten Tür, an dem eingeschlagenen Fenster und den übel zugerichteten mehrstöckigen Pritschen zu schaffen. In der Stube, die dunkel war wie ein Keller, lag der Staub meterdick und würgte einen in der Kehle. Wir sammelten den Abfall ein und warfen ihn zum eingeschlagenen Korridorfenster hinaus, direkt auf die Köpfe der Leute, die sich hinter der Kaserne häuslich eingerichtet hatten und, ohne sich um *Grunwald*, den frischen Julitag oder die bei Verletzung der Hausordnung drohenden Strafen zu scheren, an unzähligen Feuern zusammenhockten, deren Material sie von Pritschen und Tischen abgeschlagen hatten. In Schmorpfannen, Kochgeschirren, rußigen Konservendosen und erbeuteten Aluminiumtöpfen breiteten sie Essen jedweder Art zu: das Fleisch eines Lammes, das sie in der Nacht vor Grunwald aus einer Herde geraubt hatten, Grütze, diverse Suppen und Kompott, backten auf angerosteten glühenden Blechen Kartoffelpuffer und rührten mit hölzernen Schaufeln in Mixturen, die in allen Farben siedeten, wobei sie emsig ins Feuer bliesen. Der Rauch brodelte wie eine von unten erhitzte dichte, schmutzige Sahne, blähte sich auf, stieg träge in die Höhe, quoll durch die lückenhafte Mauer auf die angrenzende Wiese, verwischte die Konturen des fernen Waldes, der am Horizont zu sehen war, und umhüllte die kuppelförmigen Platanen an der Autobahn wie mit Creme. Der mit dem Rauch vermischte Geruch des kochenden rohen Gemüses und Fleisches stach so scharf in die Nase, daß sich einem der Magen umdrehte. Von unten, unterhalb des Rauches, drang wie vom Boden eines Topfes das Bullern der Rufe und Flüche der hungrigen, sich ihr Essen bereitenden Menschen herauf. Ich riß das Mädchen vom Fenster los und zog es in den weißgekachelten Waschraum, der, besudelt mit Essensresten und Kot, wie eine Latrine stank.

»So lebt ihr also«, sagte die Jüdin verächtlich und hielt sich die Hände unter den Wasserstrahl. »Vorne *Grunwald*, hinten Kochen. Ich würde es hier nicht einen Tag aushalten. Nein, ich würde es nicht aushalten!«

»Sie würden sich daran gewöhnen«, erwiderte ich gekränkt. »Dies ist noch die Quarantäne, weder KZ noch Freiheit. Doch es wird besser, freier werden. Wir sind eine große Kraft! Eine moralische!« sagte ich heftig. Dann mäßigte ich mich: »Aber die Leute wollen was essen. Der Mensch muß essen, muß eine Frau haben. Jahrelang haben die Leute gehungert! Jahrelang haben sie sich nach dem Augenblick gesehnt, wo sie sich mit Brot satt essen, wo sie die erste Frau haben! Das sind grundlegende Dinge. Da hilft auch *Grunwald* nichts.«

Sie schüttelte die lästigen Tropfen von den Händen, trocknete sich die Hände am Saum des Röckchens. Die Schenkel schimmerten. Wir gingen auf den Korridor. Die automatische Tür schlug leise hinter uns zu. Sie war bislang nicht beschädigt worden.

»Und Sie haben nach so vielen Jahren Lager nicht den Wunsch, diese Mauern hinter sich zu lassen?« Sie blickte mich forschend an, als sei ich eine besondere Hunde- oder Katzenart. »Ich rede weder vom Brot noch« – ein leiser Hauch Ironie drang aus ihrer Stimme – »von der Frau. Aber davon, einfach in den Wald zu gehen.«

»Ich habe Angst«, gab ich ehrlich zu, »weil sie aufpassen. So viele Jahre überleben und dann nach Kriegsende sterben, das wäre doch zu grotesk. Da schätzt der Mensch sich doppelt.«

»Sie haben Angst!« rief sie und klatschte in die Hände. »Ach, Sie haben Angst!«

»Und was hat Sie auf – auf fremde Weiden gelockt, wenn nicht die Angst? Sind Sie vor diesem Vaterland geflohen? War es das Gaukelbild des Westens? Dies ist auch der Westen!« Ich deutete auf das zerschlagene Fenster, vor dem sich der Rauch zusammenballte. »Seit Frieden ist, haben wir alle Angst.«

Das Mädchen lachte höhnisch auf. Wir gingen den Korridor entlang, vorbei an den Fenstern, die auf den Wald hinausgingen.

»Es war überhaupt nicht Angst! Ich bin vor der Liebe geflohen. Lächerlich, ach, wie lächerlich!«

Ich zog die heruntergerutschte Hose hoch und kreuzte die nackten Arme vor der Brust. Ich schämte mich für die Pickel, die unter dem Turnhemd hervorschauten, aber ich hatte es bislang nicht geschafft, ein Hemd mit Kragen zu stehlen.

»Ich war sechs Jahre lang Katholikin, Polin, habe allerlei Gebote gelernt, bin regelmäßig zur Messe und zur Beichte gegangen. Meine Mutter gab mir, bevor sie in Treblinka umkam, ein Gebetbuch. Ich habe noch heute die Widmung vor Augen: ›Meinem geliebten Töchterchen Janinka am Tag der ersten Kommunion, Mami‹. Ich nannte mich anders. Ich sähe ja nicht wie eine Jüdin aus, sagte sie mit einem gewissen Stolz und suchte mit den Augen Bestätigung in meinen Augen.«

Die Jüdin sah man ihr tatsächlich nicht an. Sie hatte weiche helle Haare und ein breites, etwas flaches Gesicht. Nur die dunklen, tiefliegenden Augen schillerten unruhig wie ein Opal.

»Sie sehen wirklich wie eine Arierin aus«, sagte ich lobend. Ihre Augen erstrahlten vor Dankbarkeit. »Soviel zur Angst. Aber wo bleibt die Liebe?«

»Die Liebe kommt auch vor, denn ich verliebte mich. In einen Katholiken. Er war Kommunist und mochte die Juden nicht«, klagte sie treuherzig. »Er liebte mich sehr. Ich konnte ihn nicht belügen. Das war doch richtig, oder?«

Ich blickte ihr lange in die Augen, mit gekonnt vorgetäuschtem stummem Mitgefühl.

»Sobald die Deutschen fort waren, ließ er sich vom Militär anwerben. Das war übrigens in Siedlce. Ich schrieb ihm einen Feldpostbrief und floh. Das war sehr leicht, ach, wie leicht!«

»Ohne eine Antwort abzuwarten?« wunderte ich mich.

Sie wurde rot wie ein Pfirsich und biß sich auf die Lippen.

»Ich fürchtete, daß er schreibt...« Sie brach ab. »Er war wie ein Nationaldemokrat. Und ich ... ich konnte wirklich nicht! Ich wollte nicht! Es war mir lieber, sie hätten mich Chaimka genannt, dann hätten die Polen mich gemieden!«

Ein paar Männer liefen vorbei und rempelten uns an, dann verschwanden sie hinter der Ecke des Korridors. Vom Hof drangen erregte Schreie zu uns.

Ich nahm sie an der Hand. Sie war warm und weich wie das Fell einer Katze. Der Rauch drang durch die Fenster in den Korridor ein und breitete sich in schmalen Streifen an der Decke aus, wie ein Spinngewebe.

»Das verstehe ich gut«, sagte ich leichthin, nur mit Mühe das Zittern meiner Kiefer unterdrückend. »Sie sind sehr mutig. Es ist der Mut der Angst. So möchte ich auch sein.« Und fügte im gleichen Atemzug hinzu: »Hätten Sie Lust zu einem Spaziergang, aber außerhalb des Lagers? Dort sollen die Fichten den Duft des Sommers ausströmen, aber ich war noch nie da. Wahrscheinlich würde mich die Sehnsucht nach der Weite packen, und ich würde zu Fuß nach Westen oder nach Osten gehen. Es täte mir leid, die Bücher, die ich gesammelt habe, zurückzulassen. Aber mit Ihnen« – ich drückte vertraulich ihre Hand – »würde ich nicht weit gehen. Bestimmt.«

Ich trat fester mit den Schuhen auf und zog mit einer Hand die Hose hoch. Das trockene, rauhe Tuch brannte wie Brennessel. Auf den Korridoren hörte man schon die Kessel. Die Essenszeit nahte. Der Magen tat weh wie ein schmerzender Zahn. Vom Hof her ertönte ein Schrei. Wieder rannten Leute über den Korridor und stürzten zur Eingangstür. Dort mußte etwas vorgefallen sein.

»Morgen fahren wir weiter«, sagte das Mädchen und entzog mir die Hand. »Wer weiß wohin? Einen Tag in dem Lager, den nächsten in einem anderen ... Dauernd neue Menschen, Fremde. Wie mich das anwidert!« Und auf einmal sagte sie beinahe flüsternd: »Ich habe panische Angst davor, nach Palästina zu gehen. Was habe ich mit den Juden gemein? Für mich allein, privat, Jüdin sein, ja! Aber in einem jüdischen Dorf leben, Kühe melken, jüdische Küken abtasten, einen Juden heiraten? Nein, nein!« rief sie, als hätte ich ihr das eingeredet. »Vielleicht studiere ich statt dessen. Wir«, bekräftigte sie entschlossen ihre Ansicht, »werden uns sowieso nie wiedersehen. Schade. Vielleicht könnte ich mich in Sie verlieben?« Sie lächelte, belustigt über den Ausdruck meiner Augen. »Sie können nämlich zuhören. So wie Romek. Das war der aus Siedlce«, erläuterte sie kurz.

Ich packte sie am Ellenbogen und drehte sie brutal zu mir herum. Beinahe hätte sie mich mit ihren allzu ausladenden Brüsten berührt. Eine Blutwoge schoß durch meinen Körper.

»Wir werden uns nie wiedersehen!« neckte sie mich, und ihre Mundwinkel zitterten, »aber« – sie machte eine Pause – »das ist besser so.«

Als ich sie entmutigt losließ, hängte sie sich bei mir ein.

»Wann möchten Sie diesen ... Spaziergang machen?«

»Nach dem Mittagessen, einverstanden?« flüsterte ich überwältigt. »Beim Wachwechsel wird es einfacher sein. Dann gehen wir.«

Wieder liefen einige Männer den Korridor entlang. Der letzte drehte sich um, winkte uns aufmunternd zu und rief atemlos:

»Kommt, das müßt ihr sehen! Eine Befriedungsaktion! Soldaten mit Gewehr! Revolution!« Damit stampfte er die Treppe hinunter.

Das Mädchen stürzte, ohne mir geantwortet zu haben, zur Tür. Ich rannte ihr nach. Wir liefen nach draußen. An der Tür trafen wir auf ein Gewühl. In der Mitte des Platzes zog sich eine Menschenmenge, unter lautem Geschrei zur Seite ausweichend, vor langsam vorrückenden Jeeps zurück, auf denen Soldaten standen, Amerikaner, die drohend ihre Gewehre schüttelten. Plötzlich ertönte aus dem ersten Auto ein Schuß. Die Menge begann mit den Flügeln zu schlagen wie eine Schar aufgescheuchter Enten, antwortete mit einem feindseligen

Aufschrei und verstummte, um glucksend in das Hühnerhaus der Kaserne zu flüchten. Sofort füllten sich alle Fenster mit menschlichen Köpfen, die zu gackern begannen. Aus der Tür der Kommandantur stürzte der Major heraus. Beim Anblick der Soldaten blieb er wie angewurzelt stehen und zog sich dann leise an den Fuß der Treppe zurück, auf der voller Würde in grellrotem Gewande die Gestalt des Erzbischofs erschien.

Das Mädchen bebte am ganzen Leib. Ich zog sie an mich. Die allzu üppige Brust gab unter meinen Fingern sanft nach. Vertrauensvoll schmiegte sie sich an mich.

»Solche Idioten«, stieß sie hervor, »ach, was für Idioten! Alles würde ich geben, um hier rauszukommen! Laß uns fliehen!« Sie umfaßte meine Hände. Mein leerer Magen schmerzte wie ein enger, drückender Schuh.

»Das geht von den Köchen aus«, sagte einer vor uns, »sie haben die Amerikaner geholt. Sie sind am Kessel aufsässig geworden. Am Mittag wollten sie das Radio nicht auf London einstellen. Da haben die Leute vorm Fenster Krach geschlagen. Besonders schlimm war einer, der in der ersten Küche arbeitet, der auch schon in Allach Koch war – er hat ne Schüssel Kartoffeln nach den Leuten geworfen. Da sind die Jungs rebellisch geworden. Nur darf man bei so was kein Geschrei machen. Man schnappt sich den verdammten Antichrist, dreht ihm ruck, zuck den Hals rum und fertig. Dazu sind Polen vermutlich unfähig.« Er versank in trübsinnigen Gedanken.

»Denen haben sie's aber richtig gegeben«, freute sich

ein anderer. »Die brauchen mindestens eine Woche, um sich wieder aufzurappeln. Lebend kommen die nicht aus dem Lager heraus, das sag ich euch.«

Alle Scheiben im Erdgeschoß waren gewissenhaft eingeworfen worden. Im schattenverhangenen Inneren der Räume machten sich Leute an den Trümmern der Gerätschaften zu schaffen und versuchten zu retten, was noch zu retten war. In den Helmen der Soldaten, die den Haupteingang im Erdgeschoß bewachten, spiegelte sich die Sonne und stach in die Augen. Sie warteten unentschlossen, während die Lastwagen wendeten und sich in Richtung Tor aufstellten.

Aus der Tür des gegenüberliegenden Kasernenflügels schob sich derweil eine kompakte Gruppe Leute und steuerte, sich balgend wie eine Meute Hunde, quer über den leeren Platz direkt auf die Kommandantur zu. Voran schritt mit gesenktem Kopf wie ein angreifender Stier der Fähnrich. Er hielt ein Mädchen gepackt, das sich ihm kreischend entwand. Ein anderer schnappte sie, packte sie am Hals, schüttelte sie, beruhigte sie. Die übrigen umringten sie und den riesigen Kolka, der alle um Haupteslänge überragte, einen Mann im weißen Kittel mit Fußtritten traktierte, ihm einen Arm auf den Rücken drehte. Die Soldaten eilten ihnen entgegen.

Ich drückte mein Mädchen an mich, bis sie aufschrie. Ich bog ihren Kopf zurück, um sie zu küssen, aber sie riß sich zornig los.

»Dann also nach dem Mittagessen«, sagte ich resigniert, drängte mich durch die Menge und eilte auf den Platz. »Es sind Freunde«, rief ich ihr aus der Ferne zu. Sie stellte sich auf die Zehenspitzen und hob die Hand ans Gesicht, ein wenig verblüfft und ein wenig wie auf dem Bahnsteig. Ich kam bei den Jungs an, kurz bevor die Soldaten uns umringten.

»He, Tadziu«, dröhnte Kolka lachend, »wir haben den Dieb! Einen ganzen Sack Fleisch haben wir in der Küche entdeckt! Und auf der Stube des Herrn Koch lag die Deutsche im Bett! Er konnte sie nicht rechtzeitig rausbringen. Schneller, Idiot!«

Damit versetzte er dem Koch, den er vor sich hertrieb, einen Stoß mit dem Knie. Der Koch schrie, als er die Soldaten erblickte, vor Schmerz auf. Ein Soldat stürzte sich auf Kolka, gurgelte kehlig und holte mit dem Kolben aus. Aber er schlug nicht zu.

Auf der Treppe vor der Kommandantur stand zwischen dem Obersten und dem Major der Erzbischof und betrachtete uns mit einem milden und müden Blick. Er bewegte die Lippen, als würde er beten, doch Stefan schien es, als fragte er etwas.

»Er hat, Herr Erzbischof, Essen für eine Deutsche gestohlen, und er hat es den Kollegen gestohlen! Er hat gestohlen und gehurt!« schrie er und stieß das deutsche Mädchen mit zornesblitzenden, blutunterlaufenen Augen auf die Treppe, so daß es auf die Knie fiel. »Und sie lassen uns nicht Radio hören! Euer Radio«, setzte er aufrührerisch hinzu. »Nicht aus Warschau, sondern aus London!«

III

Das Zimmer der Redakteure, mit einem stimmungsvollen Blumenmuster tapeziert, wirkte anheimelnd. Von den ehemaligen Bewohnern, Offizieren der ss, die entweder in der Nähe der Kaserne auf dem Felde der Ehre gefallen oder nach Hause ausgerissen waren oder die von uns freigemachten Plätze in Dachau eingenommen hatten, war nur ein solider, zweitüriger Schrank übriggeblieben, der durch ein Wunder nicht kurz und klein geschlagen worden war von den *Ausländern*, die, kaum daß sie nach beendetem Krieg aus dem Lager befreit waren, in die herrenlose Kaserne einfielen, alle Scheiben, Lüster, Spiegel in den Badezimmern und Waschräumen zerschlugen, Filmapparate gründlich zerlegten, dem Röntgenapparat im Spital die Zähne ausschlugen, Autos, Motorräder und Kanonen in den Garagen in Brand steckten beziehungsweise sprengten, die die Munition und Teile der Kasernenmauer raubten, die auffälligen Salonmöbel aus Mahagoni in Stücke schlugen und die Klosettschüsseln total verdreckten, um schließlich unter Absingen der Nationalhymne von dannen zu ziehen.

Da war also der Schrank, ferner ein aus Resten zusammengestückeltes Kanapee, bedeckt mit einer Tigerfellimitation und überhäuft mit einer Menge Bücher, die wir sorgfältig aus den Abfallhaufen im Hof herausgeklaubt hatten, denn die Bibliothek hatte man, genauso wie das Spital, die Apotheke, das Kino und die riesige

Kartei, welche die Ausweise und Fotos Zigtausender ss-Leute enthielt, in Stücke gehauen und aufs Pflaster geschmissen.

Ich saß eingezwängt in einer Ecke des Kanapees und starrte gedankenlos auf einen dunkleren Fleck an der Wand, den ein weiß Gott wo aufgetriebenes Bildnis des Dichters Norwid mit biblischem Bart schmückte.

Durch die angelehnte Tür drang vom Korridor das Klappern des Kessels. Hier, in den Offiziersräumen, wurde sogar das Gulasch zum Grunwald-Tag ohne Schlangestehen und ohne Kontrolle ausgegeben. Jeder Offizier nahm zwei, drei Schüsseln, auf Vorrat, für den Abend. Mit dem Brot war es nämlich mal so, mal so, meistens gab es dreihundert Gramm. Das ist schon für einen Soldaten wenig, und erst recht natürlich für Offiziere!

Der Redakteur trat ein, in den Händen zwei volle Schüsseln, aus denen der Duft von Fleisch aufstieg. Er drückte mir eine in die Hände.

»Da, iß und werde groß«, sagte er kurz, aber treffend. Er war dabei, seine Aussprache zu perfektionieren, denn er war ein bißchen schwerhörig und wohnte zusammen mit einem Hauptmann, der vormals als Korrespondent einer Tageszeitung in Białystok gearbeitet hatte und taub war wie ein verdorrter Stamm. Die beiden füllten den Raum mit ihrem unharmonischen Gebrumm wie wildgewordene Bremsen.

Langsam senkte ich den Löffel in das Gulasch und suchte mir sorgfältig das Fleisch heraus. Von einem geradezu gierigen Hunger konnte keine Rede mehr sein. Anläßlich der *Schlacht von Grunwald* hatte man an alle einen Liter Kartoffeln mit Fleisch und Soße ausgeteilt.

»Weißt du, ich hätte gern ein Zimmer für mich«, sagte ich zu dem Redakteur, der die Maschine und die Matrizen ans Fenster schob, sich an den Tisch setzte und laut schnalzend munter zu essen begann. »Dann könnte ich meine Bücher ausbreiten, meine Hose nachts in den Schrank hängen und überhaupt in einem Bett schlafen. Ein Zimmer für sich, das ist ungeheuer angenehm!«

»Oder zu zweit«, tönte der Redakteur.

»Mit dem anderen?« Mißbilligend verzog ich den Mund.

»Nein, mit einem Mädchen. »Du hast eine aus dem Transport angequatscht, ich hab's gesehen!«

»Wundert dich das etwa? Nach dem Lager wird's wohl langsam Zeit, oder?« Der Redakteur war vom Warschauer Aufstand ins Lager gekommen, direkt von der Seite seiner jungen Frau.

»Vielleicht werde ich mit ihr in den Westen fliehen.«

Er legte den Löffel hin und sah mich mit spöttischem Unglauben an.

»Also weißt du«, spottete er, »du und Flucht! Du Rotzjunge willst deine Gedichte und Bücher aufgeben? Hast du keine Angst vor der Welt? Und wenn du hungern müßtest?«

Beleidigt schob ich die Schüssel weg. Ich wandte mich um zum Fenster. In den Scharten der herausgeschlagenen Scheibe verzweigte sich das Sonnenlicht in einen regenbogenfarbenen, pfauenhaften Schimmer.

»Ach, mach dir nichts draus.« Der Redakteur stand vom Tisch auf und strich mir über die Wange. »So wie du mich geschaffen hast, Herrgott, so bin ich. Warst du übrigens bei dem Auftritt wegen des geklauten Fleisches dabei?«

»Ja«, brummte ich unwillig. »Darüber könntet ihr schreiben. Das ist eine Sensation!«

»Die wahren Sensationen finden ohne Presse statt, mein Lieber. Außerdem würde Pfarrer Tokarek es nicht erlauben. Wir sind schließlich eine Regierungszeitung.« Er brach ein Stück Brot ab und tunkte es in die Soße. »Und wie bist du freigekommen?«

»Die Soldaten haben mich laufenlassen. Mit Englisch kommst du überall durch. Ich hab den Amis klargemacht, daß ich nichts damit zu tun hatte, daß ich nur zufällig da war, und habe ihnen die Sache erklärt, bis sie es kapierten. Einer gab mir noch die Hand. Kennst du Stefan?« fragte ich. »Er war Blockältester im Schonungsblock.«

»Der Kommunist? Ich war bei ihm im Block. Er war nicht der Schlimmste.«

»Ein Schuft«, erwiderte ich knapp. »Er hat Leute geschlagen, war den SS-Leuten zu Diensten, nur um Blockältester zu werden und eine Bude zu haben. Als sie ihn rausgeworfen haben und er aufs Kommando mußte, grämte er sich. Er hat keine drei Tage mit Haltung ausgehalten. Kein Lagermensch.«

Der Redakteur nickte. Er neigte die Schüssel und trank die Soße.

»Man kann«, sagte er zwischen zwei Schlucken im Wilnaer Dialekt, »sagen, daß du ihn ein bißchen nicht gemocht hast.«

»Aber er wußte sich immer richtig zu verhalten, keine Frage. Jetzt beschimpfen sie ihn als Kommunisten und Banditen, ganz besonders der Oberst. Und da sagte er, es stimmt, ich habe für diese Obersten und Majore geschlagen und gestohlen. Aber heute würde ich nicht mehr schlagen und stehlen. Sollen sie doch im Lager verrecken, ich würde ihnen dabei noch helfen. Das gab vielleicht ein Gezeter, o, la la!«

»Eingelocht haben sie ihn aber nicht, hörte ich.«

»Der First Lieutenant stellte ihn vor die Wahl: entweder Bunkerstrafe oder Ausstoßung aus dem Lager. Er konnte es nicht anders machen, denn der Erzbischof hörte die ganze Zeit zu. Stefan nahm die Deutsche unter den Arm, entschuldigte sich bei ihr, und sie verließen gemeinsam das Lager.«

»In Gegenwart des Erzbischofs? So ein Schuft! Da ist in seinen Augen ja das ganze Militär kompromittiert.« Er leckte den Löffel ab, wischte die Schüssel mit einem Stück Papier aus, warf das Papier aus dem Fenster, stellte die Schüssel in den Schrank, schloß den Schrank sorgfältig, trocknete sich den Mund mit dem Taschentuch ab, steckte das Taschentuch in die Tasche, stellte die Maschine, die am Fenster stand, wieder auf ihren Platz, und als er dann fertig zum Ausgehen war, gab er bekannt:

»Du wirst ins Theater gehen. Ich habe zwei Eintrittskarten. Janusz« – das war der andere, der taube – »ist zum Bridge beim Rittmeister. Es ist jemand vom Zweiten Korps gekommen, vielleicht nimmt er uns mit nach Italien. Aber pst, kein Wort darüber, denn natürlich würden alle gern mit. Jetzt spielen sie zusammen Karten. Nichts interessiert sie, und das betrifft nicht nur den Erzbischof, sondern sogar das Revuetheater.«

Damit schob er mich zur Tür hinaus, nahm mir das Buch aus der Hand und musterte mich argwöhnisch. Er mochte es nicht, wenn man ihm heimlich Druckwerke entwendete. Behutsam verschloß er die Tür mit dem Schlüssel, klopfte an der nächsten Tür an, tauchte in den Rauch ein, der sich dort bei geschlossenem Fenster ballte und das ganze Zimmer wie dichte Wolle auskleidete. Auf dem schmutzigen Fußboden standen neben den Stühlen einige Schüsseln mit Resten vom Gulasch. Vermutlich hatten sie es für den Abend übriggelassen. Der Redakteur warf den Schlüssel auf den Tisch und ging wortlos.

Auf dem Hof waren die Vorbereitungen für das abendliche Feuer beendet. Man hatte einen soliden, viereckigen Holzstoß errichtet, an den Ecken durch vier harzige Stubben verstärkt, auf eine Stange, die oben herausragte, hatte man einen deutschen Helm gesteckt, und darunter hatte man zwei zerschlagene deutsche Gewehre ohne Schloß miteinander gekreuzt. Rund um den Stoß standen Bänke, Stühle und Sessel.

Obwohl alle gespannt auf das Feuer und die abendlichen nationalen Darbietungen warteten, zog die gesamte eingesessene Kasernenbevölkerung, ausgenommen natürlich jene, die sich außerhalb der Gebäude herumtrieben, die Stuben vor Dieben bewachten oder auf Expedition außerhalb des Lagers waren, um zu den Garagen, in denen man ein Theater aufgebaut hatte. Vor dem geschlossenen Tor des Theaters stand die Menge, fluchte, stieß drohende Schreie aus und bedrängte den mit einer nationalen Schärpe umgürteten Polizisten mit seinem amerikanischen Papphelm. Der Polizist hatte die Arme vor der Brust verschränkt und verteidigte pathetisch den Eingang.

»Leute, es gibt keine Plätze! Habt Erbarmen! Kommt morgen. Morgen wird *Grunwald* wiederholt. Jeder wird es sehen!« schrie er heiser, immer heiserer, bis er krähte wie ein Hahn, verstummte und die Arme sinken ließ.

Man schob ihn vom Eingang fort, riß ihm die nationale Schärpe herunter und trampelte auf ihr herum. Die Menge bestürmte das Tor. Es ächzte, aber das Schloß gab nicht nach.

»Nur ein Körnchen Intelligenz«, sagte belustigt der Redakteur und zog mich auf die andere Seite der Garage zu dem kleinen Türchen für die Schauspieler. Als wir in den Zuschauerraum schlichen und die Sache mit dem Polizisten, der im Theater den Hausmeister machte, unseren Eintritt durch Gesten erklärten, hatte ich einen Moment lang das deutliche Gefühl, ebenfalls ein Offizier zu sein.

Wir setzten uns direkt hinter die Generalität, in die zweite Reihe, in die noch das gelbe Licht von der Bühne fiel. Der Rest des schmalen, aber unendlich langen Saales versank in schwarzblauer Dämmerung, aus der nachdenkliche menschliche Gesichter scharf hervorleuchteten. Von draußen drang das feindselige Geschrei der sturmlaufenden Menge herein, und die aufgebrochene Eisentür kreischte. Darauf gab niemand acht. Alle schauten zur Bühne.

Denn mitten auf der grell beleuchteten Bühne stand, in Rot, Weiß und ein lebhaftes Grün gekleidet und unterstützt durch den schwarzen Kasten des von einer patriotischen Melodie vibrierenden Klaviers, eine üppige Blondine in Krakauer Tracht, geschmückt mit einem Kranz unreifer, aber schon verbleichender Ähren. Mit den Fingern hielt sie das Röckchen hoch, während ihre Augen unschuldig zum Vorhang blickten, zur Decke und zum Himmel empor.

Um sie herum posierten ein paar junge Männer in gestreifter Lagerkleidung und hielten die von ihrem Mieder ausgehenden Bänder in die Höhe. – Einige von ihnen kannte ich: sie waren Schreiber in dem hochberühmten Lager Allach, die Häftlingskleidung saß ihnen wie angegossen, sie mußte eigens für sie noch im Lager angefertigt worden sein. Andere im Overall machten sich am Rande der Bühne zu schaffen, schoben Schubkarren und umringten, Schaufeln, Spitzhacken und Brecheisen tragend, die Sängerin.

Ganz vorn, fast am Rande der Bühne, stand der dicke

und feurige Schauspieler und sprach voller Pathos, auf die Sängerin deutend, die folgenden Verse:

Im Namen der Mutter Gottes
sind wir, Soldaten und Arbeiter, deine Kinder, o Polen!

Das schreckliche Krachen des aufgebrochenen Tores und das Triumphgeschrei der sich hereinwälzenden Menge vereinte sich mit dem gewaltigen Beifallsgetöse und dm hysterischen patriotischen Gejohle der Zuschauer. Als es sich ein wenig beruhigte und das als Vorhang fungierende Bettlaken erneut zur Seite gezogen wurde, um noch einmal die errötete Republik und ihren Liebhaber, den Schauspieler, zu zeigen, beugte der Redakteur, der endlich am Ende der Bank leidlich Platz gefunden hatte und sie verzückt anstarrte, sich vertraulich zu mir und rief vernehmlich und mit unverhohlener Befriedigung:

»Schade, daß sie nicht noch ein Bett auf die Bühne gestellt haben! Die Republik ist toll! Und eine Sünde wert!«

IV

»Sag mal, weshalb sitzt du in diesem Lager? Gibt es denn nichts, was dich von hier fortzieht?« Das Mädchen beugte sich zärtlich über mich. Die allzu volle Brust wogte unter der Bluse. In ihren opalisierenden

Augen spiegelte sich ein kleines, erhabenes Fragment von mir. Ich hob den Kopf und wollte ihren feuchten, leicht geöffneten Mund küssen. Stirnrunzelnd wich sie zurück.

»Nein, mich zieht es nirgendwo mehr hin«, seufzte ich träge und ließ meinen Kopf schläfrig auf den Boden sinken, der nach vermoderten Nadeln roch. »Du liebst sowieso nur den, der in Polen zurückgeblieben ist.«

Sie verschloß mir den Mund mit der Hand.

Über uns ragte rauschend der Fichtenwald empor. Der Wind strich raschelnd an der Rinde der Bäume entlang. Das Sonnenlicht, das sich im Wipfel der Fichte aufspaltete, drang wie ein gefiederter Pfeil in den Wald ein und blieb im blaßgrünen Gras stecken, das, wie hauchdünnes Gold durchleuchtet, den träge machenden Duft des Sommers ausströmte. Von ihm ging eine berückende Wärme aus, wie vom Körper einer Frau. Über uns brummte eine verirrte Hummel, ein kleiner Bomber, und ließ sich am Stiel einer Königskerze nieder.

»Begierig stürzt sie sich in die Blüte, wie ein struppiger kleiner Hund auf die Milchschale«, sagte ich nachsichtig.

»Eher wie ein Kind ans Fenster«, bemerkte das Mädchen. »Ach, wie viele mußte ich als Kindermädchen betreuen! Ich hasse Kinder!« rief sie. Zornig brummend flog die verstörte Hummel davon. »Komm«, beschloß sie plötzlich. »Es ist schon spät. Schau, wie dunkel die Fichten geworden sind. Ist es vier? Oder fünf?« Sie erhob sich auf die Knie, klopfte die hängengebliebenen Nadeln vom Kleid und richtete sich die Haare.

»Komm«, stieß sie ungeduldig hervor, während sie meine Hände wegschob. »Fahr mit mir! Ach, fahr mit mir! Ich habe solche Angst vor Palästina!«

Durch den Wald verlief ein asphaltierter, auf beiden Seiten von einem Pappeldamm gesäumter Weg, auf dem, erwärmt und bunt, Pärchen spazierengingen.

»Schau, Nina« – am Waldrand brach ich das Schweigen und faßte sie um die Taille –, »so leben die Deutschen. So möchte ich auch leben, verstehst du? Ohne Lager, ohne Militär, ohne Patriotismus, ohne Disziplin, normal, nicht zur Schau! Nicht Suppe aus dem Kessel fassen, nicht an Polen denken.«

»Du sagst es«, griff Nina meine Worte auf, »fahr mit mir nach Westen. Ich bin wirklich frei.«

»Und der Junge in Polen?«

»Den werde ich vergessen.«

»Aber bis jetzt hast du ihn noch nicht vergessen?«

»Ich hab ihn nicht vergessen, weil ich sonst keinen hatte.«

»Du hattest keinen?«

»Die Leute, mit denen ich Polen verlassen habe«, fuhr sie angestrengt fort, »sind Fremde. Von ihnen trenne ich mich leicht. Wir könnten nach Brüssel fahren. Dort habe ich eine Schwester, die einen reichen Belgier geheiratet hat. Ich könnte Medizin studieren.«

Der Asphalt brannte unter den Füßen. Das Gewölbe, das die kuppelförmigen Kronen der Pappeln über dem

Weg bildeten, führte bis zu den roten Mauern und Türmen der Kaserne, umgürtete sie wie mit einer Brücke und erhob sich, golden anlaufend wie ein reifer Apfel, über die Schindeldächer der Vorstadtsiedlung, die rötlich durch den bläulichen Rauch wie durch einen Seidenschal hindurchschimmerten.

»Nina, bleib bei mir«, sagte ich unerwartet. »Ich bin hier nichts, aber ich werde mich durchsetzen. Ich habe Kollegen, die mir helfen werden, ich habe Bücher, von denen ich mich ungern trenne, weil ich sie mühsam zusammengetragen habe, verstehst du? Ich fürchte mich vor dem Risiko, ich habe zu viele Tote gesehen, um mich erschlagen zu lassen. Andere können das tun, aber warum ich? Ich habe Angst vor dem Raum, ich habe Angst vor den Menschen, denn was bin ich? Welche Rechte habe ich?« Ich verstummte, weil ich überlegen mußte, welche Rechte mir zustehen. »Keine! Verstehst du, keine!« Ich schwieg und erforschte ihr Gesicht, so als suchte ich dort nach Mitgefühl. »Wenn wir hier wegfahren, wird uns niemand etwas zu essen geben. An jeder Kreuzung können uns diese schwarzen Affen in ihren weißen Helmen erwischen und in ein unbekanntes Lager stecken, in dem uns der Hunger auffressen wird.«

»Ich habe keine Angst«, sagte Nina trocken.

»Aber niemals Boden unter den Füßen zu haben!« Ich brach ab und suchte nach einem überzeugenden Bild. »Da ist man wie ein Baum ohne Wurzeln und muß verdorren!«

»Dann fahr doch zurück nach Polen!« erklärte das Mädchen und verzog verächtlich das Gesicht, als ich mich zu rechtfertigen versuchte. »Du wolltest mich nur für einen Tag, wie alle.«

»Alle?« pfiff ich durch die Zähne.

»Ja, alle«, schrie sie. Sie stolperte. Ich hielt sie am Arm fest. Gewaltsam und feindselig riß sie sich los. »Alle, für die ich eine Jüdin bin! Siehst du das?« Sie griff nach dem Talisman in Gestalt einer Pfeife. »Anders als die anderen, hast du mich bisher nicht gefragt, was das ist. Das sind Moses Gesetzestafeln, die Zehn Gebote auf hebräisch. Das soll mich mit den Juden verbinden. Aber ich bin keine Jüdin und auch keine Polin. Aus Polen wurde ich rausgeworfen. Vor den Juden ekle ich mich. Ich dachte, es gibt noch andere Menschen. Aber du bist kein Mensch, du bist bloß ein Pole. Geh zurück nach Polen!« schrie sie gehässig. »Geh zurück nach Polen!«

»Geh zurück nach Polen!« Ich erschrak vor einer Stimme wie vor einem Vogel, der plötzlich vor meinen Füßen auffliegt.

Aus dem hohen, goldenen Gras tauchte ein kurzgeschorener schwarzhaariger Kopf auf. Stefan erhob sich und verbeugte sich vor dem Mädchen. »Geh zurück nach Polen«, wiederholte er. »Komm doch mit mir. Ich gehe zu Fuß.«

»Zu Fuß? Du bist ein Mordskerl«, sagte ich mit gespielter Begeisterung. »Und die Deutsche?« Ich blickte mich suchend um.

»Ist in die Büsche gegangen. Na, ich hab sie nach

Hause gebracht.« Er fuhr sich mit der Hand durch die Haare. »Ein feines Mädchen. Gehst du mit mir?«

»Ich würde ja gehen, aber...« Ich wurde schwankend. Stefan kniff vor dem blendenden Sonnenlicht die Augen zusammen und betrachtete mich mit unverhohlener Verachtung. Er drehte in den Fingern einen dürren Zweig, der krachend zerbrach.

»Die Büchelchen, die Büchelchen« – er lächelte bitter – »und das soll ich dir glauben? Hast du nicht vielleicht Angst, daß du unterwegs hungern mußt? Oder willst du abwarten, bis die Lage sich normalisiert hat? Ich sag dir, es ist das Röckchen, das dich hier hält, Kumpel. Du hast ein Röckchen erlegt, stimmt's?« Er bleckte die Zähne wie ein Hund. Er legte eine Hand auf das blau angelaufene Auge. »Was hast du hier außer dieser Jüdin?«

»Gehen wir zurück ins Lager«, sagte Nina eindringlich flüsternd. »Sie sind, Sie sind ...« Sie ballte die Fäuste. Ihr Kinn bebte heftig. »Sie sind wie die SS!«

Stefan lächelte schwach. Er beachtete das Mädchen nicht.

»Das Lager ist von Amerikanern umstellt«, sagte er zu mir. »Ich wollte rein und eine Decke holen. Sie haben mich nicht reingelassen. Morgen werden sie alle abtransportieren! Alle!«

»Bist du verrückt geworden! Auch den Oberst und den Major? Und den ganzen Stab? Auch die Priester und die Küche?«

»Geh zum Lager, da wirst du's sehen«, sagte Stefan. »Ich warte in Polen.«

»Es wird keinen Transport geben, du irrst dich, heute ist doch *Grunwald*.«

»*Grunwald!*« Stefan lachte und faßte sich an das angeschlagene Auge. »Bleib mir weg mit *Grunwald*«, sagte er spöttisch und verschwand grußlos im Wald. Hinter ihm schwangen die Tannenzweige, die er berührt hatte.

»Gehen wir zurück ins Lager«, sagte Nina. Sie japste wie ein aufs Land geworfener Fisch. »Was sollen wir sonst machen? Gehen wir zurück. Vielleicht kommen wir ja rein.«

»Bestimmt«, sagte ich etwas zu eilfertig.

Ich faßte sie am Arm und geleitete sie den Weg entlang. Sie schmiegte sich an mich. Lautlos bewegte sie die Lippen, als spräche sie mit sich selbst. Der Strom der Radfahrer rann ununterbrochen über den Asphalt. Die Deutschen nutzten den heißen Sommernachmittag. An der Kreuzung saß ein Mann aus dem Lager. Zwei rote Köfferchen hatte er in den Schatten gestellt, damit der Lack nicht schmolz. Er kramte in einem offenen Rucksack herum. Das rote Käppi, Schmuck der moslemischen SS-Abteilungen, war ihm aufs Ohr gerutscht. Die schwarze Quaste schwang bei jeder Kopfbewegung hin und her.

Vom Lager bis zum Wald wand sich eine Menschenschlange durch das Gras. Sie kannten die weniger gut bewachten Lücken und Durchgänge und stahlen sich, solange es noch möglich war, aus dem Lager fort.

Wir beschleunigten unseren Schritt. Die Kuppeln der

Bäume rauschten, als ginge der Wald mit uns. Vor einer Gruppe verdorrter Büsche standen ein paar Panzer, und wie in einem Manufakturgeschäft und davor lagen deutsche Gewehre, Kanonengeschosse und Minen ordentlich ausgebreitet. Ein in der Hitze dösender amerikanischer Soldat bewachte sie.

Am Weg stand eine Lastwagenkolonne, die Rüssel der Motoren, schmal wie bei hungrigen Ratten, dem Lager zugewandt. Sie warteten auf morgen. Zwischen den Wagen drückten sich halbnackte Neger herum. Ihr scharf riechender Schweiß glänzte, als seien sie mit Kupfer besprengt. Sie riefen uns etwas zu, als wir an ihnen vorbeigingen, um in die Kaserne, die wir an der Rückseite verlassen hatten, durch das aufgebrochene, zertrümmerte Tor, den klassischen Ort des Hammeltransports, hineinzugelangen. Das Loch war unbewacht, doch an der Ecke, wo die Mauer ein wenig Kühle auf die ausgedörrte Erde warf, saß unter einem von ein paar Stöcken gestützten Dach aus Pappe in der Tiefe des Schattens ein Soldat und döste vor sich hin. Den Helm hatte er ins Gras gelegt, das Gewehr zwischen die Knie geklemmt, das Kinn berührte die Brust. An der anderen Ecke standen zwei Soldaten mit aufgeknöpften Hemden, unterhielten sich laut und boten sich Zigaretten an.

Gänzlich ungeschützt standen wir auf der Wiese vor dem Tor, wie zwei verirrte Kinder vor dem Hexenhaus.

»Warten wir, bis es dunkel geworden ist«, sagte ich, von Unruhe erfaßt, »vielleicht lassen sie uns nicht rein. Laß uns zum Wäldchen zurückkehren.«

Sie löste sich aus meinem Arm und lachte kurz verächtlich auf.

»Du hattest es doch so eilig zu *Grunwald*, und jetzt? Hast du wieder Angst? Warte, Kleiner, folge mir nach.«

Und ehe ich etwas sagen oder irgend etwas tun konnte, richtete das Mädchen ungeduldig sein Röckchen, zog sich die Bluse über der allzu vollen Brust glatt und stürzte auf das Tor zu. Sie erreichte die Trümmer und kletterte hinauf. Oben packte sie ein Windstoß stramm an den Hüften und zerzauste ihre Haare, die sie mit der Hand festhielt, während sie sich gegen den Wind anstemmte. Mit spöttischem Lachen wandte sie sich zu mir um. Sie rief etwas, aber der Wind verschluckte es. Ich entschloß mich, ihr nachzulaufen, blieb aber plötzlich stehen und hob die Hand, um ihr Bescheid zu geben. Sie wandte sich ab von mir, ich wollte rufen, aber ich schwieg. Die beiden Soldaten, die sich gerade die Zigaretten angezündet hatten, drehten sich um zum Tor, und einer von ihnen nahm sein Gewehr von der Schulter und rief lachend aus voller Kehle:

»Fräulein, Fräulein! Halt, halt! *Come here!*«

»Stop, stop!« kreischte der andere.

Der Soldat, der am anderen Ende der Mauer schlief, hob benommen den Kopf und sprang auf. Er bückte sich nach dem Gewehr, das ihm zwischen den Knien weggerutscht war, legte es an die Schulter, neigte seinen Kopf kurz nach rechts und –

Das Mädchen fuhr sich in einer abwehrenden Bewegung mit der Hand an den Hals, als bekäme es plötzlich keine Luft mehr. Sie machte noch einen Schritt über den Rand des Schutthaufens hinaus und glitt sanft an ihm hinunter, so als sei sie auf den Ziegeln ausgerutscht; sie verschwand hinter dem Rand, wie in die Tiefe gestoßen. Hinter dem Schutt, dort, wo schon das Lager war, wurden Stimmen laut, vereinten sich zum Lärm, wuchsen an zu einem Schrei. Die beiden Soldaten, die dem Mädchen lachend zugerufen hatten, warfen ihre angerauchten Zigaretten fort, traten sie mit den Füßen aus und eilten zu dem Schutthaufen. Der schlaftrunkene Soldat, der, der geschossen hatte, hängte das Gewehr mit dem Lauf nach unten über die Schulter, hob den Helm vom Boden auf, klopfte ihn ab, setzte ihn auf und eilte, gedankenlos pfeifend, ebenfalls in Richtung Tor.

Mit langsamem Schritt ging ich auf den Schutthaufen zu, stieg vor aller Augen über ihn hinweg und ließ mich neben Nina nieder.

Im Fallen hatte sie sich an einem Ziegel die Wange zerschrammt. Auf der zusammengekrampften, feuchten, frisch mit Blut unterlaufenen Lippe hatte sich eine große blaue Fliege niedergelassen. Durch meinen Schatten gestört, flog sie surrend davon. Unter den Lippen schimmerten leblos die weißen Zähne hervor. Die hervorstehenden Augen trübten sich wie erstarrende Gallerte. Die Hände, in der Abwehrbewegung krampfhaft zusammengepreßt, lagen schwer auf den Steinen. Das letzte Lebenszeichen, das warme, übelriechende

Blut sickerte in einem breiten Fleck durch die Bluse, überzog die allzu üppige Brust und trocknete an den Rändern ein wie Rost. Der kleine Talisman in Gestalt einer Pfeife war am Hals zur Seite gerutscht, pendelte am Kettchen ein paarmal hin und her und blieb reglos hängen. Ich zog ein scharfkantiges, unbequemes Stück Ziegel unter dem Kopf der Toten hervor, strich ihr behutsam die Haare aus dem Gesicht, legte den Kopf auf weichen Kalksand und klopfte, nachdem ich mich von den Knien erhoben hatte, sorgfältig den Staub von meiner Hose. Über mir wurde es dunkel von dem Kreis sich zusammendrängender, schweigender menschlicher Gesichter. Mühsam drängte ich mich mit den Ellbogen durch die Menge, die mir widerwillig Platz machte. Nachdem sie mich durchgelassen hatten, drängten sie sich noch enger um die Leiche.

Auf dem Hof qualmten die Feuer unter den verlassenen Töpfen und Kochgeschirren. – Der Wind verwirbelte den Rauch knisternd wie Stroh und trieb ihn über die Mauer. Bretter, die man vom Dachboden ins Feuer warf, glitten lautlos durch die Luft, wurden vor dem Hintergrund der schwarzen Fenster weiß und fielen entsetzlich krachend zu Boden. Eine Staubsäule stieg empor, ringelte sich über dem Boden und legte sich. Aus unendlicher Ferne drang wie durch eine Wand ein monotones, gedämpftes Rauschen von Stimmen zu mir. Zwischen den Wohnblocks hindurch, von der mit jungen Platanen bepflanzten Straße, von der Kurve bei der Garage her, aus der die langen, mit Planen bedeckten

Nasen von Geschützen hervorragten, näherte sich ein kleiner, lächerlicher Jeep voller Soldaten, glitt zwischen den Bäumen hindurch, eine gewaltige Wolke von Qualm und Staub aufwirbelnd, bohrte sich mit den Rädern in den Boden und kam mit kreischenden Bremsen zum Stehen.

»*What's happened?* Wieso schreien diese Leute so?« Der First Lieutenant beugte sich vor zum Chauffeur. Der zuckte gleichgültig die Achseln. Erstaunt schaute ich den Offizier an. In der Stille, die uns umgab, klang seine Stimme scharf und unangenehm wie das Reißen von Leinwand. Nachdem unsere Blicke sich getroffen hatten, verzog der Offizier ein wenig die Lippen. Er schob ein Bein aus dem Auto und ließ es abwartend baumeln. In seinem blankgeputzten braunen Halbschuh schimmerte und strahlte die Sonne. Zwei Soldaten mit Maschinenpistolen auf dem Schoß lümmelten sich auf dem Rücksitz. Der Fahrer griff in die Tasche, holte ein Päckchen Zigaretten hervor, riß die bunte Banderole ab, drehte sich nach hinten und und bot den beiden Zigaretten an. Sie steckten sie an. Eine zarte Rauchwolke umgab die Gesichter und löste sich, vom Wind gepackt, in der Luft auf. Ich trat ohne Eile an das Auto heran.

»*Do you speak English?*« fragte der First Lieutenant rasch. Er mahlte unentschlossen mit den Kiefern, so als käme er langsam in Fahrt, und begann auf einmal zu kauen.

»*I do*«, sagte ich nickend. Meine Stimme dröhnte in

meinem Kopf wie in einem leeren Saal; ich erschrak richtig. Der Offizier erschien mir nicht wie ein Mensch, sondern wie ein ferner, gleichgültiger Gegenstand.

Die dichtgedrängte Menge verhüllte den Blick auf die Leiche des Mädchens, wandte sich jedoch von ihr ab und schaute auf die Soldaten. In meinen Ohren dröhnte es, als hätte ich einen Kopfhörer auf. Plötzlich bewegte sich die Wand der Menschen, verteilte sich.

»What's happened?« wiederholte der Oberleutnant etwas schärfer. Er setzte seinen Fuß auf den Boden. Es sah aus, als wolle er aus dem Auto hervorstürzen. »Wer hat diesen Leuten etwas getan? Weshalb schreien sie so? Was ist passiert?«

Ein Soldat trat, den Lauf seines Gewehres gesenkt, aus der Menge hervor, und hinter ihm drängten sich die beiden anderen, die zuvor geraucht hatten. Doch ehe der, der ihnen vorausging, etwas sagen konnte, wandte ich mich an den Offizier.

»*Nothing, Sir*. Nichts ist passiert«, beruhigte ich ihn mit einer wegwerfenden Handbewegung und einer höflichen Verbeugung des ganzen Körpers. »Nichts ist passiert. Ihr habt soeben ein Mädchen aus dem Lager erschossen.«

Der Oberleutnant sprang aus dem Auto wie eine plötzlich losgelassene Feder. Kurz schoß ihm das Blut ins Gesicht, dann wurde er bleich.

»My God«, sagte er. Auf einmal mußte ihm der Mund trocken geworden sein, denn er verzog das Gesicht und spuckte den Kaugummi aus. Das rosa Klümpchen rö-

tete sich im Staub der Straße. »*My God! My God!*« Er faßte sich an den Kopf.

»Wir hier in Europa sind das gewohnt«, entgegnete ich teilnahmslos. »Die Deutschen haben sechs Jahre lang auf uns geschossen, jetzt schießt ihr, wo ist da der Unterschied?«

Ohne mich umzuschauen, ging ich durch den tiefen Staub wie durch einen seichten Fluß in die Kaserne, zu meinen Büchern, meinem Kram, meinem Abendessen, das gewiß schon ausgeteilt wurde. Die Stille zerplatzte wie ein zu stark aufgeblasener Ballon. Erst jetzt wurde mir bewußt, daß die Menge, die sich dicht um die Leiche des Mädchens geschart und den Soldaten in die Augen geschaut hatte, während der ganzen Zeit feindselig skandiert hatte:

»Ge-sta-po! Ge-sta-po! Ge-sta-po!«

V

Der Mannschaftssaal lag in Trümmern. Auf den Tischen und auf dem Fußboden schimmerten im dichten Dunkel weiß die zerschlagenen Scherben von Porzellanschüsseln wie trockene Knochen, von denen die Fasern abgekratzt worden waren. Als seien sie erschlagen worden, hingen von den Betten schlaff die Strohsäcke herab. Lumpen hatten sich aus den Schränken wie aus offenen, ausgeweideten Bäuchen ergossen und lagen zerknüllt am Boden. – Unter den Füßen raschelten

Haufen zerrissener, zertrampelter Bücher. In der Luft hing ein modriger, leichenhafter Kellergeruch, so als würden diese Lumpen, Strohsäcke, Scherben und Bücher, zerschlagen und zerfetzt, vermodern und sich weiter zersetzen.

Das dunkle, zur Nacht geöffnete Quadrat des Fensters wurde wie von einer riesigen Blume durch eine rote Rakete erhellt. Sie war vom hohen Turm am Tor abgeschossen worden. Das sanfte Licht floß lautlos durch das Fenster, wie frisches Blut. Die Schatten schwankten, bewegten sich hin und her wie bewegtes Wasser und stiegen empor.

Das Licht nutzend, blickte ich in den Spind. Alles, was irgendwie zu gebrauchen war, war herausgezerrt, der Rest zerstört worden. In dem Topf am Boden ertastete ich die geretteten Kartoffelflocken. Sie raschelten in den Fingern wie dürres, zerbröckeltes Laub.

Die Rakete landete auf dem Pflaster, machte ein paar Hüpfer, erstrahlte noch einmal in einem stärkeren Rot und erlosch. Es wurde vollkommen dunkel. Ich ging zum Bett und tastete es ab. Die Finger rieben über den stacheligen Strohsack. Die Decke war nicht mehr da. Gestohlen. Hinten im Saal bewegte sich jemand stöhnend auf einem Bett. Unter dem plötzlichen Geraschel des Strohs breitete sich ein durchdringendes Geflüster aus, ertönte ein gedämpftes Kichern und brach ab. Es wurde still.

»Zigeuner? Bist du das, Zigeuner?« fragte ich, ungeheuer erleichtert. Von dem Spind aus tastete ich mich an den Betten entlang in die Tiefe des Saales. Glassplitter knirschten unter meinen Füßen. »Zigeuner, bist du da?« Zweifelnd blieb ich stehen und wartete angespannt.

»Wo soll ich schon sein, wenn mir alles so verdammt weh tut!« stöhnte der Zigeuner im Dunkeln. Wieder raschelte der Strohsack unruhig. »Was haben diese Leute nur angestellt! Daß ich das noch erleben mußte. Es war keiner da, keiner hat mir Essen geholt ...«

»Keiner hat dir das Abendessen gebracht?« schrie ich verzweifelt. Auf einmal verspürte ich einen furchtbaren Hunger. Ich stützte mich auf den Tisch. Ich ertastete einen Stuhl. Ich setzte mich. »Es gibt kein Abendessen«, wiederholte ich gedankenlos. »Und morgen gehen wir auf Transport, und wieder kriegen wir nichts zu essen.«

»Keiner war da, keiner hat sich um mich gekümmert«, fuhr der Zigeuner weinerlich fort, sich sowohl an den Worten wie am Weinen berauschend. »Sie sind in den Saal gestürzt und haben alles aufgebrochen und gestohlen. Herr Tadek, wenn Sie das gesehen hätten, wenn Sie das nur gesehen hätten, wäre Ihnen das Herz zersprungen. Sie haben Ihre Bücher zerrissen, Herrn Kola haben sie die Zigaretten weggenommen. Ein Pole einem anderen Polen. O barmherziger Gott, erbarme dich unser. Und mir haben sie die Schuhe weggenommen. Bloß den Anzug habe ich retten können. Er lag unter meinem Kopf.«

»Hättest du kein rohes Lammfleisch gegessen, dann hättest du heute auch gestohlen. Die Jungs rüsten sich zum Transport, da ist es kein Wunder, daß sie stehlen«, sagte ich spöttisch. Bedauernd preßte ich die Zähne zusammen und stieß mit dem Fuß nach der Scherbe einer Schüssel. Klirrend rutschte sie über den Betonboden.

»So, sie rüsten sich, denen sollte es mal so den Leib zerreißen«, fluchte der Zigeuner schluchzend. »Der Herr Redakteur ist gekommen und hat ebenfalls Bücher aus Ihrem Spind mitgenommen. Sie würden bestimmt nicht wiederkommen, sagte er, und es wäre schade, sie dazulassen. Er könnte sie brauchen, weil er zu Herrn General Anders fährt.«

»Der Redakteur? Der mir die Suppe gegeben hat? Der ist also doch gefahren! Ohne mich!« Wieder spürte ich den Hunger.

»Der Herr Fähnrich sitzt im Bunker, und Herr Kola sitzt im Bunker«, fuhr der Zigeuner monoton fort. Erneut leuchtete eine rote Rakete am dunkelblauen Himmel auf, zusätzlich erblühte eine grüne, eine orangefarbene und eine gelbe, gemeinsam sanken sie wie ein bunter Strauß zur Erde herab. Das schwarze Gesicht des Zigeuners leuchtete quecksilbern im leichenhafen Neonlicht auf und versank in der Dunkelheit. »Sie sagten, sie würden den Herrn Fähnrich und Herrn Kola zur Strafe nach Polen schicken.«

»Kolka wollte doch nach Italien fahren«, rief ich erstaunt aus. »Na, da wird er in Polen mit Stefan zusammentreffen. Der wird sie schon verpfeifen.«

»Dem Herrn Fähnrich haben sie den Spind aufgebrochen, den Fotoapparat und das Geld weggenommen. O mein Gott, mich legten sie ...«

»Lüg nicht, lüg nicht, räudiger Zigeuner, sonst schlag ich dir noch mal die Fresse ein. Du hast selbst Geld geklaut. Du hast heimlich zugeschaut, wie Papa es versteckte«, meldete sich von unten der Sohn des Fähnrichs. Das Bett knarrte vor Wut.

»Oh, Sie haben es zurück geschafft?« sagte ich mit freudiger Höflichkeit. »Der Herr Papa hat sich Sorgen um Sie gemacht.«

»Papa soll sich um sich selbst sorgen, sich wie ein Idiot zu schlagen«, schimpfte der Sohn des Fähnrichs. »Ich komme schon allein zurecht. Ich bin doch nicht blöd, mit dem Transport nach Polen zu fahren«, fügte er geringschätzig hinzu.

»Haben Sie was mitgebracht?«

»Ja«, antwortete er, »aber kein Lammfleisch. Es ist besser als Lamm. Hören Sie.« Er machte irgendwas, und aus dem Dunkeln ertönte entrüstet eine dünne Frauenstimme. »Ich hab mir ne Deutsche besorgt. Habe sie durch das Loch geschmuggelt. Cowboys, die ich kenne, standen Wache.«

»Sie haben Glück«, seufzte ich neidisch.

»Könnten Sie auch haben, wenn Sie sich bemühen würden. Aber Sie sitzen nur über Ihren Büchern. Von allein kommt es nicht. Hauptsache, es passiert heute.«

»Und morgen? Was wird mit dem Transport?«

»Über das, was morgen ist, reden wir morgen.« Das letzte Wort klang heiser vom Gähnen. »Die Jungs werden sich wehren.«

»Meinen Sie wirklich?«

»Aber ja, sie bereiten sich auf die Verteidigung vor«, versicherte er voller Überzeugung. »Dort.« Er deutete in Richtung des von Raketen erleuchteten Hofes. »Sie machen *Grunwald*. Aber wir werden es besser machen. Die Jungs haben jede Menge Brownings. Und Granaten und Gewehre und Maschinenpistolen! Sie glauben doch wohl nicht, daß man *Grunwald* nur mit Leuchtpistolen geben kann? Wenn sie auf dem Dachboden zwei Maschinengewehre aufstellen, die werden spukken ... Meinen Sie nicht, daß die Amis dann abhauen?«

Er richtete sich auf dem Bett auf, als wolle er aufstehen. Aber er hüllte die Frau nur bis an die hellen, flaumigen Haare in die Decke, sank mit einem Seufzer aufs Bett zurück und schob die Hand unter die Decke.

Der Himmel schillerte in allen Farben. Die Fontäne der Raketen segelte durch die Luft, sank in glühenden Tropfen auf den Boden der Dunkelheit, versprühte am Himmel. Das rote Kasernendach changierte gespenstisch vor dem Hintergrund des unbeweglichen Himmels, der sich ein ums andere Mal mit Granatsaft füllte.

»Sie geben *Grunwald*«, sagte ich zum Sohn des Fähnrichs. »Morgen wollten sie es wiederholen. Passen Sie auf, daß sie morgen nicht gefunden wird, es wäre schade.«

»Ach, das ist nicht meine Sorge.« Seine Stimme zitterte ein wenig, als sei er atemlos. »Sollen sie sie doch schnappen. Brauch ich sie etwa? Aber vielleicht geh ich mit ihr zu den Jungs auf dem Dachboden. Dort gibt's Verstecke, daß selbst der Teufel sie nicht findet. Wenn sie die Aktion beenden, hauen wir ab, und tschüss bis zum nächsten Mal!«

»Der Transport soll angeblich nach Coburg gehen«, meldete sich der Zigeuner. »Wie soll ich denn fahren, wo ich so krank bin? Vielleicht nehmen sie mich ja auch nicht mit. Herr Tadek, Sie können doch Englisch, würden Sie die Cowboys darum bitten?«

Er lag aufgedeckt und keuchte wie ein verendendes Tier. Er starrte mich mit Augen an, in denen der Widerschein der Raketen lag. In dem schwarzen, eingefallenen Gesicht schimmerten sie unheimlich, wie phosphorisiert.

»Mit den Spitzbuben soll ich mich abgeben? Du hast Ideen! Schade, daß ich dich nicht erwürgt habe, als wir nach Dachau fuhren, dann hättest du heute keine Sorgen«, sagte ich voller Verachtung. Der Sohn des Fähnrichs kicherte und drehte sich auf dem Bett um. »Ich muß mich selber vor dem Transport verstecken. Danach wird es leichter sein, eine Funktion im Lager zu kriegen, als Proviantmeister oder Sekretär«, fuhr ich milder fort. »Was soll ich denn sonst tun?«

»Gehen Sie zu *Grunwald*«, riet der Sohn des Fähnrichs, »und wenn es zu Ende ist, kommen Sie schnell hierher. Ich mach ein Fleischgericht.«

Ich stand vom Tisch auf und gelangte über die Bücher hinweg zur Tür. Im selben Moment wurde sie von außen geöffnet, und aus dem schwarzen Loch des Korridors blitzte im Licht einer gelben Rakete ein strenges, dunkles Gesicht mit halbgeöffnetem Mund auf. Die

Rakete sank herab, und über die Brille lief ein rosiger Schimmer.

»Herr Professor, Sie hier!« schrie ich hysterisch. Ich führte ihn an den Tisch.

»Wollen Sie zu mir?«

Der Professor trug noch immer die Tiroler Lederhose. Über die weißen, spärlich mit schwarzen Haaren bewachsenen Knie liefen bunte Schatten, erfaßten das bayerische Hemd, stiegen empor zu dem Gesicht, wanderten über die Decke und entwichen durch das Fenster.

»Ja«, sagte der Professor. »Ich wollte doch nach Ihnen sehen. Ich habe Ihnen einen guten Platz am Feuer besorgt. Gleich fängt es an. Wo haben Sie die ganze Zeit gesteckt?«

Er schlug sich auf die Knie. Dann griff er in die Tasche. Er steckte sich eine zerknitterte, bröselige Zigarette in den Mund und zündete sie mit einer winzigen Flamme an, die das Rot der Lippen verstärkte und sich mit einem schwachen Reflex über die Vertiefungen seines Gesichts legte.

»Ich weiß nicht, wo ich war, ehrlich«, sagte ich schwach. Ich senkte den Kopf und betrachtete den Fußboden. Dort lag ein zerrissener Holzschnitt aus Eulenspiegels heldenhaften, lustigen und ruhmreichen Abenteuern, ein Mädchen mit nackten Brüsten, das vor einer Wand Gitarre spielt. »Ich habe mich im Lager rumgetrieben. Es ist doch völlig egal! Gesellschaftliche Umgangsformen hier? Einen Tag vor dem Transport? Wir werden uns sowieso nicht wiedersehen!«

»Die Erde ist klein!« rief der Professor aus. Er zog an seiner Zigarette. Die bauschige Rauchwolke leuchtete an der Unterseite rosig auf, reckte ihre bläuliche Oberseite und breitete sich flach unter der Decke aus. »Natürlich sehen wir uns wieder, wenn nicht auf dieser, dann auf einer anderen Aue.« Damit kehrte er zu seinem Lieblingsgedanken zurück. »Nur…« Mitten im Satz erstarrte er.

»Sie haben sie erschossen«, sagte er, nachdem er die Kippe weggeworfen hatte. »Sie haben sie am Tor erschossen. Sie ging spazieren.«

»Die Nachbarin von Ihnen?«

»Die, die aus Pilsen kam. Meine Hausnachbarin. Als ich Polen im September verließ, war sie noch ein Kind. Früher habe ich ihr oft Törtchen gekauft. Wissen Sie, solche mit Sahne und einer Erdbeere drauf?« Er schaute mir in die Augen, unsicher, ob ich mich an solche erinnerte. »Ich war mit ihrem Vater befreundet«, fügte er erklärend hinzu. »Und jetzt, schauen Sie« – er klopfte mir auf die Schulter – »so eine vollbusige Frau! Ich hatte sie fast schon in der Hand, hatte sie betastet, und dann so ein Unglück …«

Wieder griff er in die Tasche und stöberte darin herum, fand aber nicht, was er suchte. Er seufzte tief und stützte den Kopf in die Hände.

»So ein Unglück!« wiederholte er wie im Traum. »Was tun?« Er verstummte, schüttelte den Kopf. »Gehen wir zu *Grunwald*!« beschloß er.

»Ich war mit ihr zusammen. Ich war mit ihr im

Wald«, sagte ich zu meiner eigenen Verblüffung. »Sie haben sie in meiner Gegenwart erschossen. Und da reden Sie mir von *Grunwald...*«

Ich sprang vom Bett auf. Der Professor hob den Kopf, erhob sich schwerfällig, so als käme er aus dem Wasser, schwankte und packte mich an der Hand. Der braune Hirsch, der auf den verbindenden Gurt zwischen den Hosenträgern aufgeprägt war, zitterte im Licht der Raketen, als sei er lebendig. Auf dem knochigen Gesicht des Professors vermengten sich die Lichter und schwollen an, das Rot vermischte sich mit dem Grün, gemeinsam stiegen sie empor zur Stirn, schwebten zur Decke empor, und an ihrer Stelle ergossen sich rosige, blaue und gelbe Lichter und setzten sich fest unter dem Kinn, in den Mundwinkeln, unter den Augen, in den Vertiefungen der Ohren, wie die Farben auf einem Porträt. Das Gesicht des Professors spielte in allen Regenbogenfarben, quoll von innen heraus an, die Wangen blähten sich auf wie schillernde Glasgefäße, so als ersticke der Professor an dem Licht. Plötzlich stieß er pfeifend die Luft aus und begann mit weit geöffnetem Mund dröhnend zu lachen.

»Haha, haha! Haha, haha!« Eine Zeitlang blieb ihm vor Lachen die Luft weg, derweil er mir immer stärker die Hände drückte, und das Licht drang in seinen offenen Mund ein und geriet dort vielfarbig in Wallung.

»Hören Sie auf, Herr Professor!« schrie ich und löste meine Hände aus der Umklammerung. »Sie sind verrückt geworden!«

»Und ich hatte gedacht, daß ich heute mit ihr schlafen würde. Ich hatte ein Abendessen vorbereitet. Sogar ein Bettlaken hatte ich besorgt! Haha, haha! Und Sie waren mit ihr zusammen! Die Jugend, die Jugend!« Vor Lachen bebte er am ganzen Leib, hochgewachsen, mager, häßlich bunt. »Dann war es doch so eine gewöhnliche. Ich hatte sie gewollt! Haha, haha!«

Auf einmal begann er zu taumeln, hustete heftig und beugte sich röchelnd zu Boden. Der ganze von Lichtern erfüllte Saal schwankte wie ein Schiff. Die bunten Strohsäcke, Tische, Wände, Schüsseln und Bücher schillerten und kreisten wie grellbunte Kugeln.

»Sehen Sie, Professor«, meldete sich aus der Ecke der Sohn des Fähnrichs, »auf seine alten Tage sollte man sich nicht verlieben. Nicht das Mädchen haben Sie gekriegt, sondern die Schwindsucht. Und *Grunwald* sehen Sie auch nicht.« – »Bleib liegen, verdammt noch mal«, fügte er ungeduldig hinzu, und das Bett begann zu rascheln. »Sie windet sich, als hätte ihr einer Teer eingeflößt.«

»*Grunwald*, gewiß, *Grunwald*!« Der Professor richtete sich auf. Das Gesicht überzog sich mit einem medusenhaften Schimmer, erlosch zusammen mit der letzten Rakete und wurde grau wie erkaltete Asche. »Kommt alle mit zu *Grunwald*!«

Vor dem Fenster, in der Dunkelheit, in der die Rakete erloschen war, sprang plötzlich eine rote Flamme auf, beleckte die Fenster wie ein gieriger Hund und brachte die Dunkelheit zum Schwingen wie eine Glocke. Die

Schatten der Bäume wuchsen über das Dach hinaus und schwankten wie Kerzenlichter.

»Kommt alle mit zu *Grunwald*!« krähte der Professor. Er zog mich ans Fenster. »Schauen Sie, schauen Sie!« rief er ungeduldig. Er wandte sich um zum Saal. »Kommt alle!« sagte er in flehendem Ton. »Nehmen Sie das Mädchen mit, sie soll es auch sehen.« Ich beugte mich aus dem Fenster. In der schwarzen Schüssel des Hofes stand die Menge schweigend um die bebende Kuppel des lodernden Feuers herum, dessen Flammen der Wind auseinandertrieb wie die Mähne eines rennenden Pferdes. Der Feuerschein glitt über die Gesichter und füllte sie mit einem blutigen Rot, das die Dunkelheit sogleich heraussog. Die trockenen Bretter brannten prasselnd, und absplitternde Teile flogen davon ins Dunkle. Das Licht der Raketen erstarb.

»Waren Sie einmal in dem Kirchlein des deutschen Dorfes? Nein?« Der Professor hatte sich wieder in der Gewalt. Er sprach ernst, fast streng. Sein Gesicht, in Dunkel gehüllt, wirkte wieder streng und erschöpft. »Ich gehe täglich dorthin. Ruhig. Erfüllt von Gott. Bis zum Überfluß. Ein Kanzelchen, in den Fensterlein Zettelchen, ein winziges Altärchen, Bibelsprüche an den Wänden. An der einen Wand Kreuzchen, auf den Kreuzchen Todesanzeigen, nur ss-Leute! Und unter den Kreuzchen Blumen, eine Unmenge von Blumen!« In seinen Augen spiegelte sich der rote Feuerschein. »So ehren die Deutschen ihre Toten.«

»Und wir?« knurrte ich bedauernd. »Es interessiert keinen Hund, wenn unsereiner krepiert.«

Der Sohn des Fähnrichs stand aus dem Bett auf und latschte nackt zum Fenster, still wie ein Mäuschen huschte das Mädchen im Nachthemd hinterher. Der schwarze Zigeuner stützte sich auf einen Ellbogen und schaute neidisch zum Fenster.

»Wir?« wiederholte der Professor versonnen. »Wir sind nah bei ihnen. Wir... Schaut!« schrie er blutrünstig, »schaut euch das Feuer an! Darauf habe ich gewartet, das ist *Grunwald*!«

Frische Fichtenzweige wurden in die Flammen geworfen. Das Feuer ging langsam aus. Dichter, schmutziger Qualm stieg von ihm auf. Der Wind schlug den Qualm zurück, die Flamme sprühte zum Himmel empor. Aus der Menge trat ein Geistlicher in Soutane hervor. Der weiße Kragen zwängte den roten Hals ein. Der Geistliche hob beide Hände wie zum Segen. Aus dem Dunkel im Hintergrund schleifte man einen Mann in ss-Uniform herbei. Scheppernd fiel der Helm auf den Betonboden des Hofes. Die Menge lachte auf. Dem Mann wurde der Helm wieder übergestülpt. Der Geistliche nahm ihn in die Arme, hob ihn mit Mühe in die Höhe und schob ihn unter dem Geschrei der Menge ins Feuer.

Das Gesicht des neben mir stehenden Mädchens wurde aschfahl. Ihre Augen glühten vor Entsetzen. Sie erloschen, als sie die Lider senkte. Krampfhaft krallten sich ihre Finger in meinen Arm.

»Was ist los?« flüsterte sie mit klappernden Zähnen. Beruhigend streichelte ich ihre kühle Hand. Sie drängte sich mit ihrem ganzen Körper an mich. Ein Geruch ging von ihr aus, stieg in die Nase und prägte sich dem Körper ein. »Was ist los?« Sie verzog den Mund und strich sich die Haare aus der Stirn.

»Ruhig, ruhig, Kind«, sagte der Professor sanft. »Was da verbrannt wird, ist die Strohpuppe eines SS-Manns. Das ist unsere Antwort auf Krematorien und das Kirchlein.«

»Und auf das tote Mädchen«, knurrte ich durch die Zähne.

Ich griff mit der Hand nach hinten. Der warme Körper des Mädchens schmiegte sich eng an mich und zitterte vor Erregung und Angst. Im Nacken spürte ich ihren heißen Atem.

Vor die Menge trat der Schauspieler, dick, klein, in den Feuerschein wie in einen roten Mantel gehüllt, und während der Geistliche immer wieder neue Puppen ins Feuer schob, die sich wie mit Benzin übergossen in eine Feuersäule verwandelten und dadurch fast lebendig wirkten, hob er die Arme, beruhigte die schreiende Menge, verteilte sie mit einer Geste entlang der Straße, blickte zu den dunklen Kasernendächern hinauf und gab das Zeichen.

Kaskaden von Raketen schossen empor. Der Himmel erstrahlte wie ein Weihnachtsbaum, sprühte von bengalischen Feuern und sank tröpfchenweise zur Erde. Von den Dachböden waren lange Salven von MG-Feuer zu hören. Die Rauchgeschosse zogen mit aschgrauen Fahnen über den Himmel wie Schwärme von Wildgänsen. Die Menge, vom Feuer der Raketen umgeben, wurde knallbunt mitsamt dem ganzen Hof, der sich zusammenballte und herumwirbelte wie eine vom Wind getriebene Seifenblase.

»Sollen doch die Toten die Toten begraben«, sagte der Professor versonnen. »Laßt uns, die Lebenden, mit den Lebenden gehen.« Seine Wangen, in den Tiegel der Raketen getaucht, schwollen wieder an und blähten sich. Zum zweiten Mal lachte der Professor laut auf. »Die Lebenden mit den Lebenden! Haha, haha! Haha, haha! Die Lebenden mit den Lebenden. So wie sie, für immer! Schaut!«

Er streckte den Arm zu der in trübem Dunkel versinkenden Halle aus. Aus ihrem Schatten, als träte es unter einer von der Schneide des Feuers halb geöffneten Kuppel hervor, schritt zwischen den steinernen Wänden der Gebäude, den im Schatten verschwimmenden Bäumen, über den Hof der ehemaligen ss-Kaserne, auf dem am Jahrestag der Schlacht von Grunwald Strohpuppen von ss-Soldaten ins Feuer geworfen wurden, am Vortag eines Transports, der alles zerstören und die Menschen auf immer zerstreuen sollte, dumpf das Bataillon, verbissen den Takt auf dem Beton schlagend, und – sang.

III.

DIE STEINERNE WELT

Kamienny świat

Kurzes Vorwort

Für Jan Dobraczyński

»Die steinerne Welt« ist eine einzige große, aus zwanzig selbständigen Teilen bestehende Erzählung. Der Autor hat die Möglichkeiten ausprobiert, die uns die Form der »Kurzerzählung« verleiht, und hält das Ergebnis des Versuchs für nicht sonderlich gelungen. Die Form der Kurzerzählung ähnelt der Form des engen Kragens insofern, als sie das Atmen behindert. Sie gewöhnt einem den Kommentar und die Umschreibung ab, gewöhnt einen an die Einheit von Handlung, Zeit und Ort und bildet statt des Schriftstellers den Fotoapparat.

Einige dieser Kurzerzählungen sind realistisch, einige sind belanglos, andere enthalten eine Polemik mit fremden schriftstellerischen Gestalten. Auf die Adresse der Polemik verweisen die Widmungen, aber nicht alle. Einige sind lediglich Gefälligkeiten. Ich bin kein positiver Katastrophist, ich habe nicht den Kapo Kwaśniak gekannt, keine menschlichen Gehirne gegessen, keine Kinder ermordet, nicht im Bunker gesessen, bin nicht mit Deutschen in die Oper gegangen, habe nicht Wein im Garten getrunken, gebe mich nicht infantilen Träumen hin – überhaupt wäre es mir sehr peinlich, würden die Erzählungen aus der »Steinernen Welt« nur deshalb als Seiten aus dem intimen Tagebuch des Autors verstanden, weil sie in der ersten Person geschrieben sind.

Ich weiß nicht, ob dieses Vorwort meine Kurzerzählungen hinreichend rechtfertigt. Ich habe es hauptsächlich deshalb geschrieben, damit verschiedene radikale Katholiken – und andere – an mir herummäkeln.

Die steinerne Welt

Dem Genossen Paweł Hertz

Wie das Kind im Schoß der Frau, so reift in mir, und erfüllt mich mit banger Erwartung, seit einiger Zeit das Bewußtsein, daß das unermeßliche All sich mit unvorstellbarer Geschwindigkeit aufbläht wie eine kosmische Seifenblase; mich beschleichen die nagenden Ängste eines Geizhalses, sooft ich daran danke, daß das All wie Wasser, das einem durch die Finger rinnt, ins Nichts entschwindet und irgendwann – vielleicht noch heute, vielleicht erst morgen, vielleicht in einigen Lichtjahren – unwiederbringlich im Nichts versickert, so als bestünde es nicht aus solider Materie, sondern lediglich aus einem flüchtigen Klang. Schon hier muß ich aber gestehen: Obwohl ich mich seit dem Krieg nur noch sehr selten dazu zwinge, die Schuhe zu putzen, und fast nie den Schmutz aus den Hosenaufschlägen bürste, obwohl es mich große Mühe kostet, mir einen um den anderen Tag Wangen, Kinn und Kehle zu rasieren, obwohl ich mir aus Zeitersparnis die Fingernägel abkaue und weder seltene Bücher noch außergewöhnliche Geliebte sammle und durch diese Entsagung den Sinn meines Schicksals mit dem des Weltalls verbinde, so verlasse ich doch erst seit kurzem an heißen Nachmittagen das Haus und erkunde mit Vergnügen auf langen, einsamen Spaziergängen die Arbeiterviertel meiner Stadt.

Sehr gern atme ich in langen Zügen den dumpfigen Staub der Ruinen ein, der dröge ist wie Paniermehl, und beobachte, den Kopf aus alter Gewohnheit ein wenig nach rechts geneigt, mit kaum verhohlener Ironie die Bauersfrauen, die vor den Mauern der zerstörten Gebäude neben ihrer Ware hocken, die dreckigen Kinder, die zwischen den vom nächtlichen Regen zurückgebliebenen Pfützen einer schmutzstarrenden Lumpensammlerin nachrennen, aber auch die staubbedeckten, nach Schweiß stinkenden Arbeiter, die von früh bis spät in großer Eile Straßenbahnschienen zusammenschweißen. Denn ich sehe deutlich wie in einem Spiegel, wie diese von Gras überwachsenen Ruinen, die Bauersfrauen, ihre mit Mehl verlängerte Sahne und die stinkigen Kleider, die Straßenbahnschienen, die Lumpensammlerin und die ihr nachrennenden Kinder, die neben dem Torflager liegenden Stangen und Eisenhämmer sowie die muskulösen Arme und die müden Augen und Körper der Arbeiter, die Straße und der kleine Platz dahinter mit seinen hölzernen Marktbuden, über denen sich das zornige Stimmengewirr der Menschen erhebt, und die vor dem Wind dahintreibenden Wolken – wie das alles sich plötzlich auflöst und in einem Knäuel unter meinen Füßen versinkt, wie die Spiegelungen der Bäume und des Himmels in dem Bach, der reißend unter dem Steg dahinschießt.

Bisweilen scheint mir, als würden auch meine – ich würde sagen – biologischen Gefühle in mir dickflüssig werden und erstarren, fühllos wie Harz. Anders als in den letzten Jahren, als ich mit vor Staunen geweiteten Augen die Welt betrachtete und aufmerksam wie eine junge Katze auf dem Fensterbrett durch irgendeine Straße ging, tauche ich jetzt gleichmütig in der geschäftigen Menge unter und streife ohne irgendeine Regung die erhitzten Körper der Mädchen, die mit ihren nackten Knien und den kunstvoll aufgetürmten fettigen Haaren locken. Ich schließe halb die Augen und sehe, nun wieder mit Vergnügen, bei gesenkten Lidern, wie ein Stoß des kosmischen Windes die Menge bis zu den Baumkronen emporträgt, menschliche Leiber zu einem gewaltigen Strudel vermengt, vor Entsetzen geöffnete Münder verzieht, rosige Kinderwangen mit behaarten Männerbrüsten vermengt, geballte Fäuste mit Fetzen von Kleidern umwickelt, weiße Schenkel wie Schaum nach oben trägt und darunter Hüte und Bruchstücke von Köpfen sehen läßt, um die sich der Tang der Haare schlingt – und wie diese seltsame Mischung, eine gigantische, aus der Menge gekochte Suppe, im Rinnstein die Straße entlangfließt und beinahe gluckernd wie in einem Abwasserkanal im Nichts versickert.

Es ist daher nicht verwunderlich, wenn ich mit Geringschätzung und einem Hauch von Verachtung das wuchtige, kühle Granitgebäude betrete. Ich pflege nicht in Verzückung zu geraten angesichts einer Marmortreppe, die von allen Spuren des Brandes gereinigt und mit einem roten Läufer belegt ist, den allmorgendlich vor Anstrengung stöhnende Putzfrauen ausklopfen, und ich achte nicht auf die neuen Fensterrahmen und die frisch gestrichenen Wände des ausgebrannten Hauses. Gleichmütig trete ich in die engen, aber gemütlichen Zimmer der wichtigen Personen, und manchmal bitte ich allzu höflich um allzu nichtige Dinge, die mir zwar zustehen, die aber – letztlich weiß ich es – nicht verhindern können, daß diese Welt anschwillt wie ein überreifer Granatapfel und platzt, um statt Kernen nur trockene, raschelnde Asche in die glasige Leere auszuschütten.

Wenn nach einem heißen Tag voller Staub und Benzingestank endlich die erquickende Dämmerung anbricht und die schwindsüchtigen Ruinen in harmlose Dekorationen verwandelt, die sich dunkel vor dem immer dichter werdenden Himmel abzeichnen, kehre ich unter den neu errichteten Straßenlampen heim in meine nach rohem Kalk riechende Wohnung, die ich bei einem Mittelsmann gegen eine hohe, bei keinem Finanzamt gemeldete Summe erworben habe, setze mich ans Fenster, stütze den Kopf in die Hände und betrachte, eingewiegt vom Klappern der Teller, die meine Frau in der Kochnische spült, die Fenster des Hauses gegenüber, wo nach und nach die Lichter ausgehen und die Radios verstummen.

Eine Weile lausche ich noch auf die verschwommenen Echos von der Straße: ein Trinklied von der nahen Zigarettenbude, das Schlurfen der Schritte, das dumpfe

Rattern der in den Bahnhof einfahrenden Züge, das aufdringliche, hartnäckige Hämmern der Nachtschicht, die mit der eiligen Verlegung der Straßenbahnschienen schon bis zu unserer Straßenecke vorgedrungen ist, und immer deutlicher spüre ich, daß eine gewaltige Enttäuschung in mir wächst. Energisch stoße ich mich vom Fenster ab, so als zerrisse ich eine mich fesselnde Schnur, setze mich in dem Gefühl, wieder einmal unwiederbringliche Zeit verloren zu haben, an den Schreibtisch, hole Papiere, die ich vor langer Zeit dort zurückgelassen habe, aus der Schublade hervor, und weil die Welt sich heute nicht aufgelöst hat, nehme ich die unbeschriebenen Blätter heraus, breite sie pedantisch auf der Schreibtischplatte aus und suche mit halbgeschlossenen Augen in mir nach dem Gefühl inniger Freundschaft für die Arbeiter an den Straßenbahnschienen, für die Bauersfrauen mit ihrer gepanschten Sahne, die Güterzüge, den dunkelnden Himmel über den Ruinen, die Passanten aus der Allee und die neuen Fensterrahmen, ja sogar für meine Frau, die das Geschirr abtrocknet, und unter großer geistiger Anstrengung suche ich den wahren Sinn der gesehenen Dinge, Ereignisse und Menschen zu erfassen. Denn ich beabsichtige, ein großes, bleibendes episches Werk zu schreiben, würdig dieser unvergänglichen, schwierigen, wie in Stein gehauenen Welt.

Eine Erzählung aus dem wirklichen Leben

Dem Redakteur Stefan Żółkiewski

Damals dachte ich, ich würde sterben. Ich lag auf dem bloßen Strohsack, bedeckt mit einer Decke, die nach dem eingetrockneten Kot und Eiter meiner Vorgänger stank. Ich war so geschwächt, daß ich mich nicht einmal mehr kratzte, um die Flöhe zu vertreiben. An den Hüften, am Gesäß und an den Schultern hatten sich ausgedehnte Druckstellen gebildet. Ich ekelte mich vor meinem eigenen Körper und hörte mit Erleichterung das Röcheln der anderen. Manchmal glaubte ich vor Durst zu ersticken. Dann öffnete ich die gesprungenen Lippen und schaute, von einem Becher kalten Kaffees träumend, durch das weit offene Fenster gedankenlos zu dem einem Ausschnitt des leeren Himmels hinauf. Es sah nach einem Gewitter aus, denn der aschgraue Leichenrauch hing tief über den Dächern. Auf den Dächern schmolz der Teer und schimmerte in der Sonne wie Quecksilber.

Als das Fleisch an Gesäß und Rücken wie Feuer zu brennen begann, drehte ich mich auf dem rauhen Strohsack auf die Seite, legte mir die Faust unters Ohr und blickte erwartungsvoll zu dem aufgedunsenen Menschen auf dem Nachbarbett hinüber, einem Kapo namens Kwaśniak. Neben seinem Bett stand ein Schemel, darauf ein Becher Kaffee, ein angebissener Apfel und ein bröckelndes Stück Brot. Am Fußende des Bettes, versteckt in einer Papiertüte unter dem Bettlaken, reiften grüne Tomaten, die ihm seine fürsorgliche Frau geschickt hatte.

Die Untätigkeit vertrug Kapo Kwaśniak nicht. Er sehnte sich zurück zu seinem Kommando, das im Frauenlager arbeitete. Er langweilte sich. Im *Krankenbau* hatte man ihm sein einziges Vergnügen genommen, sich satt zu essen, weil er nierenkrank war. Sein Bettnachbar, ein jüdischer Geiger aus Holland, lag einsam mit Lungenentzündung im Sterben. Daher stützte sich Kapo Kwaśniak, als er meinen Strohsack rascheln hörte, auf den Ellenbogen und kniff forschend die geschwollenen Augen zusammen.

»Endlich sind Sie wieder wach«, sagte er verärgert, seine wachsende Ungeduld kaum verbergend. »Erzählen Sie weiter. So gut wie gesund, muß man hier rumliegen wie ein Muselmann. Hat schon lange keine Auslese mehr gegeben.«

Zusammenfassungen von Schundromanen mochte er ebensowenig wie Nacherzählungen von Abenteuerfilmen und große Dramen der Weltliteratur. Gruselgeschichten auf der Grundlage romantischer Werke konnte er nicht ausstehen. Was er dagegen leidenschaftlich gern hörte, waren alberne und rührselige Geschichten, vorausgesetzt, ich konnte ihm glaubhaft versichern, ich hätte sie selbst erlebt. Dabei hatte ich schon alles hervorgekramt, was ich jemals an Interessantem erlebt hatte: die Tante, für die ein verliebter Förster abends unter ihrem Fenster Gitarre gespielt hatte; den lebenden Hahn, den wir, um den Professor zu ärgern, vor der Physikstunde in den Schrank gesperrt hatten und der nicht krähen wollte; das Mädchen mit den entzündeten Mundwinkeln, das mir wegen bestimmter Erlebnisse im ersten Kriegsmonat in Erinnerung geblieben war, und dergleichen mehr. Auch von meinen Liebschaften hatte ich ihm schon erschöpfend berichtet, wobei ich lebhaft bedauerte, daß es nur zwei gewesen waren. Ich war ehrlich und sagte in den einfachsten Worten die Wahrheit, nichts als die Wahrheit. Aber die Zeit verging sehr langsam, und ich hatte immer höheres Fieber und immer stärkeren Durst.

»Als ich im Gefängnis saß«, fing ich langsam an, mir mit der Zunge über die Lippen fahrend, »kam ein Knabe mit einer Bibel zu uns in den Keller. Er sagte, ein Polizist habe ihn hergebracht. Er sollte mit Kreide etwas auf eine Mauer geschrieben haben.« Und dann erzählte ich die interessantesten Einzelheiten aus der Geschichte des Knaben mit der Bibel, die ich ein paar Jahre später noch einmal in einer Kurzerzählung beschrieb.

Der Knabe hatte die *Heilige Schrift* bei sich, in der er den ganzen Tag las. Er sprach mit niemandem, und wenn er gefragt wurde, antwortete er kurz und schroff. Am Nachmittag kam ein junger Jude vom Verhör in die Zelle zurück. Er sah den Knaben an und sagte, er habe ihn bei der Gestapo gesehen. »Gib zu«, sagte er, »daß du auch ein Jude bist wie ich. Du kannst es ruhig sagen, wir sind hier unter uns.« Der Knabe mit der Bibel sagte, ein Polizist habe ihn hergebracht und er sei kein Jude. Am Abend wurde er aus der Zelle geholt und im Hof erschossen.

»Der Knabe«, beendete ich hastig diese weitere Geschichte aus meinem Leben, »hieß Zbigniew Namokel, und sein Vater war, wie er sagte, Bankdirektor.«

Schweigend setzte Kapo Kwaśniak sich auf seinem Bett auf und begann, am Fußende zu kramen. Er holte eine Tomate aus der Tüte und hielt sie unschlüssig in der Hand.

»Das war kein Ereignis aus Ihrem Leben«, sagte er streng und sah mich von der Seite an. »Ich liege hier länger als Sie, und wissen Sie was? Er war hier im Spital, Ihr Zbigniew Namokel. Er hatte Typhus, wie Sie. Er ist in dem Bett gestorben, in dem Sie jetzt liegen.«

Er lehnte sich bequem zurück und nahm die Tomate von der einen Hand in die andere.

»Meinen Kaffee können Sie haben, ich darf ihn sowieso nicht trinken«, sagte er nach einer Weile. »Aber erzählen Sie mir nichts mehr.«

Er warf mir die Tomate auf die Decke, reichte mir den Becher und sah mit geneigtem Kopf sehr interessiert zu, wie ich die Flüssigkeit in mich hineinschlürfte.

Schillingers Tod

ss-Oberscharführer Schillinger erfüllte im Jahre 1943 die Aufgaben eines Lagerführers, seinem direkten Befehl unterstand das Männer-Arbeitskommando im Abschnitt D des Lagers Birkenau, das zu dem riesigen Komplex größerer und kleinerer Lager gehörte, die über ganz Oberschlesien verstreut waren und administrativ dem zentralen Konzentrationslager in Auschwitz unterstanden. Schillinger war recht klein und untersetzt. Er hatte ein feistes, aufgedunsenes Gesicht und flachsblondes Haar, das er glatt an den Schädel gekämmt trug. Die blauen Augen waren immer ein wenig zusammengekniffen, die Lippen zusammengepreßt, und die Wangen zuckten ein wenig in einem nervösen Krampf. Auf sein Äußeres legte er keinen Wert, und ich habe nie gehört, daß er sich von Prominenten hätte bestechen lassen.

Schillinger herrschte aufmerksam und ungeteilt über das Lager D. Rastlos radelte er auf den Lagerwegen umher und tauchte immer genau dort auf, wo man ihn am wenigsten gebrauchen konnte. Der Hieb seiner Hand war wuchtig wie ein Knüppel, spielend zerschlug er einen Kiefer, und wo er hinschlug, floß Blut.

Seine Wachsamkeit war unermüdlich. Oft visitierte

er andere Abschnitte des Lagers Birkenau und verbreitete panischen Schrecken unter den Frauen, den Zigeunern und den Prominenten von der Effektenkammer, dem wohlhabendsten Abschnitt von Birkenau, wo die Habseligkeiten der Vergasten aufgewahrt wurden. Er beaufsichtigte auch die innerhalb der großen Postenkette arbeitenden Kommandos und durchsuchte unverhofft die Kleider der Häftlinge, die Schuhe der Kapos und die Brotbeutel der ss-Leute. Auch besuchte er die Krematorien, und gern schaute er zu, wie die Menschen in die Gaskammern getrieben wurden. Sein Name wurde oft zusammen mit den Namen Palitsch, Krankenmann und vielen weiteren Auschwitzer Mördern genannt, die sich damit brüsteten, höchstpersönlich mit der Faust, dem Knüppel oder der Waffe Zigtausende von Menschen umgebracht zu haben.

Im August 1943 wurde im Lager gemunkelt, Schillinger sei unter ungeklärten Umständen umgekommen. Angeblich authentische Berichte über den Vorfall unterschieden sich diametral. Persönlich würde ich dazu neigen, einem bekannten Vorarbeiter vom Sonderkommando zu glauben, der sich eines Nachmittags zu mir auf die Pritsche setzte, um auf Kondensmilch aus dem Magazin des Zigeunerlagers zu warten, und mir über den Tod des Oberscharführers Schillinger folgendes berichtete:

»Am Sonntag, nach dem Mittagsappell, kam Schillinger auf den Vorplatz des Krematoriums gefahren, um unseren Chef zu besuchen. Aber der Chef hatte keine

Zeit, weil gerade die ersten Lastwagen von der Rampe kamen, mit dem Transport aus Bendzin. Du weißt ja selbst, Kumpel, daß es eine schwere Arbeit ist, die viel Takt erfordert, den Transport auszuladen, den Leuten zu sagen, daß sie sich ausziehen sollen, und sie dann in die Kammer zu treiben. Jeder weiß genau, daß es, bevor die Leute nicht in der Kammer eingesperrt sind, verboten ist, die Klamotten der Leute anzugaffen, darin herumzustöbern oder gar die nackten Frauen anzufassen. Schon der Befehl, daß die Frauen sich zusammen mit den Männern ausziehen sollen, ist für die Leute im *Zugang* ein enormer Schock. Dann wird das System der Eilbedürftigkeit angewandt, man tut so, als gäbe es bei dem angeblichen Bad einen Haufen Arbeit. Übrigens muß man sich wirklich beeilen, wenn man es schaffen will, einen Transport zu vergasen und die Leichen aus der Kammer zu räumen, bevor der nächste kommt.«

Der Vorarbeiter stand auf, setzte sich auf das Kissen, ließ die Beine vom Pritschenrand baumeln, steckte sich eine Zigarette an und erzählte weiter:

»Wir hatten also den Transport aus Bendzin und Sosnowitz. Diese Juden wußten genau, was sie erwartete. Die Jungs vom Sonderkommando waren aufgeregt, einige stammen aus der Gegend. Es kam vor, daß man im Transport auf Verwandte oder Bekannte stieß. Mir selbst ist es auch schon passiert ...«

»Ich wußte nicht, daß du aus der Gegend bist. An deiner Aussprache merkt man es nicht.«

»Ich habe in Warschau Pädagogik studiert, ist schon

fünfzehn Jahre her. Dann bekam ich eine Stelle am Gymnasium Bendzin. Man hat mir vorgeschlagen, ins Ausland zu gehen, aber ich wollte nicht. Wegen der Familie, verstehst du? Und so kam es dann.«

»Und so kam es dann.«

»Der Transport war unruhig, weißt du, das waren keine Kaufleute aus Holland oder Frankreich, die im Lager ein Geschäft für die Internierten in Auschwitz aufmachen wollten. Unsere Juden wußten, woher der Wind weht. Deshalb war auch ein ganzer Haufen ss-Leute da, und Schillinger, als er sah, was los war, zog den Revolver. Alles wäre glattgelaufen, doch Schillinger verguckte sich in eine Frau, wirklich eine klassische Schönheit. Bestimmt ist er deshalb gekommen, den Chef zu besuchen. Er ging also zu der Frau und packte sie am Arm. Im selben Moment bückte sich die nackte Frau, nahm eine Handvoll Sand und schleuderte sie Schillinger in die Augen. Er schrie auf vor Schmerz und ließ den Revolver fallen, die Frau fing die Waffe auf und schoß Schillinger mehrmals in den Bauch. Auf dem Platz entstand Panik. Die Nackten rannten schreiend auf uns zu. Die Frau schoß noch einmal, aber jetzt auf den Chef, und verwundete ihn im Gesicht. Da nahmen der Chef und die ss-Leute Reißaus und ließen uns allein. Aber wir wußten uns Gott sei Dank zu helfen. Wir trieben den Transport mit Knüppeln in die Kammer, schraubten die Tür zu und gaben der ss Bescheid, das Zyklon einzuwerfen. Wir hatten schließlich einige Übung.«

»Ist mir bekannt.«

»Schillinger lag auf dem Bauch und krallte vor Schmerz seine Finger in die Erde. Wir hoben ihn auf trugen ihn ohne besondere Rücksicht zum Auto. Die ganze Zeit jammerte er mit zusammengebissenen Zähnen: ›O Gott, mein Gott, was hab ich getan, daß ich so leiden muß?‹«

»Dieser Mensch hat also bis zuletzt nichts kapiert«, sagte ich kopfschüttelnd. »Was für eine merkwürdige Ironie des Schicksals.«

»Was für eine merkwürdige Ironie des Schicksals«, wiederholte der Vorarbeiter versonnen.

Eine wahrlich merkwürdige Ironie des Schicksals: Als kurz vor der Evakuierung des Lagers die Juden vom Sonderkommando aus Angst vor der Erschießung einen Aufstand in den Krematorien entfesselten, die Bauten in Brand steckten, die Drähte durchschnitten und in die Felder flüchteten, nahmen einige SS-Männer sie unter MG-Feuer erschossen sie bis auf den letzten Mann.

Der Mann mit dem Päckchen

Für Adolf Rudnicki

Unser Schreiber war ein Jude aus Lublin, und er kam ins Lager Auschwitz als bereits erfahrener Lagerinsasse von Majdanek, und da er obendrein einen guten Bekannten vom Sonderkommando fand, das wegen seiner aus den Krematorien stammenden Reichtümer gewaltigen Einfluß im Lager hatte, stellte er sich von Anfang an krank, kam ohne Schwierigkeiten in den KB *zwei* – so hieß abgekürzt (von *Krankenbau II*) der Lagerabschnitt von Birkenau, der als Spital diente – und erhielt dort sofort die famose Funktion des Schreibers in unserem Block. Statt den ganzen Tag Erde zu schaufeln oder auf leeren Magen Zementsäcke zu schleppen, übte der Schreiber eine Bürotätigkeit aus – Anlaß des Neids und der Intrigen anderer Prominenter, die ihren Bekannten ebenfalls zu Drückebergerposten verhalfen –, begleitete die Kranken hinein und heraus, führte Appelle im Block durch, machte die Krankenblätter fertig und war indirekt an den Selektionen der Juden beteiligt, die im Herbst dreiundvierzig fast regelmäßig alle zwei Wochen in allen Abschnitten unseres Lagers durchgeführt wurden; der Schreiber war nämlich verpflichtet, die Kranken mit Hilfe der Pfleger in den Waschraum zu bringen, von wo sie abends auf Lastwagen zu einem der vier Krematorien gebracht wurden, die damals noch im Schichtbetrieb arbeiteten. Irgendwann im November bekam der Schreiber hohes Fieber – er hatte sich, wenn ich mich recht erinnere, erkältet –, und da er der einzige kranke Jude im Block war, wurde er bei der nächsten Selektion *zur besonderen Behandlung* vorgemerkt, also fürs Gas.

Gleich nach der Auslese begab sich der Oberpfleger, den wir aus Höflichkeit Blockältesten nannten, nach Block vierzehn, wo fast ausschließlich Juden lagen, um dort mit uns zu vereinbaren, daß wir ihnen unseren Schreiber früher überstellten, um uns die Unannehmlichkeit zu ersparen, ihn persönlich zum Waschraum zu bringen.

»Wir verlegen ihn auf vierzehn, Doktor, verstehen?« sagte er, von dort zurück, zu unserem Oberarzt, der am Tisch saß, sein Stethoskop in den Ohren. Er klopfte sehr sorgfältig den Rücken eines neuen Patienten ab und stellte ihm in kalligraphischer Schrift ein Krankenblatt aus. Der Doktor winkte ab, ohne seine Arbeit zu unterbrechen.

Der Schreiber hockte auf dem oberen Bett und schnürte sorgsam ein Päckchen zu, in der er hohe tschechische Schnürstiefel, einen Löffel, ein Messer, einen Bleistift, etwas Fett, Brötchen und Obst aufbewahrte, Geschenke, die er als Schreiber für diverse Gefälligkeiten erhalten hatte, genau wie fast alle jüdischen Ärzte und Pfleger im KB, denn im Gegensatz zu den Polen bekamen sie von niemandem Päckchen. Die Polen im KB, die von zu Hause unterstützt wurden, nahmen übrigens auch Geschenke von den Kranken, sowohl Tabak als auch Essen.

Gegenüber dem Schreiber saß ein alter polnischer Major, von dem niemand wußte, wieso er seit Monaten im Krankenbau gehalten wurde; die Finger in die Ohren gesteckt, spielte er mit sich selbst Schach, unter ihm die Nachtwache pinkelte träge in eine Urinflasche und vergrub sich gleich darauf in seine Decke. In den anderen Stuben wurde geröchelt und gehustet, im Ofen brutzelte heftig der Speck, es war stickig und heiß, wie immer gegen Abend.

Der Schreiber stieg vom Bett herab und nahm das Päckchen in die Hand. Der Blockälteste reichte ihm schroff die Decke und befahl ihm, die Holzpantinen anzuziehen. Sie verließen den Block, durchs Fenster sah man, wie der Blockälteste ihm vor der vierzehn die Decke von der Schulter zog, ihm die Pantinen abnahm und ihm auf den Rücken klopfte, worauf der Schreiber, jetzt nur noch im Nachthemd, in das der Wind fuhr, in Begleitung eines anderen Pflegers in Block vierzehn verschwand.

Erst am Abend, als die Rationen, der Tee und die Päckchen auf den Stuben ausgeteilt waren, begannen die Pfleger, die Muselmänner aus den Blocks herauszuführen und vor der Tür in Fünferreihen antreten zu lassen. Sie nahmen ihnen Decken und Pantinen ab. Der diensthabende ss-Mann erschien im Lager und ließ die Pfleger vor dem Waschraum eine Kette bilden, damit keiner entwischte; derweil wurde in den Blocks das Abendessen verzehrt und in den neuen Päckchen gekramt.

Durchs Fenster sah man, wie unser Schreiber aus der vierzehn trat, immer noch das Päckchen in der Hand, in der Fünferreihe seinen Platz einnahm und sich, von Geschrei der Pfleger angetrieben, mit den anderen zum Waschraum schleppte.

»Schauen Sie mal, Doktor!« rief ich dem Arzt zu. Er nahm das Stethoskop ab, trat schwerfällig ans Fenster und legte mir die Hand auf die Schulter. »Er könnte etwas mehr Vernunft zeigen, finden Sie nicht?«

Draußen war es dunkel geworden, man sah die weißen Hemden, die sich vor dem Block bewegten, die Gesichter waren nicht zu erkennen, die Leute gingen weiter, verschwanden aus unserem Blickfeld; mir fiel auf, daß die Lampen über dem Stacheldraht angegangen waren.

»Als erfahrener Lagerinsasse weiß er doch genau, daß er in ein bis zwei Stunden nackt, ohne Hemd und ohne Päckchen, ins Gas gehen wird. So eine ungeheure Anhänglichkeit an die letzten Habseligkeiten. Er hätte sie doch einem anderen schenken können. Ich glaube nicht, daß ich ...«

»Meinst du wirklich?« fragte der Doktor gleichmütig. Er nahm die Hand von meiner Schulter und bewegte den Unterkiefer, als habe er mit der Zunge einen hohlen Zaun entdeckt.

»Verzeihen Sie, Doktor, aber ich glaube nicht, daß Sie ...«, sagte ich beiläufig.

Der Doktor stammte aus Berlin, hatte seine Tochter und Frau in Argentinien, und gelegentlich sagte er über sich selbst *wir Preußen*, mit einem Lächeln, in dem sich die schmerzliche Bitterkeit eines Juden mit dem Stolz eines ehemaligen preußischen Offiziers verband.

»Ich weiß nicht. Ich weiß nicht, was ich täte, wenn ich ins Gas ginge. Wahrscheinlich würde ich auch mein Päckchen mitnehmen.«

Er wandte sich mir zu und lächelte mich verschmitzt an. Ich sah, wie erschöpft und müde er war.

»Ich glaube, selbst noch im Kamin würde ich wahrscheinlich hoffen, daß doch noch ein Wunder geschieht. Das Päckchen würde ich festhalten wie eine fremde Hand, verstehst du?«

Er ging vom Fenster weg, setzte sich an den Tisch und ließ sich einen anderen Kranken vom Bett herunterholen; er bereitete für morgen den *Abgang* der Genesenden ins Lager vor.

Der Waschraum war erfüllt vom Geschrei und Gejammer der kranken Juden; sie wollten das Gebäude in Brand stecken, aber keiner traute sich, den ss-Mann von der Sanitätsabteilung anzutasten, der mit halbgeschlossenen Augen in der Ecke saß und sich entweder schlafend stellte oder tatsächlich eingenickt war. Nach Anbruch der Nacht kamen schwere Krematoriums-Lastwagen ins Lager, einige ss-Männer eilten herbei, den Juden wurde befohlen, alles im Waschraum zurückzulassen, und die Pfleger begannen, sie nackt auf die Autos zu werfen, bis sich die Menschen auf den Ladeflächen türmten und, von Scheinwerfern angestrahlt, weinend und fluchend aus dem Lager abfuhren, sich verzweifelt an den Händen haltend, um nicht herunterzufallen.

Ich weiß nicht, warum es später im Lager hieß, beim Wegfahren ins Gas hätten die Juden auf hebräisch ein erschütterndes Lied gesungen, das keiner verstand.

Das Abendessen

Wir alle warteten geduldig auf den Eintritt der Dunkelheit. Die Sonne stand schon tief über der Anhöhe, über die frisch gepflügten Hänge und Täler, hier und da noch mit schmutzigem Schnee bedeckt, legten sich immer tiefere Schatten, in denen sich der milchige Abendnebel sammelte, aber am herabhängenden, mit Regenwolken gefüllten Bauch des Himmels zeichnete die untergehende Sonne noch einige rötliche Streifen. Der böige, sich gleichsam verfinsternde Wind, der den Geruch der durchweichten, säuerlichen Erde mit sich trug, jagte die geballten Wolken vor sich her und drang wie mit eisigen Nadeln bis ins Innerste; ein einsames, von einer stärkeren Bö losgerissenes Stück Pappe klapperte monoton auf dem Dach. Von den Wiesen drang eine frische, aber durchdringende Kälte zu uns, im Tal ratterten die Räder der Waggons über die Schienen, und die Lokomotiven ächzten laut. Eine feuchte Dämmerung sank herab, der Hunger machte sich noch empfindlicher bemerkbar, auf der Chaussee verebbte allmählich der Verkehr. Der Wind trug von dort immer seltener Gesprächsfetzen, das Geschrei der Fuhrleute, das Gerumpel der Fuhrwagen mit den vorgespannten Kühen, die mit ihren Hufen träge in dem Schlackenbelag des Weges scharrten, zu uns herüber; das Geklapper der Holzpantinen entfernte sich ebenso wie das leise, kehlige Lachen der Dorfmädchen, die fröhlich zum Samstagstanz ins Städtchen zogen.

Als es schließlich vollkommen dunkel geworden war, setzte ein schütterer Regen ein. Die violetten, an hohen Masten schwankenden Lampen warfen gedämpftes Licht auf die schwarzen, verflochtenen Äste der Straßenbäume, auf die glänzenden Dächer der Wachhäuschen, auf die verlassene, wie ein nasser Riemen glänzende Straße; Soldaten marschierten unter ihrem Lichtkegel hindurch und verschwanden im Dunkeln, nur das näher kommende Knirschen des Schotters unter ihren Tritten war zu hören.

Da richtete der Chauffeur des Kommandanten den durch einen Verdunkelungsschirm abgeflachten Strahl der Scheinwerfer auf den Durchgang zwischen den Blocks, und zwanzig Russen in gestreifter Häftlingskleidung, die Hände mit Stacheldraht auf dem Rücken gefesselt, wurden von den Blockältesten aus dem Waschraum geführt und über den Damm getrieben; man ließ sie auf der gepflasterten Lagerstraße Aufstellung nehmen, abseits von der Menge, die seit vielen Stunden mit entblößtem Haupt reglos dastand und schweigend ihren Hunger ertrug. Im scharfen Strahl der Scheinwerfer verschwammen die Leiber der Russen zu einem einzigen Fleischklumpen, mit Drillich umhüllt und mit Schatten bedeckt; jede Runzel, jede Ausbauchung, jede Falte ihrer Kleidung, die abgeplatzten Sohlen ihrer abgetragenen Schuhe, das Laub an den Absätzen, die angetrockneten, rötlichen Lehmklumpen am Saum der Hosen, die groben Nähte im Schritt, die weißen Fäden, die sich durch die blauen Streifen des Drillichs zogen, die tief herabhängenden Hosenböden, die zusammengepreßten Hände mit den weißlichen, vor Schmerz gekrümmten Fingern und dem geronnenen Blut an den Gelenken, die angespannten Sehnen an den Handgelenken, deren Haut von dem rostigen Draht, der sich in sie bohrte, bläulich angelaufen war, die nackten, durch einen weiteren Draht unnatürlich zusammengepreßten Ellbogen – das alles stach deutlich, wie eingefroren, aus der Dunkelheit hervor; die Rücken und Köpfe der Russen verschwammen in der Dunkelheit, nur die ausrasierten Nacken ragten heller aus dem Jackenkragen hervor. Die länglichen Schatten dieser Menschen erstreckten sich über die Straße, den Stacheldraht, an dem Tautropfen funkelten, und verloren sich jenseits des Zauns am Hang der Anhöhe, der mit schütterem, vertrocknetem, dürr raschelndem Kalmus bewachsen war.

Der Kommandant der Lager, ein graumelierter, braungebrannter Offizier, der speziell für diesen Abend aus der Stadt ins Lager gekommen war, schritt müde, aber energisch durch den Lichtstreifen, trat neben die Reihen der Russen und prüfte, ob sie auch den richtigen Abstand voneinander hatten. Jetzt ging es rascher voran, aber nicht so schnell, wie es sich die durchgefrorenen Körper und ausgehungerten Mägen gewünscht hätten, die seit siebzehn Stunden auf den halben Liter

Suppe warteten, der vermutlich nur noch lauwarm den den Kesseln in der Baracke wartete.

»Glaubt bloß nicht, es sei nicht so schlimm!« schrie der blutjunge Lagerälteste, der hinter dem Kommandanten hervorgetreten war. Eine Hand hatte er ins Revers seiner aus schwarzem Tuch maßgeschneiderten Prominentenjacke gesteckt, in der anderen hielt er eine Weidenrute, mit der er rhythmisch gegen die Schäfte seiner Stiefel schlug.

»Diese Leute sind Verbrecher. Warum und wieso, brauche ich euch nicht zu sagen. Kommunisten, das genügt wohl. Der Herr Kommandant läßt euch mitteilen, daß sie exemplarisch bestraft werden, und wie der Herr Kommandant sagt ... Also, Jungs, ich rate euch, paßt auf.«

»*Los, los*, wir sind in Eile«, sagte der Kommandant halblaut zu dem Offizier im offenen Mantel, der lässig am Kotflügel eines kleinen Skoda lehnte und sich langsam die Handschuhe auszog.

»Lange wird das nicht dauern«, erwiderte der Leutnant im offenen Mantel. Verächtlich schnipste er mit den Fingern und verzog die Mundwinkel zu einem Grinsen.

»*Ja*, und heute bekommt das ganze Lager wieder keine Suppe«, schrie der blutjunge Lagerälteste. »Die Blockältesten bringen die Suppe in die Küche zurück, und wenn mir auch nur ein Liter fehlt, werdet ihr was erleben, verstanden, Jungs?«

Ein tiefer Seufzer ging durch die Menge. Langsam,

ganz langsam begannen die hinteren Reihen nach vorn zu drängen, an der Straße wurde es eng, und wohlige Wärme erfaßte die Rücken, ausgestrahlt von der zusammengedrängten Menge, die sich zum Sprung anschickte.

Auf ein Handzeichen des Kommandanten hin kamen hinter seinem Wagen im Gänsemarsch ss-Männer hervor; sie trugen Gewehre und stellten sich hinter den Russen auf, jeder hinter einem – man sah, daß sie darin Erfahrung hatten. Es war ihnen nicht mehr anzusehen, daß sie mit uns vom Kommando zurückgekehrt waren; sie hatten sich inzwischen satt gegessen und frisch gebügelte Ausgehuniformen angelegt, ja, sie hatten sogar Zeit gehabt, sich zu maniküren; sie umspannten die Kolben mit den Händen, und Blut färbte die gleichmäßig beschnittenen Nägel rosig; offensichtlich wollten sie ins Städtchen und sich mit den Mädchen amüsieren. Krachend repetierten sie ihr Gewehr, stemmten den Kolben in die Hüfte und setzten den Lauf am ausrasierten Nacken der Russen auf.

»Achtung, bereit, Feuer!« sagte der Kommandant, ohne die Stimme zu heben.

Die Gewehre rasselten, die Soldaten sprangen einen Schritt zurück, um nicht von den zerschmetterten Köpfen beschmutzt zu werden. Die Russen wankten hin und her und stürzten dann wie schwere Säcke auf das Pflaster, über das sich Blut und Teile der zerspritzten Gehirne ergossen. Die Soldaten schulterten ihre Gewehre und begaben sich eilig zum Wachlokal, die Leichen wurden vorläufig an den Stacheldrahtzaun gezogen, der Kommandant stieg mit seinem Gefolge in den Skoda, der zum Tor zurückstieß und dabei eine Staubwolke aufwirbelte.

Der graumelierte, braungebrannte Offizier war kaum weg, als die schweigende Menge, die immer stärker zur Straße drängte, in ein dumpfes Geheul ausbrach, sich wie eine Lawine auf das blutige Pflaster stürzte und sich schreiend darauf herumwälzte, bis sie, von den aus dem ganzen Lager herbeigerufenen Blockältesten und Stubenältesten mit Knüppeln auseinandergetrieben, still und leise in den Blocks verschwand. Ich stand etwas abseits der Hinrichtungsstätte und konnte mich nicht rechtzeitig nach vorn drängen, aber als wir tags darauf wieder zur Arbeit hinausgejagt wurden, versicherte mir ein zum Muselmann abgezehrter Jude aus Estland, der mit mir Rohre trug, dauernd voller Eifer, menschliches Hirn sei wirklich so köstlich, daß man es ungekocht, ganz roh, essen kann.

Das Schweigen

Sie erwischten ihn im Block der deutschen Kapos, als er schon ein Bein über das Fensterbrett geschwungen hatte. Sie zogen ihn wortlos herunter und schleppten ihn, kochend vor Haß, auf eine Nebenstraße des Lagers. Dort, dicht umringt von einer schweigenden Menge, droschen Dutzende rachsüchtiger Fäuste auf ihn ein.

Plötzlich kamen Warnrufe vom Tor, die von Mund zu Mund weitergegeben wurden. Auf der Hauptstraße des Lagers liefen nach vorn gebeugt bewaffnete Soldaten, die den im Weg stehenden Menschengruppen in Häftlingskleidung auswichen. Die Leute vor dem Haus der deutschen Kapos stoben auseinander und zogen sich in ihre überfüllten, stickigen und lauten Blocks zurück. Auf den qualmenden Öfen wurde alles mögliche gekocht, was man sich auf nächtlichen Plünderungszügen bei den Bauern der Umgebung beschafft hatte. Auf den Pritschen und zwischen ihnen wurde in kleinen Mühlen Getreide gemahlen, an den Tischen wurden Adern aus dem Fleisch entfernt und Kartoffeln geschält, die Abfälle ließ man einfach zu Boden fallen; um gestohlene Zigarren wurde Karten gespielt, Teig für Fladen wurde geknetet, gierig wurde dampfende Grütze verschlungen, und leidenschaftslos wurden Flöhe erschlagen. Würgender Schweißgeruch hing in der Luft und vermischte sich mit dem Essensgeruch, dem Qualm und dem Wasserdampf, der an den Dachbalken kondensierte und stetig auf Menschen, Gerätschaften und Speisen herabtropfte. An der Tür entstand Unruhe, als ein junger amerikanischer Offizier mit einem Papphelm auf dem Kopf in den Block trat und sich wohlwollend umsah. Er trug eine tadellos gebügelte Uniform. Der Revolver im offenen Halfter hing an Riemen herab und schlug dem jungen Offizier gegen den Schenkel. Den Offizier begleiteten ein Dolmetscher in Zivil mit einer gelben Armbinde, auf der »interpreter« stand, und der Vorsitzende des Häftlingskomitees, der eine weiße Sommerjacke, Frackhosen und Tennisschuhe trug. Die Männer im Block verstummten, beugten sich auf den Pritschen vor und blickten von ihren Töpfen, Schüsseln und Kochgeschirren auf, um dem Offizier aufmerksam in die Augen zu schauen.

»Gentlemen«, sagte der Offizier und nahm den Helm ab, und der Dolmetscher übersetzte unverzüglich Satz für Satz. »Ich weiß, daß Sie nach allem, was Sie erlebt und gesehen haben, Ihre Henker zutiefst hassen. Wir, Soldaten aus Amerika, und Sie, Männer aus Europa, haben gemeinsam dafür gekämpft, daß das Recht über das Unrecht Herr werde. Wir müssen das Recht achten. Sie müssen wissen, daß alle Schuldigen bestraft werden, hier in diesem Lager wie in allen anderen. Sie sehen ja schon, daß die gefaßten SS-Männer beim Begraben der Leichen eingesetzt werden.«

»Tatsächlich, auf dem Platz hinter dem Spital wäre es möglich. Alle haben sie noch nicht fortgeschafft«, flüsterte einer auf der unteren Pritsche.

»Oder sie haben sie in einen der Bunker gebracht«, flüsterte ein anderer. Er saß rittlings auf der Pritsche, die Hände in die Decke gekrallt.

»Schnauze halten! Könnt ihr nicht warten? Hört, was der Herr Offizier sagt«, entgegnete ein dritter, der quer auf derselben Pritsche lag, leise. Keiner von ihnen konnte den Offizier sehen, weil die dichtgedrängte Menge auf dieser Seite des Blocks ihn völlig verdeckte.

»Kameraden, der Herr Kommandant gibt sein Ehrenwort darauf, daß alle Verbrecher im Lager, ss-Männer wie Häftlinge, gerecht bestraft werden«, sagte der Dolmetscher. Applaus und Rufe ertönten von allen Pritschen. Jeder war bestrebt, dem jungen Mann aus Übersee durch Gesten und Lachen seine Sympathie zu bekunden.

»Deshalb«, fuhr der Dolmetscher mit etwas heiserer Stimme fort, »bittet Sie der Herr Kommandant, geduldig zu sein und kein Unrecht zu begehen, das sich an Ihnen rächen wird. Übergeben Sie die Schurken einfach der Lagerwache, einverstanden?«

Der Block antwortete mit einem einzigen langgezogenen Schrei. Der Kommandant dankte dem Dolmetscher und wünschte den Häftlingen gute Erholung und ein baldiges Wiedersehen mit ihren Angehörigen. Begleitet vom freundschaftlichen Gemurmel der Männer, verließ er den Block und begab sich zum nächsten.

Erst nachdem er durch alle Blocks gewandert und in Begleitung der Soldaten ins Gebäude der Kommandantur zurückgekehrt war, zerrten wir den Mann von der Pritsche, wo er, unter Decken versteckt und von unseren Körpern niedergedrückt, geknebelt und das Gesicht tief in den Strohsack gedrückt, gelegen hatte, schleppten ihn zu dem Betonboden vor dem Ofen und traten ihn unter dem schweren, haßerfüllten Keuchen des ganzen Blocks tot.

Begegnung mit einem Kind

Nachdem sie die tagsüber erspähte Aushöhlung im Wall gefunden hatten, schoben sich beide, die Augen mit den Händen schützend, unter dem Stacheldraht hindurch; unter ihrem Rücken knirschte der Schotter. Sie glitten den Wall hinab, drehten sich auf den Bauch und krochen, auf die Ellbogen gestützt, in das hohe Gras, auf dem der rote Schein der untergehenden Sonne lag. In dem Häuschen unter dem Wachtturm an der Ecke, die mit gelben »Off limits«-Plakaten beklebt war, saß ein amerikanischer Soldat, den Papphelm und das automatische Gewehr neben sich auf der Bank. Von den Brettern des Turms lösten sich große Tropfen und fielen dumpf in die Asche, die das nächtliche Feuer zurückgelassen hatte.

Als sie sich in sicherer Entfernung vom Stacheldraht wähnten, setzten sie sich hin, säuberten ihre Häftlingskleidung sorgfältig von den klebrigen Lehmklumpen und kratzten sich mit Messern die braunen Flecken von den Knien und Ellbogen. Dann standen sie auf und begaben sich mit gleitenden Schritten durch die Sumpfwiese in Richtung der Chaussee, vorbei an den verlassenen Bunkern und den zerschossenen Artilleriestellungen, und schlugen einen großen Bogen um das Lager, über dem von den abendlichen Feuerstellen blauer Rauch aufstieg, während das Krachen zerbrochener Bretter und das Stimmengewirr von Tausenden von Menschen zu ihnen drang.

»Der Wind geht in unsere Richtung, man riecht die Leichen«, sagte der Größere, der ein Bündel in der Hand trug, als sie an dem Feld vor dem Spital vorbeigingen, auf dem zwischen Holzstößen lauter Leichen lagen. Er hatte ein aufgedunsenes, pockennarbiges Gesicht und war ein Albino. Die schütteren Haare standen wie Borsten von seinem Schädel ab. Mitten über den Kopf zog sich ein kahlgeschorener Streifen. Aus den zu kurzen Ärmeln der Häftlingsjacke ragten sehnige, sommersprossige, behaarte Arme. Er zog die Luft durch die Nase ein: »Sie haben es nicht mehr geschafft, sie zu verbrennen.«

»Offensichtlich«, sagte der Kleinere. Seine Stimme klang heiser, dauernd spuckte er durch die Lücke seiner ausgeschlagenen Zähne. Er hatte schwarze Stoppelhaare und ebenfalls einen kahlen Streifen in der Mitte. Durch den silbrigen Plüsch des noch regennassen Grases zogen sich dunkle, gewundene Pfade. Sachlich fügte er hinzu: »Schau, vor uns sind auch schon welche gegangen. Die machen sich jetzt bestimmt über die Waggons her.«

»Keine Bange, für dich wird's noch reichen«, sagte der Größere. Sie gingen die Chaussee hinunter, unter den langen Schatten der Kastanienbäume, in Richtung der Villensiedlung auf der anderen Seite der Bahnlinie. Auf den Schienen standen Waggons ohne Lokomotive.

Über dem Tal erhob sich ein schwarzer Fichtenwald, hinter dem die kupferfarbene Sonne unterging. Im Talgrund, am Rande des Waldes, lagen inmitten blühender Gärten wie auf einem Handteller, umgeben von dem dunkler werdenden, üppigen, wuchernden Grün, an dem silbrige Regentropfen schimmerten, rosa verputzte Einfamilienvillen mit kleinen runden Säulen. Der Himmel über dem Tal wurde durchsichtig, zart, wie aus Seide. Langsam kühlte es sich ab. Nur an den Berghängen schwebten hier und da blaue Nebelschleier und verschwanden zwischen den Fichten.

»Da sind deine Waggons, iß dich satt«, sagte der Kleinere. An einem Acker mit jungen Kartoffeln entlang gingen sie zur Bahnlinie. Die Waggons waren offen, gefüllt mit blau angelaufenen Leichen, ordentlich übereinandergeschichtet, mit den Füßen zur Tür. Obenauf lag eine Schicht Kinder, aufgedunsen und bleich wie gestärkte Kopfkissen.

»Sie haben es nicht mehr geschafft, sie zu verbrennen«, sagte der Größere. Sie sprangen über die Signaldrähte und krochen unter den Waggons hindurch.

»Offensichtlich«, sagte der Kleinere. Sie sahen einander an und lächelten mit zusammengepreßten Lippen. Wieder sprangen sie über die Signaldrähte, glitten die Böschung hinunter und gelangten zwischen den Gärten hindurch auf den Talgrund, zu den Offiziersvillen.

Die Kolonie, von Häftlingen für die höheren Offiziere des Lagers und ihre Familien errichtet, war menschenleer, und hätte es nicht die schönen, gepflegten

Gärten, die schneeweißen Gardinen an den Fenstern und den aus den Schornsteinen aufsteigenden Rauch gegeben, hätte man glauben können, sie sei ausgestorben.

Sie überquerten die Hauptallee und bogen in einen Pfad ein, der zum Wald führte. Durch einen Einschnitt in den Bergen schien noch die Sonne, und dort, wo sie hinfiel, am Rande des Schattens, lag neben einer einsam stehenden Villa eine Frau im geblümten Morgenmantel in einem Liegestuhl. Im Nacken hatte sie die Haare zu einem schweren, klassischen Knoten geschlungen. Neben ihr spielte ein lockiges Mädchen im blauen Kleidchen mit einem lackierten Puppenwagen, in dem eine Puppe lag.

Sie blieben auf dem Pfad stehen und sahen einander mit halbgeschlossenen Augen an. Sie lächelten, ohne die Lippen zu verziehen. Dann schauten sie zu dem Köpfchen des Kindes hinüber, umfaßten es mit dem Blick, sanft und genau, wie mit den Händen. Darauf wanderte ihr Blick zu der strengen Mauerkante der Villa, die ein Rasenstück vom Pfad trennte, und wieder zurück zu dem Kind. Der Größere trat einen Schritt nach vorn, sein Schatten fiel auf die Beine der Frau und schob sich hinauf zu ihrer Brust.

Die Frau blickte mit ihren hervortretenden Augen auf und öffnete den Mund. Ihre Oberlippe zuckte wie bei einem Kaninchen. Die beiden Burschen grinsten noch breiter, als sie ihren Blick auffingen, und gingen mit den im Lager üblichen wiegenden Schritten ohne Eile auf das Kind zu.

Das Kriegsende

Neben der von Platanen überschatteten Autobahn erhob sich das nackte Betonmassiv der Kasernengebäude. Durch die große Hitze war die Luft glühend und trocken wie Asche. Aus den offenen Fenstern des Dachgeschosses quoll Rauch, es stank nach gekochtem Hammelfleisch. Auf dem Rasen unter den Fenstern knirschten Glasscherben; Bücherfetzen flogen umher; Helme, an die man mit den Füßen stieß, schepperten; Säcke mit einem beißenden weißen Pulver platzten mit einem Knall wie Boviste und verbreiteten ihren Inhalt in der Luft; stockige Bündel schwarzer Soldatenkrawatten flogen aus den Fenstern, hinterher flogen Tische, Pritschen und Spinde, die dumpf wie auf einen Bauch auf die Erde schlugen. Amerikanische Lastwagen fuhren dröhnend durchs Tor, vorbei an gleichgültigen Soldaten in nagelneuen Uniformen, und entluden auf den Betonboden des Hofes haufenweise Männer in zerfetzten Anzügen, Frauen mit karierten Kopftüchern, Kinder, Bündel und Pakete, die aus den umliegenden Lagern, Fabriken und Bauernhöfen herangekarrt wurden. Die Menge machte sich träge auf dem Platz breit, entfachte große Feuer, um sich Essen zu kochen, und hauste mit stumpfem Haß im Inneren der Kaserne.

Systematisch wurden Scheiben eingeschlagen, Spiegel, Lüster und Fayencen zertrümmert, die Einrichtungen des Krankenhauses, des Kinos und der Magazine zerstört, Bücher aus der Bibliothek und Stapel von Parteibüchern aus dem Archiv auf den Hof geworfen, in den Unterkünften ihrer Aufseher wurde ein Raum nach dem anderen demoliert, Stube für Stube, Klosett für Klosett, Korridor für Korridor, Stockwerk für Stockwerk. Röchelnd und heulend fuhren die Lastwagen auf die Autobahn, vorbei an dem provisorischen Lager für ss-Leute, die sich unter der wachsamen, aber anständigen Aufsicht der Wachsoldaten beim Trümmerräumen in der Stadt nützlich machten, und rasten mit Vollgas zu den Sammelpunkten, um neue Fracht zu holen. Die lachenden Neger am Steuer winkten freundlich den vorbeigehenden deutschen Mädchen zu. Die Mädchen lächelten verhalten und blickten lange der Autokolonne nach.

Gleich neben der Kaserne, vom ss-Lager durch die Autobahn getrennt, lag ein vorstädtisches Arbeiterviertel. Aus dem üppigen Grün leuchteten weiße Häuschen hervor, die Wände mit jungem Efeu bewachsen, mit roten Dächern unter einem kobaltblauen Himmel, dichtbeschattet von ausladenden Kastanienbäumen. Vor den Fenstern, an denen winzige Gardinen hingen, blühten kräftige Sonnenblumen; zarte Bohnen rankten sich an Stangen empor; anämische Röschen hingen von der Gartenpforte herab, ihre samtigen Blütenblätter zitterten in der Stille. Im Himbeergestrüpp, auf Veranden und in Gartenlauben blitzten die hellen Kleider von Frauen, Blumen, die man streifte, schwankten auf hohen Stielen. Laut bellte ein Dackel, Männer mit Hosenträgern arbeiteten in den Gärten, gedankenverloren gingen Kinder den Weg entlang und rasselten mit einem Stock am Lattenzaun.

Mitten in der Siedlung, auf einem kleinen, mit Platten belegten und von einer blühenden Hecke umgebenen Platz stand ein kleines Kirchlein. Die Treppe aus grauem Stein wirkte fast braun in dem Schatten, der schräg darüberfiel; Weinreben hingen schwankend wie grüne Zapfen vom Dach herab, dazwischen ein schlichtes Kreuz aus schwarzem Marmor; über der Eisentür ein Bibelvers, in gotischen Lettern in Stein gehauen. In der zitternden Luft breitete sich der milde, besänftigenden Duft der Blumen aus dem Kirchgarten aus. Über die Kirche flog heulend und donnerd ein zweimotoriger Bomber hinweg, blinkte im Abdrehen mit seinem silbernen Bauch und verschwand hinter den Baumkronen, in den Ohren eine tönende Stille zurücklassend.

Das steinerne Kircheninnere war anheimelnd und kühl wie eine Gartenlaube. Das hohe, an gefaltete Hände erinnernde Gewölbe trug Bandornamente aus goldenen und purpurfarbenen Zweigen. In den runden Fenstern zerfiel das Sonnenlicht in alle Regenbogenfarben und ließ sich auf den Wänden der Kirche wie auf einer gläsernen Kugel nieder. Über dem weißgedeckten Altar beugte sich über hohe Blumen hinweg ein Engel mit einer Messingtrompete aus dem Bild, blies die Pausbacken auf und hielt mit der anderen Hand sein blaues Gewand fest, das der Wind auseinanderzuwehen drohte. In der Mitte der Kirche stand, auf einem Pfeiler ruhend, auf einer hölzerner Säule eine kleine, runde Kanzel, leicht wie eine Bonbonniere. Das Gestühl, ebenfalls aus Holz, war von vielen menschlichen Händen geglättet worden. An Haken vor den einzelnen Sitzen hingen zum Knien bestimmte Kissen.

Eine Wand der Kirche war leer, farblos und roh. Das Gestühl war weggezogen, der Boden mit einem Teppich ausgelegt und mit Schnitt- und Topfblumen bedeckt. Rosen, Brunnenkresse, Gladiolen, Nelken, Lilien, Pfingstrosen, Myrte und Tulpen – Blumen in pulsierenden Farben und mit berückenden Düften. Die Kerzen brannten gleichmäßig und ruhig, durch keinen Atemzug gestört. Die an der Wand lehnenden Holzkreuze trugen Täfelchen und Emailleschilder mit Fotos. Gerade, ehrliche Soldatenaugen blickten einen an, die Lippen waren ernst und verschlossen, auf der Brust hingen schwarze Eiserne Kreuze, an den Kragen glitzerten silberne ss-Spiegel. Aus den Inschriften ging hervor, daß es Söhne und Brüder, Ehemänner und Väter waren, gefallen in den Steppen Rußlands, den Bergen Jugoslawiens, in den Wüsten Afrikas und sonstwo in der Welt, und daß ihre Mütter und Schwestern, Ehefrauen und Töchter ihr Andenken bewahren würden und für sie beteten, daß Gott ihnen ein glückliches ewiges Leben schenken möge.

»Independence Day«

Dem Publizisten Kazimierz Koźniewski

In einer Kammer auf dem Dachboden einer ehemaligen deutschen Kaserne, die durch Beschuß stark beschädigt war, machte sich ein schmutziger Mann emsig zu schaffen. Schwarz von Rauch und Ruß, rann ihm der Schweiß übers glänzende, blutunterlaufene Gesicht. Unter derben Flüchen versuchte er, das kümmerliche Feuer durch mächtiges Blasen anzufachen. Da der von einem Bauern beschaffte Eisenofen kein Rohr hatte, quoll jedesmal, wenn er hineinblies, eine milchige Rauchwolke hervor und breitete sich wie eine dichte Flüssigkeit in der Kammer aus. Auf der rostigen Ofenplatte lag eine Reihe dicker Kartoffelscheiben.

In der zertrümmerten Tür erschien ein hochgewachsener, distinguierter Herr mit einer weißroten Armbinde. In die Kammer getreten, begann er sogleich heftig zu husten.

»Raus mit Ihnen, Kamerad!« rief er im Scherz. »Schluß mit dem Feuer! Wollen Sie uns die ganze Kaserne in Brand stecken? Haben Sie nicht gehört, daß es verboten ist, heimlich zu kochen? Also, was nun? Ein echter Pole tut so etwas nicht! *Go on!*«

schloß er auf englisch, mit einem leicht ungeduldigen Unterton.

Der schmutzige Mann erhob sich, wischte sich mit dem Ärmel übers Gesicht, sah den Distinguierten schief an und erwiderte, die angebrannten Kartoffeln ungeniert von der Platte kratzend:

»Ich werde hier nicht kochen, wenn du Hundesohn mir mehr zu essen gibst. Glaubst du, mir schmeckt das? Da, versuch mal!« Er hielt dem anderen eine dampfende, faulig riechende Scheibe unter die Nase. »Siehst du? Würdest du nicht klauen, würde ich nicht kochen, ganz bestimmt. Löffelweise frißt du unsere Butter, und mir gönnst du nicht mal Kartoffelscheiben?«

»Hören Sie, Kamerad, beleidigen Sie mich nicht«, sagte der andere. »Was für ein beißender Rauch hier! Wäre es nicht besser, an die frische Luft zu gehen?«

»Wer seine Zuteilungen kriegt und auch noch Fleisch zu den Jüdinnen bringt, der mag Geschmack an der frischen Luft finden. Mir gefällt's hier gut. Wenn dich der Rauch beißt – da ist die Tür!«

Der Mann mit der Armbinde packte den Schmutzigen brutal am Revers seiner Jacke und riß ihn vom Ofen fort. Dann zischte er ihn mit zusammengebissenen Zähnen an:

»Wir werden sehen, ob es dir woanders nicht noch besser gefällt!«

Im selben Augenblick erschien ein zweiter Mann mit Armbinde auf der Schwelle der Kammer, stämmig, mit niedriger Stirn und kantigem Kinn, und trat ohne Bedenken in den Rauch.

»Ach, dieser Hurensohn«, sagte er in singendem Ton zu sich selbst.

Kurz darauf traten alle drei aus der verqualmten Kammer. Sie verschwanden um die Ecke des Korridors, das noch immer brennende Feuer und die nicht fertiggebratenen Kartoffelscheiben zurücklassend. Gemeinsam gingen sie die Treppe hinunter, aber im Parterre trennten sich ihre Wege. Der Hochgewachsene bog nach links ab, nachdem er zu seinem Gefährten gesagt hatte:

»Kamerad, seien Sie so gut und bringen Sie ihn zum Tor und sagen Sie dem Master Sergeant, daß er versucht hat, Polizisten zu schlagen. Ich hol mir derweil Wurst und Brot. Es soll Vordrucke fürs Ausland geben, davon muß ich ich mir auf alle Fälle welche organisieren.«

Der Stämmige runzelte die Stirn dermaßen, daß sie unter dem kurzgeschnittenen Haar verschwand, und sagte:

»Ich komm schon klar, Kamerad, keine Bange. Und du, Mistkerl, mach keine Faxen, sonst brech ich dir die Knochen.«

Er hatte dem Schmutzigen den Arm auf den Rücken gedreht und zerrte ihn daran herum. Der Schmutzige fluchte unflätig. Sie gingen über den betonierten Platz und gelangten zum Tor. Im Torgebäude befand sich der Bunker. Auf dem Platz vor dem Bunker hißte ein kerzengerader Soldat die amerikanische Flagge. Einige Soldaten, die gerade Baseball spielten, ließen Ball und Fanghandschuhe fallen und salutierten feierlich. Bevor die beiden Männer im Gebäude verschwunden waren, ging das unterbrochene Spiel schon weiter.

Der Master Sergeant hatte wegen des Independence Day alle Straftäter freigelassen; der Schmutzige war der erste nach der Amnestie. Er wurde in die leere Zelle gebracht und blieb dort eine Woche lang allein. Er hockte sich auf den Steinboden und sah zu dem schmalen Fensterspalt hinauf, der auf den Hof hinausging. Es ging schon auf den Abend zu. Die Bäume waren blau geworden, und Dämmerung zog auf. Unter den Bäumen gingen Liebespaare spazieren. Es waren Köche, die sich mit dem in der Küche gestohlenen Essen Mädchen kauften. Der schmutzige Mann stand auf, holte einen Bleistiftstummel aus der Tasche, wischte ihn an der Hose ab und schrieb, sich mit der Zunge die Lippen leckend, in ordentlichen Druckbuchstaben auf die rauhe Wand:

»Zweimal im Bunker:

21. 9. 44 – 25. 9. 44 – im deutschen KL Dachau wegen Sabotage bei der Arbeit, die darin bestand, daß ich Kartoffelscheiben briet.

4. 7. 1945 – wegen Verstoßes gegen Ordnungsvorschriften im amerikanischen Sammellager für ehemalige Häftlinge des KL Dachau, der darin bestand, daß ich Kartoffelscheiben briet.«

Darunter schrieb er schwungvoll seinen Namen, stützte sich mit den Ellbogen auf die Fensterbank und blickte neidisch auf den Hof hinaus, auf dem die Mädchen mit den Köchen spazierengingen.

Oper, Oper

Nach der kurzen Ouvertüre ging der Plüschvorhang hoch. Das goldene Licht der Scheinwerfer ergoß sich über die Steine des Gefängnishofes, der umgeben war von finsteren Mauern aus Sperrholz. Der theatralisch scharfe Schatten verbarg den Eingang zum Keller, aus dem das dumpfe Gestampfe menschlicher Füße ertönte, geschickt unterstrichen durch die Bässe des Orchesters. Der Dirigent im schwarzen Frack stand seitwärts zur Bühne, die von unten mit einem leichenhaft wächsernen Licht angestrahlt wurde. Sein Gesicht war gelb, der halbgeöffnete Mund und die eingefallenen Augen waren bläulich, wie verdorrt. Seine Hände wogten und bebten poetisch im Takt der Musik, wie Zweige im böigen Wind. Die Sängerin, als Mann verkleidet, schmiegte sich in einen Winkel der Gefängnismauer. Der Gefängniswärter, der neben ihr stand, trug eine knielange Pelerine, eine falsche Glatze und in der Hand ein Bund echter, eiserner Schlüssel.

Ich beugte mich auf meinem Sitz vor und stützte den Ellbogen auf die mit Tuch beschlagene Armlehne. Meine Nasenflügel bebten reflexartig. Der süßliche Geruch der Haare vermischte sich mit dem erregenden Puder-

und Lavendelduft der Haut. An der Wange spürte ich den warmen Atem der Frau.

»Schön ist das«, flüsterte ich, voller Bewunderung für den unbeabsichtigten Kontrast der subtilen Schatten und Lichter, die über den Zuschauerraum, das Orchester und die Bühne wanderten.

»O ja, das ist wunderschön«, gab die Frau hastig flüsternd zurück. Sie wandte mir das Gesicht zu und lächelte mich zärtlich an. Ihre Zähne schimmerten wie Glasperlen. Ihr eines Auge war wie nebelbeschlagen – das verlieh ihrem Gesicht einen Hauch unvergänglicher Scham. Ich sah sie aus leicht zusammengekniffenen Augen an, die Brauen unmerklich verzogen.

»Bist du vielleicht böse?« flüsterte sie, plötzlich besorgt. Sie blinzelte und streichelte mit den Fingerkuppen meine Hand. Aus dem Halbdunkel zu unseren Füßen ragten die Köpfe von Menschen hervor, Frauen, Soldaten und Beamte. In den Logen leuchteten vor dem Hintergrund schwarzer Portieren die grauen Gesichter der Offiziere mit erdfarbenen Augenhöhlen.

»Aber wo? Warum soll ich denn?« Ich zog eine Tafel Schokolade aus der Tasche und reichte sie ihr zum Knabbern. Sie brach sich ein Stückchen ab, den Rest steckte ich in die Tasche zurück. Das Stanniol raschelte trocken in meinen Fingern, wie eine zerrissene Zeitung.

Der Dirigent ließ die Hände sinken, die Musik wurde sanfter, war fast nicht mehr zu hören. Die Schritte in der Tiefe wurden lauter und verbreiteten sich, vom Echo des Kellers verstärkt, im ganzen Theater. Ergreifende

Angst, Erschöpfung und Sehnsucht war ihnen anzumerken. Plötzlich ertönte Musik, um gleich darauf zu verstummen. Und da wälzte sich aus der feuchten Tiefe durch die Kellertür ein Gewimmel menschlicher Leiber, kroch wie ein klebriges Plasma in die Mitte des Hofes, ins volle Sonnenlicht. Wie an eine einzige Kette geschmiedet, so schien es, wie mit einem einzigen modrigen Lumpen bedeckt, streckte das Knäuel der Gefangenen ein einziges erschreckend blindes Gesicht der Sonne entgegen und reckte Dutzende nackter, gespenstisch bleicher Arme zum Himmel empor. Und plötzlich flüsterte eine Grabesstimme: »Sonne!« Und während das Orchester gleichsam explodierte, brach es wie ein gewaltiges Schluchzen aus den Gefangenen hervor: »Sonne! Sonne!« Die Zuschauer wurden sichtlich vom Schauder ergriffen, den auch ich an meinem Körper spürte. Nach einer Weile wurde die Musik wieder leiser, und die Statisten erstarrten in einer etwas theatralischen Verzückung mitten auf dem Hof. Schließlich trug die Sängerin ihre Arie vor, und als sie geendet hatte, begann der Gefängnisaufseher an der Mauer unruhig mit seinen Schlüsseln zu rasseln. Das Menschenknäuel wand sich wie ein getretener Wurm, und begleitet vom Bariton des Aufsehers, schob es sich durch die Kellertür und verschwand in der Tiefe.

Die Frau sah mit weit aufgerissenen Augen auf die Bühne. Sie saß vorgebeugt, die Finger in die Armlehne gekrallt. Als sie meinen aufmerksamen Blick bemerkte, lächelte sie hilflos.

»Bist du vielleicht böse?« flüsterte sie ängstlich. Ihre Brüste hoben sich mit einem Seufzer. Das freigebige Dekolleté enthüllte ein tiefes, weißes Grübchen zwischen ihnen.

»Aber wo? Warum soll ich denn?« erwiderte ich, während mein Blick über ihren Leib in dem knappsitzenden Kleid glitt.

Langsam senkte sich der Vorhang, die Offiziere, Soldaten und Beamten der Alliierten, die Herren der Gesellschaft, die Studenten und Mädchen bedachten *Fidelio*, die Gefangenen und den Aufseher mit stürmischem Beifall. Der Dirigent verbeugte sich tief und strich sich die Haare aus der Stirn. Der Vorhang hob sich wieder. Die Frau schaute auf meine grüne ss-Jacke mit den zu langen Ärmeln, die ich bekommen hatte, als ich beim Verlassen des Lagers die gestreifte Häftlingskleidung, das Hemd aus Nesseln und die Unterhose abgab. Ihre Lippen bewegten sich, aber ich verstand nichts. Sie sprach deutlicher: *»Bist du böse?«*

»Nee, warum soll ich denn?« erwiderte ich lächelnd. Ich legte meine Hand auf ihre Hüfte, ließ sie bis in die Leiste hinuntergleiten und krallte meine Finger so fest in ihren Körper, daß er sich straffte und sie den Nacken gegen die Stuhllehne preßte. Ihre krampfhaft zusammengezogenen Lippen entblößten die vor Schmerz fest zusammengebissenen, perlenartig schimmernden Zähne.

Die Fahrt im Schlafwagen

Der Lehrer lehnte den Kopf zum Fenster des Schlafwagens hinaus. Der Zug ratterte über die Weichen und bog auf ein anderes Gleis ab, zwischen Güterwagen mit Holz, Maschinen und Kohle. Vor dem Signal begann er zu bremsen und betätigte die Dampfpfeife.

»Wir sind bald da«, sagte der Lehrer.

»Ja«, antwortete ich.

»Ich muß nach den Kindern sehen«, sagte der Lehrer. Er streckte die Beine aus der Koje, rieb sich die Augen und dehnte sich. »Sie liegen schon seit der Grenze im Bett. Ist das nicht langweilig?«

»Nein«, antwortete ich.

»Die Kinder lassen wir wahrscheinlich hier. Da können sie auf ihre Eltern warten«, sagte der Lehrer. »Dann fährt der Zug leer weiter. Mit den Strapazen ist es vorbei.«

»Die Repatriierung war angenehm«, sagte ich und stieg vom Bett herunter.

»Sehr«, sagte der Lehrer.

Er verließ das Abteil und schlug die Tür zu. Der Zug fuhr immer langsamer. Wieder wechselte er auf ein anderes Gleis, pfiff und machte vor dem Signal halt. Auf dem Nachbargleis stand ein Güterzug, vollgestopft mit Menschen, Vieh und Gerätschaften und geschmückt mit welkem Grün. Kühe schoben ihre mageren Mäuler durch die offene Tür, im Inneren des Waggons standen knochige Pferde. In anderen Waggons qualmten kleine Eisenöfen. Frauen in weiten Röcken machten sich an Töpfen zu schaffen. Vor der Tür wuschen sich einige Männer, indem sie Wasser in den Mund nahmen und sich damit die Hände bespritzten. Zwischen den Wagenrädern liefen Hühner umher und scharrten apathisch im Mist. Ein barfüßiges Mädchen trug einen Armvoll Heu für die Kühe. Die langen Zöpfe schlugen ihr gegen den Rücken. Gestank von Mensch und Tier wehte von den Güterwagen herüber.

Der Lehrer kam ins Abteil zurück. Er schaute zum Fenster hinaus und legte mir die Hand auf die Schulter.

»Na und?« fragte ich.

»Wir werden uns ansiedeln«, sagte der Lehrer.

»Ja«, antwortete ich.

Der Lehrer pfiff durch die Zähne und kletterte wieder in seine Koje. Er machte es sich bequem und wickelte sich fest in die Decke.

»Ich bin bei ihnen gewesen«, sagte er seufzend. »Ach Gott.«

»Ja«, antwortete ich.

»Zwei volle Monate sind sie schon unterwegs. Jetzt stehen sie seit zwei Tagen hier. Und keiner weiß ...«, sagte der Lehrer. Er drehte sich mit dem Gesicht zur Wand.

»Ja«, antwortete ich.

Der Zug pfiff und setzte sich in Bewegung. Die Räder ratterte über die Weichen. Vorbei an Kesselwagen, Plattformwagen und leeren Waggons fuhren wir auf dem Hauptgleis zum Bahnsteig.

Der Bahnsteig lag hoch über der Straße des Städtchens und war voller Menschen. Auf der Treppe saßen Reisende neben ihren Gepäckstücken. Sie sahen in ihren zerknitterten Kleidern erschöpft aus. Hinter der Sperre hatte sich das Eisenbahner-Orchester in schwarzen Uniformen aufgestellt. Der Dirigent hob den Taktstock, und das Orchester stimmte die Nationalhymne an.

»Ach Gott«, sagte der Lehrer, ohne sich umzudrehen.

Schulmädchen traten an den Zug heran und reichten Nelkensträuße herauf. Damen in weißen Kleidern und Häubchen gingen am Zug entlang und verteilten heißen Kakao in Steingutbechern und frische Butterbrötchen. Die schwindsüchtigen Kinder, die der Schlafwagenzug gebracht hatte, drängten sich an den Fenstern, lachten und klatschten dem Orchester Beifall.

»Na ja«, sagte ich und trat vom Fenster zurück. Ich streckte mich auf mein Bett, verschränkte die Hände unter dem Kopf und starrte gedankenlos zur Decke.

Das Zimmer

Ich wohne in einem Zimmer mit zwei ausgebrannten Fenstern. Das eine hat ein solides, wenn auch etwas angerostetes Gitter. Auf dem Fensterbrett des anderen steht ein Destillierkolben mit Kirschwasser, daneben liegt zerknüllt ein Stück Handarbeit.

Von den Möbeln, die gleich nach der Befreiung der Stadt auf dem morschen Fußboden aufgestellt wurden, ist der Schrank das wertvollste, denn auf dem oberen Bord enthält er eine Dose amerikanischer Sardinen, zwei Blechbüchsen mit Biskuits und einen Offiziersmantel aus Gummi, den ich in einem D.P. Camp für acht Päckchen Camel-Zigaretten erstand. Auf dem mittleren Bord befindet sich eine Schreibmaschine der Marke Continental, die mich genau dreißig Dollar gekostet hat. Das meiste hat daran wahrscheinlich der Spekulant vor dem Hotel verdient, der sich mit dem vertraulichen Umgang eines echtes Warschauers anbiederte. Im unteren Fach liegen vier Paar Socken und eine Tüte Tomaten.

An der Decke laufen Spinnen umher.

Das solide Sofa, das meine fürsorgliche Familie herbeigeschafft hat, kann ich nicht ausstehen, weil es von Flöhen und Wanzen wimmelt, wie die Pritschen im Lager. Wenn der Abend eine regenlose Nacht erwarten läßt, nehme ich mein Kopfkissen und zwei flauschige kanadische Decken, Eigentum eines gewissen Blockältesten aus dem Lager Allach, und ziehe zum Schlafen in den Park, der voller Liebespaare und besoffener Milizionäre ist, die mit Maschinenpistolen auf den Mond schießen.

Tagsüber sitze ich an dem runden Mahagonitischchen, den ich aus der Wohnung eines erschlagenen Deutschen bekommen habe, und schreibe, bis es dunkel wird, obwohl die Hitze mich fast umbringt. Dabei kratze ich mich unaufhörlich, weil mein ganzer Körper höllisch brennt.

An dem glühenden Eisenöfchen macht sich ein Mädchen im schwarzen Kleid zu schaffen und singt. Ihr kleines, rosiges Gesicht verschwindet fast unter dem pompös aufgesteckten Haar.

Das Mädchen schläft in einem eigenen Bett am anderen Ende des Zimmers. Täglich kocht sie mir das Mittagessen, und wenn sie mir Brot, Tomaten, Suppe und Kartoffeln auf den Tisch gestellt hat, trägt sie klammheimlich einen vollen Teller Suppe zur Tür hinaus und eilt damit die Treppe hinauf zu einem jungen Arbeitslosen, der keine ihm zusagende bequeme Arbeit findet.

Denn sie lebt mit ihm, nicht mit mir.

Kleinstadtsommer

Für Wojtek Żukrowski

Hoch über den Schindeldächern des Städtchens stand auf einer Anhöhe, umgeben von Linden, eine riesige Kirche aus roten Ziegeln. Vom Fuß des üppig mit Gras bewachsenen Berges, an dessen Hängen Ziegen gefräßig weideten, führte eine steile Treppe hinauf zur schmiedeeisernen Kirchentür, die, sperrangelweit offenstehend, in das dämmrige Innere führte, das erfüllt war vom feuchten Geruch des mittelalterlichen Gemäuers. Geschmückt war die Kirche mit zwei spitzen, mit grauen Ziegeln bedeckten Türmen. Auf dem linken Turm glänzte ein schlankes goldenes Kreuz in der Sonne, auf dem rechten haben die Erbauer zur Erinnerung an die Verleugnung des Petrus auf einer langen Stange einen Hahn aus schwarzem Blech angebracht, der sich mit dem Wind dreht.

Eine schmale Straße wand sich sanft um die Anhöhe herum und mündete, die Kirche im großen Bogen meidend, auf dem Hauptplatz des Städtchens, wo ein Wanderzirkus sein Viermastzelt aufgeschlagen hatte. An der Spitze des Zeltes war ein Lautsprecher angebracht, der die flotte Melodie eines Liebesliedes verbreitete, zu dessen Rhythmen ein buntes Karussell sich schwindelerregend drehte und die Schaukeln flogen. Eine buntgekleidete Menge ging lärmend zwischen den Buden herum, wo in Käfigen exotische Tiere zur Schau gestellt wurden: ein Kamel, ein Lama und ein Schakal. Lachende Mädchen drängelten sich ungeduldig um den Leierkastenmann mit dem Papagei, der mit seinem Schnabel aus einer Schachtel die Glücks- und Unglückslose zog. Ein warmer Wind strich über ihre Gesichter und ließ das bunte Tuch der Sonnenschirme über den Blumenständen und den Tischen mit den Glücksspielkarten Wellen schlagen. Auf drei Seiten war der Platz von ausgebrannten Häusern gesäumt.

Auf der vierten Seite stand, eng an die strengen Mauern der Kirche geschmiegt, das Pfarrhaus. Es war ein einstöckiges Haus von der Farbe reifender Himbeeren, mit einem leicht bemoosten, violetten Dach. Auf der Höhe des ersten Stocks war das Haus von einer Galerie umgeben, deren ungewöhnlich zarte Architektur fast mauretanisch anmutete. Grüne Fensterläden schützten die Pfarrei vor der Sonne, die Dach und Wände des Hauses beschien, durch die Zweige der Trauerweide vor dem Windfang leuchtete und ihr Licht über das blühende Vorgärtchen ausgoß, das frisch mit einem Lattenzaun umhegt worden war.

Zwischen den reifen Himbeer- und Johannisbeersträuchern ging der junge, rotbäckige Pfarrer in seiner bis zum Hals zugeknöpften Soutane auf und ab. Er war in ein ledergebundenes Buch vertieft, das er, leise die

Lippen bewegend, dicht vor die Augen hielt, und er nahm weder von dem Lärmen und Lachen der zwischen den Jahrmarktsbuden umherirrenden Menge Kenntnis noch von dem Beifall und den Rufen des Entzückens, mit denen ein Seiltänzer im schwarzen Trikot bedacht wurde, der sich auf dem Platz produzierte, um für den Zirkus zu werben. Ebensowenig ließ er sich von dem heiseren Lied stören, das dem Lautsprecher entströmte. Nur gelegentlich hob er seine müden Augen von dem Buch, legte es beiseite, faltete die glatten, fast golden erscheinenden Hände vor dem Bauch, straffte sich und blickte mit seinem rosigen, ein wenig pausbäckigen Gesicht, auf das ein leichtes, gutmütiges Lächeln trat, zum ersten Stock hinauf, zu den Galerien, deren ungewöhnlich zarte Architektur fast mauretanisch anmutete.

Vor den durch grüne Fensterläden geschützten Fenstern des ersten Stocks, unter dem leicht geneigten Dach der zarten, mauretanischen Galerie zog sich eine dicke weiße, nach unten durchhängende Leine entlang, an der duftige, durchsichtige Teile Damenwäsche in verschiedenen Farben hingen: Hemdchen, Büstenhalter, Pyjamas und Strümpfe – und von dem warmen Wind angestoßen, schwankten sie, so als zöge jemand zum Scherz an ihnen, sanft an der Leine hin und her.

Das Mädchen aus dem ausgebrannten Haus

Neugierig beugte ich mich über das Brückengeländer, das kühle Geländer fest umfassend, damit es mir nicht gegen die Brust drückte, und schloß für einen Augenblick die Augen. Noch lag der Duft des Sommerregens in der Luft, aber schon wurde es wieder heiß, und von den aufgeheizten Steinen des Bürgersteigs stieg ein Dampf auf, der mir wie heißer Atem um die Beine strich. Vom Fluß kam ein frischer, nach Buche riechender Hauch, wurde stärker und wieder schwächer, huschte beinahe vorbei wie eine sich brechende Welle. Zuweilen schlich sich der weinsaure Geruch moderndes Laubes hinein. Allerdings verzog ich ängstlich die Nase, wenn Lastwagen über den Asphalt rumpelten, von deren Auspuffgasen ein süßlicher Gestank ausging, sich mit dem Geruch des feuchten Staubes vereinte, den morastigen Dunst der Rinnsteine aufnahm und den frischen Hauch vom Fluß vollkommen übertäubte.

Das ausgebrannte Haus, die roten, braun angelaufenen Ziegel, der wie von oben her verdorbene, mit Flechten und Wasserflecken überzogene Putz; in dem leeren, vom Feuer restlos verschlungenen Inneren des Hauses die dünnen Pfeifen der Schornsteine; die unlogischen Löcher in den Mauern für Fenster und Türen, die keiner mehr brauchte – das alles war überzogen von gierigem Efeu, der sich in die Wände hineinfraß und die Gesimse entlangkroch; das auf der Straßenseite vor das Haus gespannte Drahtnetz war rostig und aufgerissen; die asthmatische, blasse Pappel neben dem Haus, silbern vom Regen und von einem Geschoß zerfetzt – von der Brücke aus wirkte das alles winzig und zerbrechlich, unwichtig wie Kinderspielzeug.

Hinter den Mauern erstreckte sich ein weites Feld, auf dem üppiges, weiches Gras wuchs, das verschossen war die der alte Bezug des Kanapees, das einmal in dem ausgebrannten Haus gestanden hatte; im Gras schillerten Splitter der zersprungenen Fensterscheiben. Hier und da ragten rötliche Trümmerteile hervor, die Pflanzenwelt hatte die frische Trümmerhalde noch nicht ganz zu überwuchern vermocht. Im Halbkreis um sie herum verlief eine Straße mit verbogenen Laternen und verschwundenen Häusern, die von Fußgängern gemieden wurde, und am Abhang des Trümmerhaufens wuchsen ungeheuer üppige, dichtbelaubte Bäume; das Gras wucherte am Hang hinauf und stach mit seinem grellen Grün in die Augen. Zwischen den Bäumen, durch Sträucher verdeckt, standen Panzer, angestrichen in der Farbe welken Laubes. Daneben schimmerten Modelle von Jagdflugzeugen. Am Fuß der Böschung waren auf dem gelben Sand Artilleriewaffen unterschiedlichen Kalibers zur Besichtigung ausgestellt. Über das Kopfsteinpflaster der Brücke rumpelten zweirädrige Bauernwagen, beladen mit Ziegeln und Kalk, und über dem Haus, dem Feld, der Böschung und den Bauernwagen zogen geballte Wolken mit lilafarbenen und rosigen Bäuchen am Himmel dahin, blühten auf und verwelkten im Wind wie Treibhausblumen.

Ich stand auf der Brücke und betrachtete mißtrauisch die an meinem inneren Auge vorüberziehende Landschaft, und fast unwillkürlich erwartete ich, daß, sobald ich die Augen aufschlüge, das den Schutt überwuchernde Gras, das mit Mennige gestrichene Eisengitter, die zur Schau gestellten Panzer, Flugzeuge und Kanonen jeglichen Kalibers, die Bauernwagen, die apathischen Pferde, die Fuhrleute, ihre Ziegel und ihr Kalk sich in Luft auflösen und an ihrer Stelle die fragilen, dichten Sträucher, vom Rascheln der Blätter und Zwitschern der Vögel erfüllt, wiedererstehen würden, daß die dürren Bäume sich wieder begrünen würden, das ausgebrannte Haus sich wieder bevölkern würde, und wenn die verzogene, ständig klemmende Tür zufiele, das Mädchen mit dem dunkelblauen Umhang aus dem nicht existierenden Korridor hervortreten und das blasse, gesammelte Gesicht zum Himmel emporheben würde. – Das Mädchen ging den Pfad neben der Hecke entlang, schlich sich geschickt wie ein flinkes Tier zwischen den Sträuchern hindurch; abends, wenn der Himmel sternenklar und glatt wie Eis war, senkte sich auf ihre Gestalt das Licht des Mondes oder der schwankende Schatten der Pappel, begleitete sie der schwüle Duft der Levkojen oder der strenge Modergeruch der Frühlingserde, oder unter ihren Füßen raschelte das dürre Laub, oder glasig knirrschten die Eisklümpchen. Sie bog um die Straßenecke, und wir hockten uns am Fuß des Brückenpfeilers nieder, schlürften gierig die brennendheiße Flüssigkeit, aßen auf dem behauenen Stein Kartoffelsuppe oder Borschtsch oder die dünne Grütze, die ich als Abendessen bekam; auf wie vielen Gassen und Straßen, in wie vielen Räumen habe ich die Gestalt dieses Mädchens begleitet, wie oft habe ich die Kühle ihrer blutroten Lippen, die Wärme ihres Körpers gespürt; wie oft habe ich in der Dämmerung in das dunkelhäutige, vom Rhythmus des Körpers schmerzverzogene Gesicht geblickt; jungenhafte Liebe und weibliche Eifersucht; Zärtlichkeiten und Trotz; Trennungen und Versöhnungen; Kindlichkeit und Reife; Straßen, Gehsteige, Haustüren, Menschen, Bilder des Himmels, Parks mit wispernden Schatten und ihren weißen Händen; volkstümliche Vergnügungen in bunten Kleidern, Regen, Sonne, Bäume und Luft – überall sind ihre Bilder, und sie sind bei geschlossenen Augen dauerhafter als die im Grünen getarnten Panzer, die weißen Flugzeuge und die Geschütze unterschiedlichen Kalibers, die den Gaffern auf dem gelben Sand vorgeführt werden.

Ich schlug die Augen auf, in denen noch das einstige Landschaftsbild verharrte, und stieg mit schleppenden Schritten die nach Urin und Kot stinkende Treppe hinab bis zum Gehsteig der Uferstraße. Ich schaute hinüber zu den halbnackten Arbeitern, die in einer Seitengasse unter den Trümmern nach heilen Ziegeln suchten und sie eine hölzerne Rutsche hinuntergleiten ließen, zu den Ziegelfuhren, die von erschöpften Pferden gezogen wurden, ich umfing mit dem Blick die grasigen Flächen, die verdorrten Bäume, die Böschung und die Pappel – ein Bild, das mir früher so vertraut war –, und wandte mich endlich, die Brauen tief gefurcht, mit energischen Schritten in Richtung Stadtmitte. Als ich an dem ausgebrannten Haus vorbeikam, auf dem der Efeu wucherte, wehte vom Feld ein Windhauch herüber, und ich glaubte so etwas wie einen schwachen, aus der Tiefe der Fundamente, aus den unter Trümmern verschütteten Kellern aufsteigenden süßlichen Geruch verwesender Körper wahrzunehmen.

Doch mein Geruchssinn hatte mich getäuscht, denn durch Zufall erfuhr ich, daß dieses Mädchen in einer anderen Straße und einem anderen Haus verschüttet wurde. Ein halbes Jahr später wurde sie von Verwandten exhumiert und *lege artis* auf einem billigen Vorstadtfriedhof beigesetzt.

Der Vorschuß

Der Mann war klein und etwas zu gut genährt. Er hatte eine dünne, singende, fast weibliche Stimme, und wenn er lachte, traten kleine Schweißtröpfchen auf sein volles und wie bei einem Säugling glattes Gesicht. Er glitt über den Korridor, wies mit seiner fülligen Hand auf die Tür seines Arbeitszimmers und bat mich durch die Mimik seiner Wangen und Lippen sowie durch eine gewandte Verbeugung seines Körpers, doch hineinzugehen und auf ihn zu warten. Ich hatte kaum im Ledersessel Platz genommen und die Sohle meiner Sandale ein paarmal über den dicken Teppich gleiten lassen, und ich hatte mich kaum umgeschaut, ob man an der einzigen Stelle der Wand, an der kein Kelim hing, nicht ein neues Bild aufgehängt hatte, als dieser Mann leise ins Zimmer trat, die Tür behutsam hinter sich schloß und mit einer Geschicklichkeit, die er – wie ich voller Wut dachte – nur durch beharrliches Üben erworben haben konnte, in seinem Direktorensessel hinter dem Mahagoni-Schreibtisch Platz nahm.

»Nein, nein, nein, nein!« schrie er nach einer ganzen Weile mit vollendeter, wenn auch vielleicht zu affektierter Diktion.

Ich nahm meine Tasche von den Knien, stand auf,

streckte mich zu meiner vollen Größe, verbeugte mich steif und ging, ohne den Blick von der Decke zu wenden, auf Zehenspitzen aus dem Zimmer.

»Es freut mich sehr, daß Sie trotz der Schwierigkeiten mit erhobener Stirn in die Zukunft gehen«, sagte der Mann lächelnd, huschte gleich nach mir aus dem Zimmer, glitt gewandt über den Korridor und verschwand in einem Saal gegenüber, der voll war mit Schreibtischen und Stühlen aus Fichte und schweigenden, konzentrierten Beamten.

Der Mann hätte mir unsympathisch sein müssen, dachte ich, während meine Hand automatisch an dem eisernen Treppengeländer entlangglitt. Dabei wirkte er sehr angenehm. Offenbar liegt es daran, dachte ich im Hinuntergehen, daß er entgegen der Gewohnheit kleinwüchsiger Leute nicht die Nase hoch trägt und sich nicht auf die Zehenspitzen stellt, um sich gegenüber hochgewachsenen Leuten wichtig zu machen.

Erst als ich zwei Treppen tiefer ankam, wurde mir plötzlich klar, daß ich viel kleiner war als er.

Ein heißer Nachmittag

Für Józef Morton

Tot wie ein ausgedörrter Knochen lag die Sonne am nackten Himmel. Die glühendheiße Luft stand wie eine Säule über der Erde. Der Asphalt schmolz auf der Fahrbahn und roch nach angesengtem Teer. Lautlos glitten die Limousinen der Minister darüber hinweg. Sie wirbelten feinen Staub auf, der sich wie silberner Rost auf dem Laub niederließ.

Auf der Flechte der ausgetretenen Erde tummelten sich zerlumpte Kinder, traten gegen einen Stoffball, schrien heiser und spuckten den Staub in ihrer Kehle aus. Ihre Gesichter waren von der Anstrengung gerötet und angeschwollen. Im Tor, zwischen der zerfetzten Pappel und einem Kleiderhaufen, stand breitbeinig ein Junge, die Hände auf die Schenkel gestützt. Die Knie des Torwarts waren zerkratzt, aber das Blut war schon trocken.

Als ich von der Straße her über das welke Gras zu ihnen ging, war das Spiel gerade zu Ende. Unter lautem Gezänk warfen die Jungs einander den Stoffball zu und gingen in den Schatten. Der Torwart verrieb sich Spucke auf den verletzten Knien, hob die Kleider auf und ging den anderen nach.

»So ein schamloses Ding«, sagte er, neben mir stehend, in gekränktem Ton und deutete mit dem Kinn in Richtung der verdorrten Hecke, die vor den Ruinen wuchs. Wilder Wein rankte sich an den Mauern der ausgebrannten Häuser empor, umflocht mit seinen Ranken die Karyatiden und überwucherte die Überreste von Balkonen und Galerien. Im Schatten der Bäume, auf dem feuchten Rasen, hatten sich Familien niedergelassen. Die Männer lagen halbnackt auf Decken, atmeten schwer, waren blaß und weich wie gekochter Fisch. Ihre Frauen schliefen, das Gesicht im Gras, inmitten zerknüllter Zeitungen, Butterbrotpapiere und Eierschalen. Andere Männer saßen abseits im Kreis, hatten die Jacketts abgelegt und spielten Karten; hin und wieder sahen sie nach ihren Kindern, die mit einem kleinen roten Ball spielten und lachend zwischen den Eltern umhertollten.

Ganz von den Familien getrennt, mitten in der Sonnenglut, direkt auf der ausgedörrten Erde, vor einer Hecke, lag reglos, als hätte sie ein Mast erschlagen, ein Mädchen in einem leichten geblümten Kleid, unter dem sie nichs anhatte. Das fette, schweißtriefende Gesicht gierig der Sonne entgegengestreckt, hatte sie die Knie angezogen und die weißen Schenkel dreist und herausfordernd gespreizt.

»Du hast recht, ein schamloses Ding«, sagte ich mit freundlichem Nicken, legte dem Jungen die Hand auf die Schulter und starrte sie, genau wie er, mit gierigen Blicken an.

Zum tapferen Partisanen

Für Jarosław Iwaszkiewicz

Im Gartenlokal »Zum tapferen Partisanen« wuchsen zwischen den fest im Boden verankerten, aus ungehobelten Brettern gezimmerten Tischen und Bänken schlanke, struppige Pappeln. Ihre Kronen, die vor dem dunkler werdenden Himmel zart wie Vogelfedern wirkten, verfärbten sich zu einem makellosen Schwarz. Zwischen den Baumwipfeln zogen langsam Kumuluswolken über den Himmel, wie Eisschollen auf einem träge fließenden Strom.

In einer Ecke des Gartens hatte man an die Wand des angrenzenden Gebäudes eine Holzbude angebaut, in der sich das Büfett befand. Das Fräulein hinter der Theke hatte kunstvoll aufgesteckte Haare, einen scheuen Blick, ein bescheiden mit einem Medaillon verziertes Dekolleté, grobe Hände und abgekaute Fingernägel. Der Kellner hatte eine rosige Glatze, die mit dem Himmel dunkler wurde, einen Bleistift hinter dem Ohr, und mit Anmut balancierte er zwischen den Tischen, Bänken, Menschen und Pappeln. Hinter der steinernen Balustrade standen Mädchen, denen das Geld für den Eintritt fehlte, und schauten in den Garten hinein. Am

Strick geführt, kehrte mit schwerem, schwankendem Euter eine Kuh laut mit den Hufen klappernd von der Weide zurück.

»Und ich sag dir, diese Frauen sind lesbisch«, beharrte meine Frau. Sie rauchte eine Zigarette nach der anderen und betrachtete mit zusammengekniffenen Augen die tanzenden Paare. Ich tanzte fast nie mit ihr, weil sie kräftiger und größer war als ich.

»Lesbierinnen in einer Provinzstadt? Wie rührend!« erwiderte ich lächelnd. »Laß uns eine Flasche Wein auf ihr Wohl trinken.«

In einer grünen Muschel aus Sperrholz, die nach modriger Feuchtigkeit roch, spielten Musiker in Hemdsärmeln einen sentimentalen Tango. Der Schatten der Muschel und die Abenddämmerung ließen ihre Gestalten kaum noch erkennen. Der Schein der untergehenden Sonne, von der geweißten Wand des an den Garten grenzenden Theaters zurückgeworfen, fiel auf eine Gesichtshälfte des Akkordeonspielers, der am Rand des Podiums stand und, mit den Fingern über die Tasten gleitend, neugierig den Kopf neigte, so als lausche er auf die Stimmen der Menschen. Seine hervorstehenden Augen waren offenkundig blind.

Auf dem Eichenparkett zu Füßen des blinden Akkordeonisten drängten sich Einwohner der Stadt, kunterbunt wie aus einem Lumpensack geschüttet. Einzelne Paare lösten sich aus der Menge, tanzten zum Rand des Parketts und verschwanden in den Büschen. Ein demobilisierter Offizier mit schwarzer Baskenmütze hielt eine kleine Frau in den Armen, die ihm knapp bis zur Schulter reichte, und tanzte in steifen Knobelbechern, die in halber Wadenhöhe endeten. Ein kurzgeschorener Bursche in Sporthosen hielt eine Partnerin, die älter war als er und sich an ihn zu schmiegen versuchte, auf Armeslänge von sich; sorgfältig auf ihre Füße achtend, tanzten sie mit kleinen Trippelschritten zum Swing.

Am schönsten tanzten jedoch die beiden Lesbierinnen. Die als Frau gekleidete trug ein Kleid mit roten Herzen und grünen Kleeblättern, dazu rote Sandalen, ihr helles Haar fiel glatt auf die Schultern herab. An die Brust hatte sie sich eine Rose gesteckt, ihre Augen waren leicht geschminkt. In den Armen der als Mann gekleideten Frau bog sie sich wie eine Blume im Wind, übernahm mit dem Körper jede Regung ihres Mannes, folgte jeder Zuckung seiner Hand, jeder Spielart einer Drehung, streifte glücklich mit der Hüfte seine Hüfte, ihre zierlichen Füße glitten zusammen mit den schwarzen Schuhen der als Mann gekleideten Frau über das Parkett. In ihren Augen lag eine unaussprechliche Hingabe, ihre blutroten Lippen öffneten sich wollüstig und ließen kleine, scharfe Raubtierzähne erkennen.

Die als Mann gekleidete Frau trug ein locker sitzendes Jackett, eine gepunktete Fliege und eine weiße Nelke im Knopfloch. Die weite Seemannshose konnte dem Betrachter nicht verbergen, daß sie breite, gut zum Gebären geeignete Hüften hatte. Die kleinen Schuhe mit ihren schmalen Spitzen verrieten, daß der Fuß, der sich da im Rhythmus bewegte, nicht zu einem Mann gehörte. Dieser Mann hatte kurzes, welliges Haar mit ausrasiertem Nacken und ein zartes Gesicht mit feingeschwungenen Lippen. Er führte seine Partnerin mit sicherer Hand und Umsicht durch die Menge, nutzte jede Lücke, tanzte so ungezwungen, als sei niemand sonst auf dem Parkett. Sanft lächelnd schaute er seiner Partnerin in die Augen, und als der Tanz endete, preßte sie seine Hand innig an ihre Brust. Eng aneinandergeschmiegt verließen sie das Parkett.

Im Garten war es derweil vollkommen dunkel geworden. Zwischen den Bäumen schwankten die Lichter im Wind wie goldene Kugeln. Die schwarzen Schatten der Bäume wanderten lautlos über den Boden. Das Laub zitterte und flirrte im Wind, der bald die helle Oberseite der Blätter, bald ihre dunkle Unterseite sehen ließ. Der Himmel war bläulich, fast dunkelblau, der Geruch menschlichen Schweißes vermischte sich mit dem Duft der Linden, die im Park auf der anderen Straßenseite wuchsen.

In der Orchestermuschel flammten die Lichter auf. Auf dem Parkett wurde es noch enger, eine Lampe warf einen Lichtstreifen auf den Rand der Bühne. Tanzende Paare tauchten aus dem Dunkel auf, glitten durch den hellen Streifen und verschwanden im Schatten. An der Spitze der Menge wie auf dem Kamm einer Welle schoben sich die Lesbierinnen durch den Lichtstreifen. Plötzlich hörte die männlich gekleidete Frau auf zu tanzen, entschuldigte sich mit verlegenem Lächeln bei ihrer Partnerin, ging tiefer in den Garten hinein und machte bei einer Pappel halt, die ganz im Schatten lag.

Wir glaubten unseren Augen nicht zu trauen. Doch als die Lesbierin in den Lichtkreis trat und mit der typischen männlichen Gebärde den Hosenschlitz zuknöpfte, wurde uns endgültig klar, daß es doch ein Mann war.

Reisetagebuch

... Faschist, du mein Todfeind
Adam Ważyk

Wir traten aus der Renaissance-Kathedrale, in der über dem Hauptaltar, der mit Rücksicht auf die Touristen von der Wand abgerückt worden war, zwischen zwei verrauchten Fenstern im Schatten verborgen direkt unter dem Gewölbe das Triptychon Tizians hing, noch schlimmer verraucht als die Fenster, und schlenderten zum Stadtarchiv, gleich neben dem Rathaus, betrachteten dort Dutzende von arabischen, türkischen, lateinischen und slawischen Dokumenten, versehen mit gewaltigen Lacksiegeln und farbigen Initialen, ja sogar mit Zeichnungen, um sodann gemächlich über die Hauptstraße der Altstadt zu bummeln, die bevölkert war mit Denkmälern und geschwätzigen Kurgästen, welche den mediterranen Herbst genossen, der unserem Sommer ähnelt. Die Straße war belegt mit Steinplatten, die von Regen und Sonne gebleicht waren, und führte vom Vorwerk des Hafens, das, ins Meer vorgeschoben, den Zugang zur Mole schützte, zum ein wenig höher gelegenen Stadttor. Dieses Tor trennte den alten, mit einer dicken mittelalterlichen Mauer umgebenen Stadtteil, wo Haus an Haus stand und die Gassen und Gäßchen so schmal waren, daß man die Hauswände auf beiden Seiten mit ausgestreckten Armen berühren konnte, es roch nach Suppe und nasser Wäsche, die an Leinen über den Gassen schaukelte, es wimmelte von wilden Katzen und schmutzigen Kindern – von dem neuen Stadtteil, der an einem asphaltierten Boulevard entstanden und mit Pensionen und Hotels bebaut war, die versteckt unter ausladenden Palmen, Orangenbäumen, Myrten, Zypressen und Pinien lagen, wo es von diensteifrigen Kellnern, leichten Mädchen und Schuhputzern wimmelte. Beide Stadtteile lagen am Hang einer hie und da mit Agaven und Zypressen bewachsenen Kalksteinanhöhe, auf der sich drohend die Festungswerke Illyriens aus der Napoleonischen Zeit in blendendem Weiß erhoben, im Unterschied zum Grau der deutschen Bunkerkuppeln, die im Kroatien der Hitlerzeit auf die Stadtmauern gesetzt worden waren.

Da bis zum Mittagessen noch etwas Zeit war, schlenderten wir weiter, blieben vor den Schaufenstern der Goldschmiede stehen, die voll waren von subtilen kunsthandwerklichen Erzeugnissen aus getriebenem Silber, oder betrachteten genüßlich die hochgewachsenen Mädchen in ihren knöchellangen schwarzen Kleidern mit gelben Fransen am Mieder, die mit wiegenden Schritten die Straße entlanggingen und vor Stolz nur mit sich beschäftigt waren. Es waren Frauen aus den umliegenden Dörfern, die schönsten Frauen des Südens, Produkte des Verkehrs zwischen Bäuerinnen und blaublütigen Touristen. Das versicherte uns jedenfalls der örtliche Fremdenführer, der uns von der Stadtverwaltung zugeteilt worden war. Gewiß, auf unserer langen und abwechslungsreichen Reise durch sechs Republiken hatten wir nirgendwo so schöne Mädchen gesehen, wahr ist aber auch, daß einige unter ihnen leicht von der Syphilis entstellt waren.

Wir gelangten schließlich zu einer Bank, ließen uns auf dem warmen Sandstein nieder und bewunderten das offene Meer, das sich, zartgrün und smaragden, mit silbernen Schaumkronen, donnernd an den Felsen zu unseren Füßen brach. Hinter uns unter den Palmen bimmelte eine lächerlich bunte Miniatur-Straßenbahn und strebte den Berg hinauf, auf der benachbarten Bank saß eine braungebrannte Frau im geblümten Sommerkleid, zwischen den Knien ein Kind, das mit ihrer Halskette aus roten Korallen spielte; vom Meer kam ein fast schwüler, nach Tang riechender Wind, am blanken Himmel kreisten Möwen und stießen auf die Wellen herab. Es war warm und still, eine gute Zeit für die Reifung der Orangen.

»Schreibt die Zeitung etwas über uns?« fragte ein Mitglied der Delegation. In Ljubljana hatte man uns einen ganzen Artikel gewidmet.

»Zeit, essen zu gehen, sonst kommen wir wieder zu spät«, sagte ein anderes Mitglied der Delegation.

»Reden Sie nicht dauernd vom Essen«, sagte der erste. Er drehte sich um, weil die den Berg herunterkommende Straßenbahn bimmelte. »Primitiv wie beim Zöllner Rousseau«, sagte er.

Ich begann die Zeitung zu durchstöbern, achtete auf die Überschriften der kleineren Artikel und Meldungen. Auf den ersten Seiten wurde unsere Delegation leider mit keinem Wort erwähnt. Auf Seite fünf der Zeitung – es war die »Borba« vom 11. November 1947 – entdeckte ich drei reproduzierte Fotos aus einer englischen Zeitung, die sogleich mein Interesse weckten. Das erste zeigte auf einem kahlen, steinigen Feld eine Reihe Soldaten in englischer Uniform mit Gewehr bei Fuß; es war von der Seite aufgenommen, so daß man deutlich nur die weißen Manschetten und den Gürtel des ersten Soldaten sowie die große Tasche mit MP-Munition auf seiner Brust erkannte; den Soldaten gegenüber stand eine Reihe Menschen, unter denen mir eine Frau und ein Mann in gestreiften Hosen auffielen.

Das zweite Foto zeigte als »Detail« aus dem ersten den Mann und die Frau. Er war sehr schlank und ganz jung, fast einen Kopf größer als die Frau. Er trug einen Pyjama, über den er eine Jacke gezogen hatte. Der Pyjamakragen stand offen, wie bei einem Sporthemd. Er hatte gelichtetes Haar, einen Backenbart und einen gestutzten Schnurrbart. Er stand aufrecht, die Linke zur Faust geballt, und man konnte vermuten, daß er schmale, zusammengepreßte Lippen und eine gerunzelte Stirn hatte. Das Mädchen trug einen glockenförmigen Mantel und ein Band (farbig, soweit das nach dem Foto zu beurteilen war), hielt ihre üppigen, modisch aufgetürmten Haare zusammen. Der Kopf war ein wenig zur Seite geneigt, am entblößten Hals war ein kleines schwarzes Kreuz zu sehen, vielleicht war es auch nur ein Tüpfelchen Druckerschwärze. Das Mädchen stand auf dem linken Bein, das rechte war im Knie leicht gebeugt, wie bei einem Menschen, der vom langen Stehen ermüdet ist. Der rechte Arm des Mannes und der linke Arm des Mädchens standen gezwungenermaßen vom Körper ab, denn sie waren aneinandergefesselt. Das Mädchen war fünfundzwanzig und hieß Jeftimija Paza, der Mann namens Vaskekis war Lehrer an einer Zwergschule und hatte keine Zeit mehr gehabt, sich anzuziehen.

Das dritte Foto zeigte einen Soldaten in englischer Uniform, der sich breitbeinig über Leichen beugte. Laut Bildunterschrift handelte es sich um griechische faschistische Kämpfer, die Verdächtige erschossen hätten, und der Soldat auf dem dritten Foto drehe nach der Exekution mit dem Absatz die Körper der Verurteilten um und gebe denen, die sich noch regten, den Rest.

»Nein, nichts über uns«, sagte ich, als ich die Zeitung gründlich durchgesehen hatte. »Nur, daß ich heute fünfundzwanzig geworden bin. Das geht aus dem Datum hervor. Die Zeitung ist von gestern.«

»Wie interessant«, sagte ein Mitglied der Delegation ironisch.

»Gehen wir endlich essen«, sagte ein anderes Mitglied der Delegation, nervös an seinem rötlichen Schnurrbart nagend, der ihm über die Lippe hing, weil er seit einem Monat nicht gestutzt worden war.

Wir erhoben uns und gingen beschwingt zum Hotel, wo man uns Folgendes servierte: *hors-d'œuvres variés* und *caviar de Cladave* nach Wahl, *crème de volaille*, *dindonneau rôti*, *charlotte russe* sowie *dingač* und »*turska kafe*«.

Ein bürgerlicher Abend

Für Herrn Stanisław Dygat

Meine Leidenschaft sind Bücher, Düfte und Gedanken, das heißt, etwas kindische, erotisch angehauchte Träume vorm Einschlafen. Wenn ich abends beide Fenster weit öffne, um den betörenden Duft der blühenden Linden hereinzulassen, die auf der anderen Straßenseite wachsen, wenn ich mich, ohne die Nachttischlampe auszumachen, aufs Bett oder vielmehr auf die Couch lege, auf das raschelnde, gestärkte Bettlaken, verschränke ich die Hände unter dem Kopf, verschließe halb die Augen, um das leise Geflatter der Nachtfalter zu beobachten, und gebe mich meinen Gedanken hin. Gewiß habe ich im letzten Krieg manches erlebt, und Bekannten erzähle ich mit einem gewissen Stolz, daß ich eines Tages achtundzwanzigtausend nackte Frauen und im Laufe eines Jahres weit über eine Million Menschen beiderlei Geschlechts und jeglichen Alters gesehen habe, die ins Gas gingen, und im Eifer deute ich gelegentlich sogar an, daß die Bilder dieser Menschenansammlungen mich hartnäckig verfolgen, daß ich in meiner Erinnerung zum Beispiel noch immer die Schreie dieser Menschen, das Gewimmer der Kinder und das feige, unterwürfige Schweigen der Männer höre, und daß ich zuweilen, als wäre es Wirklichkeit, den unerträglichen, sich mit Schweiß vermengenden Modergeruch von Menstruationsblut verspüre oder den nassen, fetten Gestank brennender Menschen, aber dennoch muß ich feststellen, daß ich keineswegs dazu neige, auf dieses Material zurückzugreifen, wenn ich mich, namentlich vor dem Einschlafen, meinen einsamen Betrachtungen hingebe. Gewöhnlich ist es so, daß ich, gelangweilt von dem Starren auf den flatternden Schatten des Falters, der unter der grauen Zimmerdecke umhertanzt, fest die Augen schließe, und dann erscheinen unter meinen Lidern sogleich vielfarbige, kaleidoskopartige geometrische Figuren, Rechtecke, unregelmäßige Vielecke, Kreise und Lichtflecke, aber auch Linien, Streifen, stechende Pünktchen, bewegliche Geradenbündel, die unter den Lidern nach oben wandern, kleiner oder größer werden, Farbe und Form verändern, sich vereinigen, durchdringen, teilen und auseinandergehen und schließlich in den Hinterkopf entweichen, und an ihrer Stelle erscheinen von unten her neue Flecke und Linien. Sie interessieren mich aber, wenn ich ehrlich bin, nur am Rande, als Übergang zu meinen eigentlichen Gedanken.

Ich denke nämlich an Frauen. An wirkliche und erträumte Frauen, mit denen ich selbstverständlich unerhörte Gefühle, Abenteuer und Wonnen erlebe. Während des Krieges, als ich noch viel jünger war, dachte ich an Mädchen in meinem Alter, die mir überaus schön und vollkommen erschienen. Damals wußte ich nicht, wie häßlich spitze Knie, dünne Beine, schmale, kantige Hüften und spitzige Brüste sind. Erst heute ist mir klar, daß eine bestimmte Altersgenossin, mit der ich vor einigen Jahren die Liebe kennenlernte (und an die ich noch immer mit einer gewissen Sentimentalität zurückdenke), zwar willig und hingebungsvoll, in Wahrheit aber rauh und hart wie Eichenrinde war.

Jetzt, da ich die Schüchternheit der frühen Jugend überwunden habe, gehen meine abendlichen Gedanken zu reifen, erfahrenen und wagemutigen Frauen. Ich pflege nicht mehr von Mädchen zu träumen, die ich erst in die Geheimnisse der Liebe einweihen müßte. Es wird wohl hauptsächlich daran liegen, daß ich ängstlich und extrem unbeholfen bin und immer wieder in peinliche Situationen gerate.

Es wäre jedoch ein Irrtum zu glauben, ich strebte in meinen Gedanken schnurstracks dem Kulminationspunkt zu. Ganz im Gegenteil baue ich um ihn herum eine ganze Geschichte, eine verwickelte Intrige, die ich zuweilen aus Fragmenten gelesener Bücher schöpfe, welche ich von Zeit zu Zeit auf meinen Regalen umstelle. Es sind abgeschlossene, aber nur knapp umrissene Geschichten, und nur einzelne Bilder durchdenke ich genauer. Die Übergänge zwischen den Bildern führe ich lediglich skizzenhaft, fast nur in einem Projekt aus. Rasch zeichne ich die Charaktere, stecke die Konflikte ab, verleihe mir je nach den Umständen verbrecherische oder edle Eigenschaften, statte meinen Körper mit den Vorzügen oder Mängeln aus, welche die Komposition des Bildes erfordert, markiere mit ein paar filmischen Kürzeln den Ort der Handlung, die ich, damit es schnell geht, aus tagsüber wahrgenommenen Elementen aufbaue, aus Innenräumen, Gegenständen, Personen und Ereignissen, die ich mir in Erinnerung rufe, aber obwohl ich ungeduldig in der Erzählung fortfahre, so als blätterte ich Seite für Seite eines spannenden Buches um, komme ich doch nie rechtzeitig zum Schluß.

Ich habe mir zwar die Ohren zugestopft, nehme aber trotzdem deutlich wahr, daß das Rauschen im Badezimmer aufgehört hat. Daraufhin klappt erst die eine, dann die andere Tür zu, ich höre weiche Pantoffeln über den Fußboden schlurfen, das Rascheln eines Seidenpyjamas. Wenn dann die Nachttischlampe ausgeknipst wird, sich die Decke hebt und die Federn der Couch knarren, schlage ich im Dunkeln die Augen auf, und noch ein wenig verstimmt darüber, daß meine Gedanken kurz vor dem Höhepunkt der Handlung unterbrochen wurden, drehe ich mich energisch um und nehme meine junge Frau in die Arme.

Der Besuch

Ich ging durch die Nacht, als fünfter in der Reihe. Am violetten Himmel stand schwankend die braune Flamme der brennenden Menschen.

In dieser sanften Dunkelheit hatte ich die Augen weit aufgerissen, und obwohl das Blut aus dem vom Bajonett durchbohrten Schenkel meinen Körper mit einer Wärme erfüllte, die sich bei jedem Schritt bis zum Schmerz steigerte, und obwohl ich hinter dem eiligen Getrampel der Männerfüße das ängstliche Trippeln der Frauen hörte (unter denen auch das Mädchen war, das einmal mir gehört hatte), vermag ich dennoch von dieser Nacht nichts wiederzugeben als das, was ich mit weit aufgerissenen Augen sah.

Ich sah in dieser Nacht einen halbnackten, schweißtriefenden Mann aus dem Viehwaggon, in dem es keine Luft mehr gab, auf den Schotter der Lagerrampe hinaustorkeln, tief die frische, kühle Dunkelheit in sich einsaugen, dann zu einem anderen hinübertaumeln, ihn krampfhaft umarmen und geistesabwesend auf ihn einreden: »Bruder, Bruder...«

Ein anderer (im Kampf um Luft war er im Waggon, am Türspalt, fast erstickt), der betäubt unter einem Haufen dampfender Leiber lag, trat plötzlich mit aller Kraft nach dem Dieb, der sich über ihn beugte und ihm die fast neuen Offiziersstiefel aus Chromleder von den Beinen zog, die er, der Tote, ohnehin nicht mehr brauchte.

Dann sah ich viele Tage lang Männer über ihren Spitzhacken und Schaufeln und Loren weinen. Ich sah, wie sie Schienen, Zementsäcke und Betonpfeiler für die Einzäunung hoben, wie sie sorgfältig die Erde planierten, wie sie mit Schaufeln Grabenwände streichelten, Baracken, Wachttürme und Krematorien errichteten. Wie Krätze, Pflegmonen, Typhus und Hunger an ihnen nagten. Ich sah andere, die Brillanten, Uhren und Gold sammelten und emsig vergruben. Wieder andere bemühten sich aus Snobismus, möglichst viele Menschen umzubringen und möglichst viele Frauen zu besitzen.

Ach ja, ich sah auch Frauen, die Balken trugen, Wagen und Schubkarren schoben und Dämme an Teichen bauten. Auch solche, die sich für ein Stück Brot hingaben. Und solche, die es sich leisten konnten, einen Geliebten zu kaufen – für Seidenhemden, Gold und Schmuckstücke, die den Toten geraubt worden waren. Und ich sah ein Mädchen (das einmal mir gehört hatte), mit Geschwüren bedeckt und kahlköpfig, aber das ist jetzt meine Privatangelegenheit.

All jene, die wegen Phlegmonen, Krätze und Typhus, aber auch, weil sie zu mager waren, in die Gaskammer gingen, baten die Pfleger (die sie auf die Krematoriumsautos luden), hinzuschauen und nicht zu vergessen. Und die Wahrheit über den Menschen all jenen zu sagen, die sie nicht kennengelernt hatten.

Ich blicke gerade durch ein von wildem Wein umranktes Fenster auf ein bis zum Himmel ausgebranntes Haus, auf die Trümmer eines klassisches Haustores mit einer unbeschädigten Amphore auf einer Säule, auf eine gewöhnliche, duftende, blühende Linde und einen Himmel, der sich in der Ferne, am Horizont der Ruinen auf der anderen Seite des schimmernden Flusses, zuzieht.

Ich sitze in einem fremden Zimmer zwischen Büchern, die nicht meine sind, und während ich schreibe, daß ich den Himmel, Männer und Frauen gesehen habe, denke ich unentwegt daran, daß ich nur mich selbst nicht habe sehen können. Ein junger Dichter der symbolistisch-realistischen Schule sagt über mich mit spöttischer Geringschätzung, ich hätte einen Lagerkomplex.

Ich sehne mich nach den Menschen, die ich damals gesehen habe, und bald werde ich die Feder hinlegen und mir überlegen, wen ich heute besuche: den fast erstickten Mann in Offiziersstiefeln, der jetzt Ingenieur beim städtischen Elektrizitätswerk ist, oder den Inhaber einer florierenden Bar, der mir einst zuflüsterte: »Bruder, Bruder...«

Andere werden Besuch von jenen bekommen, die in der mit Erde vermischten, vermoderten Menschenasche herumstochern und darin fleißig nach dem versteckten Gold suchen.

Anmerkungen

Deutsche Wörter im polnischen Original werden *kursiv* wiedergegeben.
A.d.Ü. = Anmerkung des Übersetzers

Bei uns in Auschwitz …

Seite 13

Blähung: künstliche Einführung von Luft in die Körperhöhlen (z.B. die Pleurahöhle) durch den Arzt, zu diagnostischen oder therapeutischen Zwecken.

Seite 14

Weg nach Auschwitz: Das Lager Birkenau war drei Kilometer von Auschwitz entfernt.

Millionär: irreguläre Wortbildung im Polnischen; für eine sechsstellige Häftlingsnummmer. A.d.Ü.

alte Nummer: »niedrige Nummer, Kennzeichen eines alteingesessenen Lagerhäftlings. Quelle von Ehre und Anerkennung durch andere alte Nummern und durch junge Nummern, später ins Lager gekommene Häftlinge, die auch Millionäre genannt wurden. Besetzung der besten Lagerfunktionen, außergewöhnliche Kenntnis des Lagerlebens, Lagerpatriotismus. ›Was wißt ihr Millionäre vom Lager! Fragt eine alte Nummer [!], er wird euch vielleicht erzählen, was er erlebt hat‹« – Erklärung Borowskis aus dem Wörterbuch *Auschwitz-Termini*, die sich in dem Band *Byliśmy w Oświęcimiu* [Wir waren in Auschwitz] findet. Nachfolgende Erklärungen sind gekennzeichnet mit [*BwO*].

Pyodermie: Hautkrankheit.

Ulcus duodeni: Zwölffingerdarmgeschwür.

Seite 15

Block: »Lagerbaracke. Im sog. alten Auschwitz waren das solide, von Häftlingen erbaute mehrgeschossige Häuser. In Birkenau waren es fast ausnahmslos Pferdebaracken aus Holz. Jeder Häftling war einem Block zugeteilt, bei dem er zum Appell antreten mußte. Bestimmte Kommandos nahmen bestimmte Blocks ein. Die Prominenten schliefen in Blocks, die sie sich beliebig aussuchen konnten. ›Raus aus dem Block zum Appell!‹ ›Block sechs zur Entlausung‹« [*BwO*].

Prominenter: »auch ›besserer Kunde‹, ein Häftling auf einem guten Posten, der sich frei bewegen konnte. Sauber, elegant, mit Sardinen gesättigt, ›*zlagrowany*‹ (durch das Lagerleben zum nackten Egoisten geworden). Leicht abfällige Bezeichnung. Niemand sagte von sich, er sei ein Prominenter« [*BwO*].

Seite 16

Appell: »allabendliche Bestandszählung im Lager. Heilige tägliche Tätigkeit. Auch der Bestand des Blocks bzw. des Lagers beim Appell. ›Gehen wir zum Appell.‹ ›Stimmt der Appell bei dir‹ – der Blockälteste zum Schreiber« [*BwO*].

Kremo: Krematorium.

Pawiak, Serbien: In den Jahren 1829 bis 1935 errichtetes Gefängnis in Warschau; die Frauenabteilung nannte man Serbien. In den Jahren der NS-Besatzung eines der Haupt-Untersuchungsgefängnisse der Sicherheitspolizei. Von den nahezu hunderttausend Häftlingen wurden rund fünfunddreißigtausend ermordet.

Seite 17

Wiosenny spacer: »Frühlingsspaziergang« – gemeint ist vermutlich Staffs Gedicht »Wiosna« aus dem Band *Wysokie drzewa* (1932).

Kanada: »Symbol des Wohlstands im Lager. Auch das Kommando, das bei den Transporten von Häftlingen ins Lager und ins Gas arbeitet. ›Jetzt ist es hier wie Kanada, wärt ihr früher gekommen, hättet ihr was ganz anderes gesehen.‹ ›Kanada geht zur Rampe‹« [*BwO*].

Seite 18

Muselmann: »ein physisch und seelisch völlig zerstörter Mensch, der weder die Kraft noch den Willen hat, weiter um sein Leben zu kämpfen, gewöhnlich mit Durchfall, Phlegmonen [Geschwüren] oder Krätze, ganz und gar reif für den Kamin [das Krematorium]. Keine Erklärung kann die Verachtung wiedergeben, die dem Muselmann im Lager von seinen Mithäftlingen entgegengebracht wurde. Selbst diejenigen, die unter den Lager-Insassen große Anerkennung genießen, bekennen sich nur ungern dazu, daß sie ›auch‹ einmal Muselmänner waren« [*BwO*]. (Erläuterungen in eckigen Klammern stammen vom Übersetzer.)

Sauna: »Bad, Entlausungsanstalt. Weil dort auch die Sachen entlaust wurden, die von den Transporten mitgebracht und von den Häftlingen benutzt wurden, besaßen die Leute, in der Sauna arbeiteten, alles, von Gold bis hin zu Büchern. Frauen wurden (bis auf die nackte Haut) geschoren und desinfiziert, ausschließlich von Männern« [*BwO*].

Seite 19

Puff: Lagerbordell.

Aleja Szucha: Eine Warschauer Straße; dort war der unrühmlich bekannte Sitz der Gestapo (heute ist dort das Bildungsministerium).

Seite 21

Der Verwaltung des Lagers in Auschwitz unterstanden neben Birkenau »39 Nebenlager (Zweiglager, Außenlager, Arbeitslager) in ganz Schlesien und sogar außerhalb Schlesiens, wie z. B. das Lager in Brünn in der Tschechoslowakei« (Jan Sehn, *Obóz koncentracyjny Oświęcim-Brzezinka ›Auschwitz-Birkenau‹*, Warszawa 1956, S. 18).

Dachau: Das älteste, 1933 gegründete NS-Konzentrationslager. Dazu gehörten über 130 Nebenlager, u. a. Dachau-Allach, wo Borowski sich am Ende seiner Wanderung durch die Lager aufhielt.

Seite 24

Lagerältester, Lagerkapo: die höchsten Funktionen in der Lagerhierarchie.

Winkel: »farbiges Dreieck, an dem die Art des Delikts zu erkennen ist, auf der linken Brustseite der Häftlingskleidung vor der

Lagernummer getragen. ›Er hat einen roten Winkel, aber ist schlimmer als ein Krimineller‹« [*BwO*].

Den roten Winkel trugen die politischen Häftlinge (eine sehr weitgefaßte Kategorie, die nicht nur wirkliche oder vermeintliche, konspirativer Tätigkeit verdächtigte NS-Gegner umfaßte, sondern z.B. auch Menschen, die bei Razzien festgenommen wurden). Grün war der Winkel von gemeinen Verbrechern, schwarz der von Asozialen, violett der von Bibelforschern und Geistlichen, rosa der von Homosexuellen, blau der von Emigranten. Ein Buchstabe auf dem Winkel bezeichnete die Nationalität des Häftlings. Juden trugen bis Mitte 1944 über dem Winkel ein zweites, gelbes Dreieck, so daß sich zusammen ein zweifarbiger Stern ergab.

Seite 26

Posten: »Wachtposten, SS-Mann. Die Blockführer, diejenigen, die das Leben im Lager überwachten, wurden wegen Verstößen (Handel, Beziehungen mit Frauen usw.) ›auf Posten‹ geschickt« [*BwO*].

Universitätsprofessor: vermutlich »Prof. Clauberg: Experimente zur Sterilisation. Spritzen führten zum Verschluß der Eileiter, so daß jüdische Frauen nicht mehr schwanger werden konnten« (*Wspomnienia Rudolfa Hössa, komendanta obozu oświęcimskiego*. Hg. J. Sehn, Warszawa 1965, S. 357).

Seite 27

FKL: Frauenkonzentrationslager – das für 20000 Personen berechnete Frauenlager in Birkenau war vom Abschnitt B II, dem Männerlager (60 000) durch das Bahngleis und die Rampe getrennt.

Oflag: Abkürzung für Offizierslager, deutsches Kriegsgefangenenlager für Offiziere; *Stalag*: Stammlager, Kriegsgefangenenlager für Unteroffiziere und gemeine Soldaten.

Seite 30

SK: Strafkommando mit besonders verschärftem Regime.

Zivilisten: hier Menschen außerhalb des Lagers oder Neuankömmlinge.

Seite 32

... *werden Menschen vergast*: Zur Vergasung der Opfer benutzte man in Birkenau 1943 Baulichkeiten von Bauern, die aus dem Dorf ausgesiedelt worden waren (die sog. Bunker 1 und Bunker 2).

Seite 34

Waschraum: »eigentlich ein Waschraum. Diente aber oft anderen Zwecken. Der Waschraum im alten Auschwitz war Schauplatz von Box- und Ringkämpfen. Der Waschraum in Birkenau diente der Musterung, die eine Zeitlang im Spital durchgeführt wurde, und blieb während der ganzen Zeit, in der das Spital bestand, Sammelpunkt für die Muselmänner, die, nachdem man sie aus allen Spitalblocks herausgeklaubt hatte, zum Waschraum gebracht wurden, von wo sie abends mit Autos ins Gas gefahren wurden« [*BwO*].

Antoni Czortek (1916–2004): polnischer Boxer, u. a. Vize-Europameister von Dublin (1939). A.d.Ü.

Seite 35

Kamin: »Synonym für Krematorium und den Tod in der Gaskammer. ›Was drängst du dich wie ein Jude zum Kamin‹« [*BwO*].

Rollwagen: »von Menschen geschobener Wagen. Im Lager gab es keine Zugtiere. Zum Transport von Suppe, Brot, Bekleidung, Unrat, Leichen aus dem Lager zum Spital benutzte man Menschen« [*BwO*].

Seite 37

Kommando: »Arbeitstrupp mit eigenem Kapo und einem aufsichtführenden SS-Mann (Kommandoführer), der bei einer bestimmten Arbeit oder an einem bestimmten Ort tätig ist« [*BwO*].

DAW: »*Deutsche Ausrüstungswerke*, ein schweres Kommando, hauptsächlich eingesetzt beim Zerlegen von Flugzeugen, die über Deutschland abgeschossen worden waren. Klassischer Ort von Fluchtversuchen [...]« [*BwO*].

Seite 39

pipel: »Junge, der einem Blockältesten oder Kapo dient. Gewöhnlich ein Kind aus einem Judentransport. Weibliches Pendant: *kalifaktorka*« [*BwO*].

Seite 40

Sachsenhausen: Konzentrationslager (1936–1945) bei Oranienburg, zahlreiche Nebenlager; dort kamen rund hunderttausend Menschen um.

Seite 45

Im Original: *Morgen nach Heimat*. A.d.Ü.

Seite 46

Dachdecker: hier ein Kommando, das die Dächer im Lager repariert.

Stube: »Saal oder Teil des Blocks. ›Ich bin in Block 6, Stube 3, obere Pritsche‹«; *Stubenältester*: »›Kommandant‹ der Stube. Er gab das Essen aus, sorgte für Sauberkeit der Stube und ging selbstverständlich auf Kommando. Unumschränkter Herrscher über den Häftling« [*BwO*].

Buna: Buna-Werke, Fabrik für synthetisches Benzin, errichtet von der I.G. Farbenindustrie in Monowitz bei Auschwitz. Anfangs marschierten die Häftlinge von Auschwitz aus 7 km zur Arbeit, bis 1942 an Ort und Stelle das sog. Lager IV gegründet wurde.

Seite 47

Stahlhelm: ein starker deutscher Frontkämpferverband (1918–1935) mit nationalistisch-konservativer Ausrichtung. Besaß eigene Kampftrupps.

Seite 51

Budy: ein Nebenlager von Auschwitz.

Seite 52

Sonderkommando: »ein ausschließlich aus Juden bestehendes Sonderkommando, das im Krematorium bei der Vergasung und Verbrennung von Menschen tätig ist. ›Wer soll Gold haben, wenn nicht das *Sonderkommando*‹« [*BwO*].

Kommandoführer: SS-Mann, Aufseher des Kommandos, gewöhnlich ein Unteroffizier.

Seite 54

Wied'... (russisch): Das ist doch der letzte Kampf. [...] Der letzte, verstehst du?

Dalniewostotschnij ... (russisch): Region Fernost, Stadt Chabarowsk, Lew-Tolstoi-Straße 25.

Seite 55

Mauthausen: Konzentrationslager in Österreich, an der Donau.

Eines der schwersten Lager, Arbeit im Steinbruch (u. a. Nebenlager Gusen).

Seite 56

Pritsche: »zweistöckige Konstruktion zum Schlafen. In Ermangelung anderer Konstruktionen (und des Raums für sie) der Ort, wo alle Tätigkeiten des Menschen (ausgenommen die Ausscheidung) erledigt werden: Essen, Läuseknacken, Abkratzen des Drecks, Briefe nach Hause schreiben und – Organisieren. Das Parterre und der erste Stock dieser Konstruktion ähnelten einer geneigten Schublade; man hielt sich dort in liegender Stellung auf. Oben konnte man stehen, sitzen, die Kleidung an den Balken aufhängen, und so hielten sich die sog. besseren Kunden dort auf« [*BwO*].

Seite 59

... *auch Berlin*: »Aus dem [...] Handel mit Sklavenarbeit bezog die ss stattliche Gewinne. Für den Arbeitstag eines Facharbeiters wurden 6 Mark genommen, für den Arbeitstag eines ungelernten Arbeiters 4 Mark. Die Selbstkosten für den Unterhalt des Häftlings bezifferte die Lagerverwaltung mit 30 Pfennig pro Tag. Aus den erhaltenen Lohnforderungen für 7 Monate Arbeit von männlichen Häftlingen und 9 Monate Arbeit von weiblichen Häftlingen geht hervor, daß das Lager Auschwitz für diese Arbeit insgesamt 12753526 Mark erhielt. Die größten Beträge kamen von dem Konzern I.G. Farbenindustrie« (J. Sehn, *op. cit.*, S. 57).

Seite 61

Bunker: »ein Versteck, von Häftlingen, die flüchten wollen, in die Erde gegraben. Auch eine Zelle aus Zement, in der ein Häftling, der im Lager wegen eines Vergehens (Handel, eine abgerissene Decke, die er sich bei Kälte über den Rücken legt, Fluchtversuch, ein unerlaubter Brief) in ›Arrest‹ kommt, wochenlang Tag und Nacht stehen muß, eine Zelle, die so niedrig ist, daß er mit dem Nacken an die Decke reicht« [*BwO*].

Seite 62

Der Spanier hatte Madrid verteidigt: als Teil der republikanischen Truppen gegen die Franquisten (Bürgerkrieg 1936–1939; Einnahme Madrids durch die Franquisten am 28. März 1939).

H. H.: Heinrich Himmler, Reichsführer ss. A.d.Ü.

Seite 63

Streifen: »Häftlingskleidung mit grau-blauen Streifen, hergestellt aus einem speziellen Stoff (aus Brennesseln, wie es hieß). Gutgeschnittene, der Figur angepaßte Streifen waren ein Zeichen des Wohlstands, einer gehobenen Funktion und des guten Selbstgefühls des Häftlings, der sie trug« [*BwO*].

Słowacki: Juliusz Słowacki, polnischer Dichter der Romantik. A.d.Ü.

Seite 65

Staszek: vermutlich handelt es sich um Stanisław Marczak-Oborski, der eng mit Borowski befreundet war.

Andrzej Trzebiński (1922–1943, Pseudonym *Stanisław Łomień*, *Paweł Późny*), sehr begabter Publizist, Kritiker und Dramaturg. Studierte zusammen mit Borowski an der Universität Warschau im Untergrund. Bei einer öffentlichen Hinrichtung auf der Straße Nowy Świat erschossen. Vgl. *Portret przyjaciela; Wacław Bojarski* (1921–1943, Pseudonym *Jan Marzec*, *Wojciech Wierzejski*, *Marek Zaleski*), Dichter, Kritiker, Prosaautor. Studierte zusammen mit Borowski und Trzebiński. Mitbegründer, später Chefredakteur der konspirativen literarischen Zeitschrift »Sztuka i Naród«. Griff Borowski in einer Besprechung des Bändchens *Gdziekolwiek ziemia* scharf an. Während der Niederlegung eines Kranzes am Kopernikus-Denkmal in Warschau am 25. Mai 1943 tödlich verwundet. Borowski begann 1948, eine längere Erzählung zu schreiben, die sich teilweise auf Bojarskis Schicksal stützte. Sie ist unvollendet geblieben (T. Drewnowski veröffentlichte einen Auszug in »Polityka« 1965, Nr. 27).

Seite 67

Bändchen: *Arkusz poeticki nr 2* »Drogi«, Anfang 1944 dank der Bemühungen seiner Freunde (vor allem von Stanisław Marczak-Oborski) veröffentlicht.

Seite 68

André Maurois (eigtl. *Emile Herzog*, 1885–1967): französischer Schriftsteller; schrieb u. a. die Erzählung *Der Seelenwäger*.

Seite 69

kreca: »Krätze, die vierte klassische Krankheit in Auschwitz. Manchmal gingen ganze Blocks, die davon befallen waren, ins Gas (z.B. aus dem FKL)« [*BwO*].

Prontosil: ein Sulfonamid, Anwendung bei Infektionen.

Seite 70

SDG (Sanitätsdienstgrad): als Sanitäter ausgebildete oder angelernte SS-Männer.

peruanischer Balsam: eine bei Hautkrankheiten angewandte Salbe. Natürlich war sie im Lager absolut unerhältlich.

Seite 71

Effekten (aus dem deutschen *Effektenkammer*): »anfangs Magazin mit den privaten Dingen der Häftlinge. Später auch der eigene Lagerabschnitt, in dessen Blocks die Reichtümer lagen (und verfaulten), die den ins Krematorium gehenden Transporten abgenommen wurden. ›Bring mir ein hübsches Hemd mit, wenn du in den Effekten bist‹« [*BwO*].

Seite 72

KB: Krankenblock. A.d.Ü.

Menschen, die gingen

Seite 73

Zigeunerlager: »Die in Auschwitz internierten Zigeuner aus ganz Europa verloren rasch alle Rechte und den Anschein des Rechts von Internierten und wurden massenhaft zu Opfern von Hunger, Schmutz, Krankheiten und der barbarischen Behandlung durch SS-Männer und die Lagermannschaft« [*BwO*].

Der einzige Lagerabschnitt, in dem Familien sowie Männer und Frauen zusammenblieben.

»Im Zigeunerlager beobachtete man die größten Reichtümer, die ausschweifendsten Orgien und die dreistesten Diebstähle. Tänzerinnen, Schauspielerinnen, Wahrsagerinnen und Prostituierte erfreuten sich großen Zuspruchs sowohl bei den Häftlingen als auch bei den SS-Männern. Die ungewöhnlichen Verhältnisse des

Lagerlebens führten im Zigeunerlager zu Tollheiten, Krawallen und tragischen Überraschungen. Eine solche Überraschung im Leben von Auschwitz war das ganze Zigeunerlager, und eine solche Überraschung war das Ende des Zigeunerlagers: im Juli 44 ging es komplett ins Gas« (Vorwort zu der Erzählung *Ogień krzepnie* aus dem Band *Byliśmy w Oświęcimiu*).

Seite 76

Pierre Loti (eigtl. *Louis Marie Julien Viaud*, 1850–1923): französischer Romancier. *Mon frère Yves* ist ein Roman aus dem Leben der Seeleute und Fischer.

Seite 79

wachmanki: Wächterinnen aus der ss-Lagermannschaft.

Abschied von Maria

Seite 97

Front . . .: Die Handlung dieser Erzählung spielt sich in den exakt dargestellten Realien ab, in denen Borowski während der Besatzung an der Skaryszewska-Straße im Warschauer Stadtteil Praga lebte. Viele der auftretenden Gestalten hatten ein reales Vorbild; die »Entschlüsselung« der auftretenden Personen hat hier jedoch keine literarische Bedeutung.

Seite 101

Jean Baptiste Camille Corot (1796–1875): französischer Maler, besonders als Landschaftsmaler bekannt; oft gefälscht, denn auf dem Kunstmarkt gab es und gibt es angeblich noch immer viele »falsche Corots«; *Stanisław Noakowski* (1867–1928), polnischer Zeichner und Maler (Zeichnungen, Sepien, Aquarelle); *Józef Pankiewicz* (1866–1940), polnischer Maler und Graphiker; Impressionist, später Postimpressionist. Malte Porträts, Landschaften, Stilleben. Lebte ab 1925 in Frankreich.

Syndikalistenblatt: vermutlich »Myśl Młodych«, eine der wenigen Zeitungen, die von der am 9. Oktober 1939 gegründeten konspirativen Partei »Związek Syndikalistów Polskich« herausgegeben wurden.

Seite 102

Seminar: Es geht um das Polonistik-Studium an der Universität Warschau im Untergrund. In Borowskis drittem Studienjahr führte Prof. Borowy ein Seminar durch, in dem Shakespeares Werke behandelt wurden.

poetisch-musikalisches Konzert: Gesellige Zusammenkünfte in Privatwohnungen mit einem musikalischen Programm und der Rezitation von Gedichten und literarischen Werken. Eine spezifische Institution des literarisch-künstlerischen Untergrundlebens im besetzten Warschau. Bei einer solchen Zusammenkunft trat Borowski als Dichter erstmals öffentlich auf. Vgl. T. Drewnowski, *op. cit.*, S. 45.

Seite 104

nationale Konfession: Die Polnische Nationale Katholische Kirche, eine von der römisch-katholischen Kirche unabhängige Organisation, entfaltete ab 1919 ihre Aktivität in Polen; sie wurde in der Zweiten Republik nicht vom Staat anerkannt.

Seite 106

Gedichtbändchen: Es geht um das Bändchen *Gdziekolwiek ziemia ...*, Gedichte, mit dem Borowski debütierte. Der Umschlag war entworfen worden von Arkadiusz Żórawski, einem befreundeten Dichter. Das Bändchen wurde auf einem Vervielfältigungsapparat in der besagten Wohnung an der Skaryszewska-Straße in einer Auflage von 165 Exemplaren hektographiert.

»Nur noch einige schwere Wolken ...«: Aus dem Gedicht »Święty-pokój« von Cyprian Norwid (1863). Der ironische Sinn des Zitats steckt in dem nachfolgenden Doppelvers: »Nur noch einige steile Berge, / Und dann – Sonne und Harmonie«. Übertragung: Friedrich Griese.

Seite 107

»Freiwillige«: In der zitierten Ausgabe ohne Anführungszeichen. Die Deutschen bezeichneten die Zwangsarbeiter gern als »Freiwillige«. Diejenigen, die tatsächlich freiwillig zur Arbeit ins Reich gingen, waren eine verschwindende Minderheit. Es gab sie aber, wenn auch selten.

Seite 108

Pallottiner-Pater: Missionsorden, 1835 von V. Pallotti gegründet.

September: Gemeint ist der September 1939, als Warschau von der deutschen Luftwaffe angegriffen wurde. A.d.Ü.

Arbeitslosenheim: Die Rede ist natürlich von dem Arbeitslosenheim der Vorkriegszeit. Borowski hatte damit schon vorher, als Gymnasiast, Bekanntschaft gemacht: »Ich hatte keine Ahnung von dem Elend in den Baracken für die Arbeitslosen. Aber in einem Sommer, als ich kein Geld hatte, um in die Ferien zu fahren, bemühte sich meine Mutter darum, daß diese philanthropische Gesellschaft mich als Erzieher in einer Art Sommerlager für die Kinder von Arbeitslosen anstellte« (*Tytus*, [in:] *Utwory zebrane*, Bd. V, S. 156).

Seite 114

Polizisten: Vgl. Borowskis Gedicht *Pożegnanie Skaryszewskiej*:

> »Der Krämer an der Ecke, ein betrunkener Schacherer,
> den Schnäpsen und den Traurigkeiten preisgegeben,
> und die Polizisten, bekannte Schurken,
> die dir schwankend entgegenkommen.«

Seite 117

Baustoffhandlung: die Firma Pędzich mit ihrer Zentrale in der Chłodna-Straße; an der Skaryszewska-Straße befand sich ihr Baustofflager. Borowski übernahm die Stelle von seinem Bruder, der Warschau im Winter 1942 verlassen hatte. Vgl. T. Drewnowski, *op. cit.*, S. 39.

Seite 118

Herstellung von Selbstgebranntem: Das heimliche Schnapsbrennen war während der Besatzung recht verbreitet, wenn auch eine gefährliche Verdienstquelle.

Seite 125

Kreishauptmann: Leiter der deutschen Kreisverwaltung.

Seite 126

Schwert und Pflug: konspirative Organisation mit faschistisch-nationalistischem Programm.

Seite 127

budy: umgangssprachlicher Ausdruck für Lastwagen, mit denen (z.B. bei Straßenrazzien) Festgenommene transportiert werden. Hier bedeutet er Razzia. Mit Razzien beschaffte man sich nicht nur Zwangsarbeiter, man besorgte sich so auch Geiseln. Im Jahr 1940 befanden sich einige tausend Personen aus Razzien in Warschaus Straßen in Auschwitz, von denen sehr wenige das Lager überlebten. Außer daß sie unmittelbaren Zwecken diente, war die Razzia also auch ein wichtiges Instrument des Terrors.

orthodoxen Kirche: Die Rede ist von der orthodoxen Kirche im Warschauer Stadtteil Praga und vom Ostbahnhof. Die Bahnhöfe waren neben den Straßenbahnen während Razzien ein besonders gefährliches Gebiet.

Seite 130

Ochota: ein Stadtteil Warschaus. A.d.Ü.

Fort Bema: Ein 1883 errichtetes Festungswerk. Vor 1921 hieß es Forty Powązkowskie. Um diese Festungsanlagen zu verstärken, zogen die Deutschen zur Arbeit gezwungene Bewohner der Hauptstadt heran.

Seite 133

Wind der Geschichte: Borowski bezieht sich ironisch auf den Katastrophenton der Gedichte in dem Band *Gdziekolwiek ziemia ...*

Seite 139

In der zitierten Ausgabe steht: *Du alte Slavine*. Der Herausgeber deutet das als einen Irrtum und übersetzt es in einer Anmerkung fälschlich mit *Du alter Slawe*. A.d.Ü.

Seite 141

Czerniaków: Warschauer Stadtteil. A.d.Ü.

Seite 147

Lager am Meer: Vermutlich das Konzentrationslager Stutthof.

Ein Tag in Harmenzy

Seite 149

La donna è mobile: Arie über die Unbeständigkeit von Frauenherzen aus Giuseppe Verdis (1813–1901) Oper »Rigoletto«; deutsch »O wie so trügerisch«. A.d.Ü.

Seite 150

Schicht: bekannte Firma für Seifen und Fette (Firmenzeichen: ein Hirsch), u. a. eine Seifen- und Kosmetikfabrik in Warschau an der Ul. Szwedzka. Während der Besatzung unter deutscher Verwaltung.

Seite 155

Auslese: »das ist die Selektion der Muselmänner fürs Gas. Sie fand mehr oder weniger regelmäßig alle vierzehn Tage statt, aber es gab auch Zeiten (zum Beispiel im Sommer 1944), wo wegen Überlastung der Krematorien und Gaskammern keine Auslese im Lager betrieben wurde« [*BwO*].

Seite 156

do góry: polnisch für »hoch!«; gesprochen »doguri«. A.d.Ü.

Seite 159

Orel: Die Rede ist von einer der schwersten Schlachten des Zweiten Weltkriegs, der Schlacht bei Kursk (Juli 1943). Die Niederlage der Deutschen machte ihre Hoffnung zunichte, die strategische Initiative zu gewinnen.

Seite 160

Warszawianka: patriotisches Lied der aufständischen Polen im 19. Jahrhundert. A.d.Ü.

Rota: Lied mit antideutscher Tendenz der Schriftstellerin Maria Konopnicka (1842–1910), erstmals veröffentlicht 1908. A.d.Ü.

Eto … (russisch): Auf zum letzten Gefecht!

Seite 166

Horoscho (russisch): gut. A.d.Ü.

blad' (russisch): Hure. A.d.Ü.

Seite 170

Rottenführer: Dienstgrad der ss, ein Grad unter dem Unterscharführer.

Seite 174

Vorarbeiter: »Helfer des Kapos, das, was die Engländer *foreman* nennen« [*BwO*].

Seite 175

Kiew wurde im Gefolge der Offensive bei Kursk am 6. November 1943 von sowjetischen Truppen eingenommen.

Seite 177

Trage: »Bahre. Auch ein Kasten zum Tragen von Brot. Auch ein Traggestell zum Schleppen von Erde« [*BwO*].

Seite 178

hadiuka (ukrainisch): dreckiger Bauer. A.d.Ü.

czortowe wy dieti ... (ukrainisch, deutsch): Ihr Teufelchen, seht, das ist links und das rechts, links, links.

Seite 180

Hundertneunzehn: Anfang der Lagernummer, die Borowski auf dem Unterarm trug (119198).

Seite 183

Andrej, konczaj ich!: (ukrainisch) Andrzej, mach sie fertig! A.d.Ü.

Seite 184

Nous sommes ... (französisch): Wie elend ist unser menschliches Los, o Gott, Gott!

Bitte, die Herrschaften zum Gas

Seite 190

Zyklon: »Gas, das in den Gaskammern benutzt wurde. 1944 wurde die einmalige Dosis aus Sparsamkeit verringert. Das Sterben dauerte, wie die Juden vom sog. Sonderkommando erzählten, nicht fünf Minuten, sondern fünfzehn bis zwanzig Minuten. Dieses Gas wurde von einer deutschen Privatfirma hergestellt« [*BwO*].

»Zyklon B hat die Form von bohnengroßen Kieselgurklümpchen, die mit einem Präparat getränkt sind, das unter der Einwirkung von Feuchtigkeit und erhöhter Temperatur Blausäure freisetzt. Es ist eines der wirksamsten Gifte« (J. Sehn, *op. cit.*, S. 108).

Seite 191

Die Rede ist von Arkady Fiedlers (1894–1985) Reisebuch *Kanada pachnąca żywicą* (1937).

Seite 192

Richard Cosway (1742–1821): englischer Maler, Porträtist des englischen Hofes und Adels. Berühmt sind die Aquarell-Miniaturen mit einem warmen, weichen Kolorit.

Seite 194

Antreten!: »Sammlung. Das Lagerleben setzte sich aus zwei Teilen zusammen: wenn der Häftling allein ging und wenn er in Reih und Glied ging. ›Hörst du nicht, daß Antreten ist?‹ ›Gehen wir antreten‹« [*BwO*].

Seite 195

Allez, allez, vite, vite! (französisch): Komm, komm, schnell, schnell!

Seite 196

Truppenlazarett: »Spital der SS, von einer großen Postenkette [siehe Anm. zu Seite 213] umgeben. Blieb bis zum Ende des Lagers unvollendet« [*BwO*].

Seite 207

En avant (französisch): Vorwärts.

Seite 209

Kommandantin des FKL: Es handelt sich sicherlich um Marie Mandel, die am 22. Dezember 1947 in Krakau vom Nationalgericht zum Tode verurteilt wurde.

Seite 212

jebit twoju mat', blad' jewrejskaja (russisch): verficktes Miststück, du jüdische Hure. A.d.Ü.

Seite 213

Postenkette: »eine Kette von Wächtern, die das Lager oder den Arbeitsplatz umstellten. Die kleine Postenkette stand nachts am Stacheldrahtzaun des Lagers. Die große Postenkette stand tagsüber (und im Falle einer Flucht rund um die Uhr in einem Umkreis von mehreren Kilometern um das Lager« [*BwO*].

Seite 214

Tuśka: Es handelt sich um Maria Rundo, Borowskis Verlobte.

Seite 221

Und morgen die ganze Welt (deutsch): ein Kampflied der SA.

Tod eines Aufständischen

Seite 223

Was hier erzählt wird, spielt sich im Lager Natzweiler ab, Unterlager Dautmergen, wo Borowski sich nach der Evakuierung von Auschwitz wiederfand.

Seite 227

Arbeitsarmee Todt (Organisation Todt): NS-Bauorganisation für militärische Anlagen von 1938 bis 1945. Sie machte sich vor allem die Arbeitskraft von Häftlingen aus Konzentrationslagern und eigenen Arbeitslagern zunutze.

Seite 228

»*Durchfall*, Diarrhöe, klassische Lagerkrankheit, der Schrecken aller Häftlinge. In den allermeisten Fällen nicht behandelt und unheilbar. Jeder war im Kampf mit dem Durchfall auf sich allein gestellt. Dieser Kampf ist eines der ungeschriebenen Epen von Auschwitz ...« [*BwO*].

Seite 242

On jest chory, chory: Er ist krank, krank. A.d.Ü.

Seite 243

Volksdeutscher (im Original deutsch): ein Mensch, der von deutscher Abstammung ist oder sich als ein solcher ausgibt. Die Polen betrachteten diese Leute während der Besatzungszeit als Verräter.

Die Schlacht von Grunwald

Seite 246

Anspielung auf die Schlacht von Tannenberg am 15. Juli 1410, in der das Heer des Deutschen Ordens unter dem Hochmeister Ulrich von Jungingen gegen die vereinigten Heere der Polen und Litauer eine vernichtende Niederlage erlitt; in Polen »Schlacht von Grünwald« genannt, gehört sie zum Nationalmythos und wird an jedem Jahrestag feierlich begangen. Was Borowski hier erzählt, spielt sich in einem Lager für befreite KZ-Häftlinge bei Dachau ab. A.d.Ü.

Seite 247

Till Ulenspiegel: ein Werk von Charles Theodor Henri de Coster (1827–1879). Originaltitel: *La Légende et les Aventures Héroïques, Joyeuses et Glorieuses d'Ulenspiegel et de Lamme Goedzak au Pays de Flandres et Ailleurs.* Erste polnische Ausgabe 1914; Till Ulenspiegel ist die legendäre Gestalt eines volkstümlichen Spaßvogels und Spötters – nach ihm benannte Borowski seine unvollendete Erzählung, die sich das Schicksal von Wacław Bojarski zur Vorlage nahm.

Seite 249

Katyn: Nach der Entdeckung der Massengräber im Wald von Katyn machten die Deutschen großen Wirbel um dieses Verbrechen, unabhängig von den späteren Aktionen der polnischen Exilregierung in London. Die ersten Opferlisten erschienen in sog. »Hetzblättern«. Das gab diesen Enthüllungen, die den Alliierten und der westlichen Öffentlichkeit unbequem waren, etwas Zwielichtiges, und um so lieber bezweifelte man ihre Glaubwürdigkeit. In Borowskis Text berühren sich eindeutig die Probleme der zwei Totalitarismen.

Seite 252

Besuch bei den Bauern: Plünderungszug (»Beschlagnahmung«) in den umliegenden deutschen Dörfern.

Dautmergen: das Lager, in dem Borowski nach der Evakuierung von Auschwitz landete (vgl. »Tod eines Aufständischen«).

Seite 254

Tadziu: Koseform von Tadeusz.

Seite 257

Gemeint ist der Warschauer Aufstand von August bis Oktober 1944. A.d.Ü.

Seite 261

First Lieutenant (englisch): in der amerikanischen Armee Oberleutnant (der Leutnant heißt *Second Lieutenant*).

Seite 264

Lagerblättchen: vermutlich »Polska Chrystusowa« (so ein Brief Borowskis an Maria Rundo, München 10 III 1946; zitiert nach T. Drewnowski, *op. cit.*, S. 95).

Waldbanden: So bezeichnete man damals offiziell die polnischen Partisaneneinheiten, die nicht ihre Waffen niedergelegt hatten und in Gebieten operierten, aus denen die Deutschen sich zurückgezogen hatten; hier ironisch gemeint.

Seite 266

Ein nach dem Kriege beliebter Witz, nämlich die Antwort auf die Frage: Was ist Volkspolen: die einen sitzen im Knast, die anderen zittern davor.

Seite 270

Treblinka: Konzentrationslager und Zentrum der Massenvernichtung der Juden, in der Umgebung von Małkinia am Bug gelegen. Dort kamen rund 750000 Menschen um.

Seite 280

Bude: »Zimmerchen für den Blockältesten und den Schreiber, vor den Block gebaut. Gewöhnlich sehr luxuriös eingerichtet (absolut gesehen). Für den Häftling im Block war es natürlich unmöglich, dort Zutritt zu bekommen ...« [*BwO*].

Seite 282

Zweites Korps: Zweites Polnisches Korps, in Palästina aufgestellte militärische Formation. 1943 unter Befehl von General Władysław Anders reformiert und erheblich verstärkt, teilte es das Schicksal der ins Innere der Sowjetunion deportierten Polen. Beteiligte sich am Italien-Feldzug (u.a. Schlacht am Monte Cassino).

Seite 309

Borowski hat diese Geschichte in seinem Erzählzyklus »Die steinerne Welt« aufgegriffen, siehe »Das Kriegsende«, Seite 351.

Die steinerne Welt

Kurzes Vorwort

Seite 315

Jan Dobraczyński, dem Borowski das »Kurze Vorwort« widmete, war Redakteur der katholischen Zeitschrift »Dziś i Jutro«, als dort Angriffe auf Borowski erschienen. Dobraczyńskis Roman *W rozwalonym domu* (1946) hatte Borowski zuvor eine eine ungewöhnlich kritische Besprechung unter dem Titel »W oczach i uszach Courts-Mahlerowej« gewidmet »*Kuźnica*«, 1946, Nr. 49).

Seite 317

Paweł Hertz (1918–2001) gehörte in den Jahren 1945 bis 1948 der Redaktion der Zeitschrift »Kuźnica« an. Dichter, Prosaiker, Autor u. a. einer Sammlung von Erzählungen unter dem Titel *Sedan*, die zu den sogenannten »Abrechnungen der Intelligenz« gezählt wird, Abrechnungen, die hervorgerufen wurden durch das Gefühl der Ohnmacht angesichts der faschistischen Gefahr.

Eine Erzählung aus dem wirklichen Leben

Seite 322

Stefan Żółkiewski (1911–1991): Literaturkritiker, Publizist, Literaturhistoriker und -theoretiker. War in den Jahren 1945 bis 1948 Redakteur und wichtigster Publizist der Wochenzeitung »Kuźnica«.

Seite 323

Krankenbau: Lagerspital, abgekürzt KB; im Frauenlager sagte man dazu »Revier«.

Schillingers Tod

Seite 328

Zugang – ein gerade in Auschwitz eingetroffener Menschentransport (der *Abgang* ist eine Gruppe von Menschen, die von einem Ort zum anderen verlegt werden, zum Beispiel vom Spital ins Lager oder umgekehrt).

Der Mann mit dem Päckchen

Seite 331

Adolf Rudnicki (1912–1990): Prosaautor, Mitglied der Redaktion der Zeitschrift »Kuźnica«. In den Nachkriegsjahren widmete er den überwiegenden Teil seines Schaffens dem Leiden des jüdischen Volkes, der »Epoche der Öfen«.

Majdanek: NS-Lager in den Jahren 1941 bis 1944, in der Nähe von Lublin. Anfangs diente es als Lager für sowjetische Gefangene, dann als KZ und Massenvernichtungslager für die Juden. Hier sind etwa 360 000 Opfer umgekommen.

Seite 332

zur besonderen Behandlung: *Sonderbehandlung* (kurz SB) – von den Nazis amtlich benutzter Euphemismus zur Bezeichnung verschiedener Verfahren der Tötung der Häftlinge, u.a. in den Gaskammern. *Endlösung* bezeichnete das Programm und die Durchführung der Vernichtung des jüdischen Volkes.

Das Abendessen

Seite 338

Ort der Handlung dieser Erzählung ist vermutlich das Konzentrationslager Dautmergen.

Das Schweigen

Seite 344

Interpreter: Dolmetscher.

Das Kriegsende

Seite 351

In der ehemaligen SS-Kaserne befand sich das Lager für die Displaced Persons in der Nähe von München, in das Borowski nach der Befreiung des Lagers Dachau-Allach geriet.

»Independence Day«

Seite 355

Independence Day: der höchste staatliche Feiertag der USA, am 4. Juli, zum Gedenken an die Unabhängigkeitserklärung am 4. Juli 1776.

Kazimierz Koźniewski (1919–2005): Literat, Publizist. Damals Verfasser dreier Erzählungsbände.

Das Zimmer

Seite 366

D. P. Camp: Displaced Persons Camp, Lager für Vertriebene und Umsiedler.

Kleinstadtsommer

Seite 368

Wojciech Żukrowski (1916–2000): damals ein katholischer Schriftsteller, Autor u. a. eines bemerkenswerten Bandes mit Erzählungen unter dem Titel *Z kraju milczenia*, der wegen seiner religiösen Akzente kritisiert wurde (darunter auch in der Zeitschrift »Kuźnica«).

Das Mädchen aus dem ausgebrannten Haus

Seite 375

lege artis (lateinisch): nach den Regeln der Kunst.

Ein heißer Nachmittag

Seite 378

Józef Morton (1911–1994): Prosaautor; seine Erzählungen und Romane spielen zumeist im ländlichen Milieu.

Zum tapferen Partisanen

Seite 380

Jarosław Iwaszkiewicz (1894–1980): bedeutender Dichter und Schriftsteller. Damals u.a. Vorsitzender des polnischen Schriftstellerverbandes, Redakteur der Zeitschrift »Nowiny Literackie«, in der Borowski erstmals »Die steinerne Welt« veröffentlichte.

Reisetagebuch

Seite 385

Das Motto entnahm Borowski dem »Poemat sprzężony« von Adam Ważyk (aus dem Bändchen *Serce granatu*). Das Gedicht ist datiert: März 1943.

Seite 386

Illyrien – die von Napoleon 1809 geschaffenen Illyrischen Provinzen, die u.a. Dalmatien, Görz, Triest und Teile Kroatiens umfaßten.

Kroatien der Hitlerzeit: während des Zweiten Weltkriegs wurde unter deutschem Protektorat auf einem Teil des Gebietes Kroatiens der sog. Unabhängige Staat Kroatien geschaffen.

Seite 387

Zöllner Rousseau: Henri Rousseau, genannt der Zöllner (1844–1910), autodidaktischer französischer Maler, herausragender Vertreter des Primitivismus.

Seite 389

... den Rest: Nach Ende des Zweiten Weltkriegs tobte in den Jah-

ren 1946 bis 1949 in Griechenland ein Bürgerkrieg. Mit der Bezeichnung »griechische faschistische Kämpfer« wollten die Kommunisten die Gegner der griechischen Kommunisten desavouieren. Nachdem die Kommunisten in Griechenland besiegt waren, herrschte dort keineswegs ein faschistisches Regime.

Seite 390

Verschiedene Vorspeisen, Kaviar, Geflügelcremesuppe, Putenbraten, russischer Apfelkuchen, kroatischer Rotwein, türkischer Kaffee.

Ein bürgerlicher Abend

Seite 391

Stanisław Dygat (1914–1978): Romanschriftsteller, von dem seinerzeit *Jezioro Bodeńskie* (1946) und *Pożegnania* (1948) erschienen waren. Dygat zeigt eine der »Steinernen Welt« in mancher Hinsicht verwandte Neigung, die von der menschlichen Phantasie erzeugte Fiktion zu demaskieren.